MANUEL

MATHÉMATIQUES CM2

Sous la direction de Christian Henaff
avec Sandrine Peyronie, conseillers pédagogiques
et la collaboration de Patrice Millery et Céline Henaff, professeurs des écoles.

Conforme au programme 2018

Illustrateur : Lionel Darian

ToTeM

RETZ
editions-retz.com

SOMMAIRE

Numération

Calcul posé

* Sont indiquées en couleur les pages où l'on entraine de nouveaux objectifs et en noir les séances dédiées à la révision.

ISBN : 978-2-7256-3844-7

Cet ouvrage suit l'orthographe recommandée par les rectifications de 1990 et les programmes scolaires.
Voir le site
http://www.orthographe-recommandee.info et son miniguide d'information.

Espace et géométrie

Grandeurs et mesure

Résolution de problèmes

Calcul mental

MODE D'EMPLOI

Extrait du domaine
Numération

Une entrée notionnelle et par séance, semaine après semaine, avec les objectifs pour les élèves.

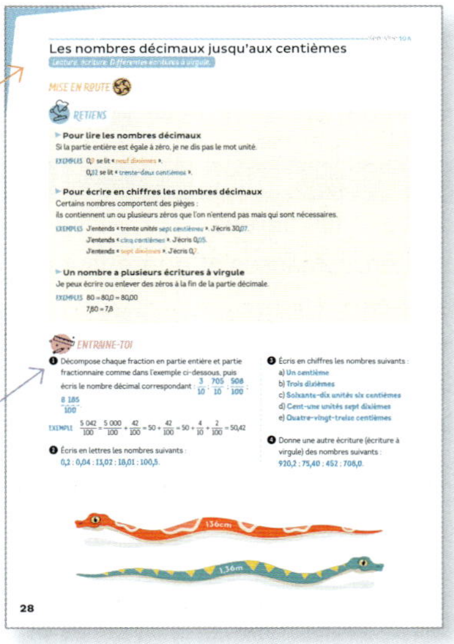

Des exercices d'application.

Extrait du domaine
Calcul posé

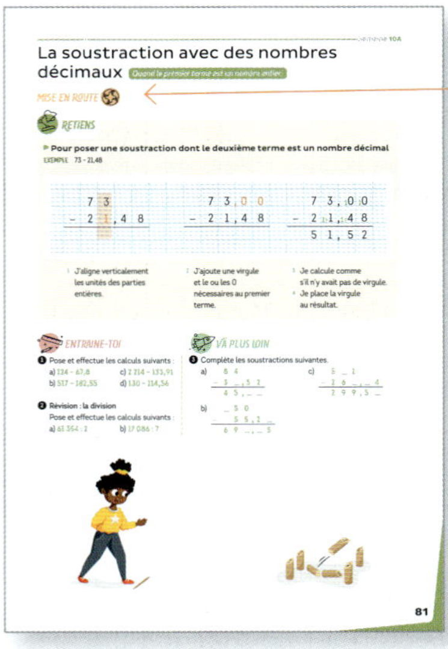

La rubrique **Mise en route** renvoie au **Cahier journal de l'enseignant·e** où sont décrites pas à pas les activités de découverte collectives. En appui sur des affichages collectifs ou des outils de manipulation ou de recherche, la leçon est construite ou explicitée collectivement.

Extrait du domaine
Espace et géométrie
Grandeurs et mesure

Des apprentissages progressifs, en appui sur des exemples, pour **comprendre** et **acquérir la méthodologie**.

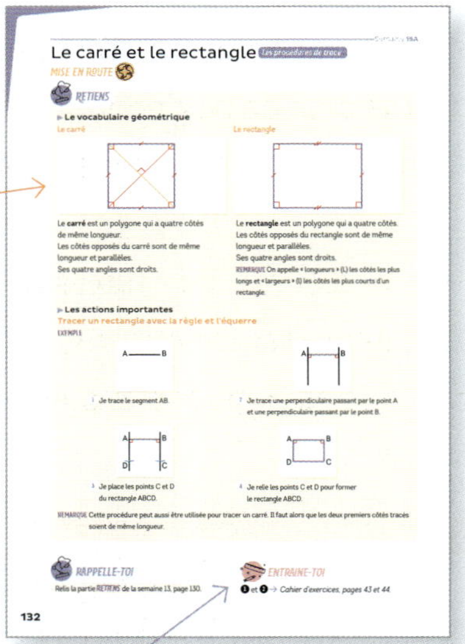

Extrait du domaine
Résolution de problèmes

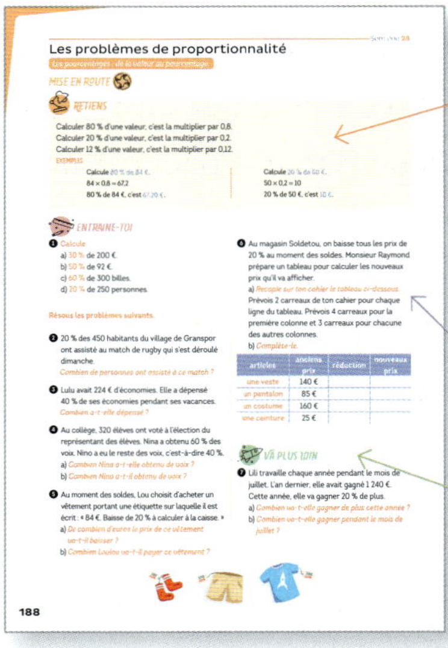

Des leçons explicites, en appui sur la résolution collective d'**un problème exemple**, pour mémoriser les savoirs et retrouver pas à pas les savoir-faire.

De nombreux **problèmes** à résoudre.

Les exercices ***VA PLUS LOIN*** s'adressent aux élèves qui ont terminé avant la fin.

Le Cahier d'exercices

Certains exercices peuvent être faits sur le **Cahier d'exercices** de l'élève (tracés géométriques, schémas à colorier, tableaux à compléter...).

Extrait du domaine
Calcul mental

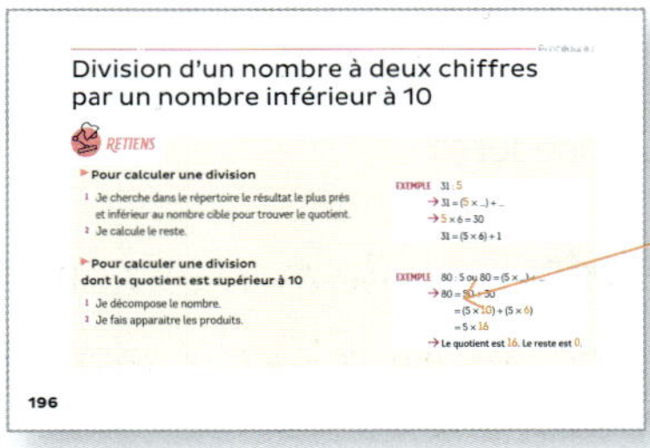

Des **répertoires** et des **procédures** pour s'entrainer quotidiennement.

DÉMARCHE GÉNÉRALE

Le CM1 marque une rupture avec le cycle 2. Dans la continuité, le CM2 permet de consolider et d'approfondir les savoir-faire développés, afin qu'ils soient maitrisés à l'entrée au collège. Le CM2 est donc la combinaison de renforcements et d'apprentissages nouveaux.

Pour favoriser la réussite de tous les élèves au CM2, nous optons pour une pédagogie s'appuyant sur deux principes essentiels : la progressivité et l'explicitation.

► La progressivité des apprentissages se traduit par une segmentation des apprentissages, le passage par des objectifs intermédiaires. L'entrainement tient ici une place importante. De lui dépend l'accès à l'étape suivante.

► L'explicitation des apprentissages, c'est :

- une énonciation claire et complète de tout ce qu'il sera demandé ensuite à l'élève de savoir et de savoir faire ;
- une présentation systématique de traces écrites à des fins d'utilisation collective ou individuelle.

Deux types de séances sont nécessaires : les séances d'apprentissage et celles dites de consolidation.

► Les séances d'apprentissage sont toujours menées suivant une même structure. Elles font la part belle aux temps collectifs qui permettent de verbaliser, d'échanger, de mettre en évidence les erreurs de compréhension. Une séance se décompose en trois temps : la phase de leçon (temps collectif), un entrainement collectif et un entrainement individuel.

► Les séances de consolidation doivent permettre de remédier aux difficultés rencontrées, mais aussi de gagner en efficacité. Elles sont donc des temps d'entrainement individuel, commençant toujours par un rappel collectif. L'enseignant accompagne ensuite chaque élève pour répondre aux besoins qu'il identifie par l'observation.

Tous les temps collectifs sont détaillés pas à pas dans le cahier journal de l'enseignant·e qu'il s'agisse des activités de mise en route ou de rappel et entrainement. Le CD-Rom (ou téléchargement) contient les affichages collectifs des leçons, les fiches activités des mises en route et tous les corrigés des exercices du manuel.

Télécharger aussi gratuitement le manuel numérique pour vidéoprojeter les leçons, les exercices et leurs corrigés.

EMPLOI DU TEMPS HEBDOMADAIRE SUR 4 JOURS ET DEMI

• Période 1

Lundi	Mardi	Mercredi	Jeudi	Vendredi
Calcul mental : 15 min	Calcul mental : 15 min	Calcul posé : 15 min	Calcul mental : 15 min	Calcul mental : 15 min
Numération : 45 min	Calcul posé : 45 min	Numération : 20 min	Espace et géométrie ou Grandeurs et mesure : 45 min	Résolution de problèmes : 45 min

• Périodes 2 à 5

Lundi	Mardi	Mercredi	Jeudi	Vendredi
Calcul mental : 15 min	Calcul mental : 15 min	Calcul posé : 15 min	Calcul mental : 15 min	Calcul mental : 15 min
Numération : 45 min	Calcul posé ou Espace et géométrie ou Grandeurs et mesure : 45 min	Numération : 20 min	Espace et géométrie ou Grandeurs et mesure : 45 min	Résolution de problèmes : 45 min

Durée totale : 4 heures 35 minutes

EMPLOI DU TEMPS HEBDOMADAIRE SUR 4 JOURS

• Période 1

Lundi	Mardi	Jeudi	Vendredi
Calcul mental : 15 min	Calcul mental : 15 min	Calcul mental : 15 min	Calcul mental : 15 min
Numération : 45 min	Calcul posé : 45 min	Espace et géométrie ou Grandeurs et mesure : 45 min Numération : 20 min	Résolution de problèmes : 45 min Calcul posé : 15 min

• Périodes 2 à 5

Lundi	Mardi	Jeudi	Vendredi
Calcul mental : 15 min	Calcul mental : 15 min	Calcul mental : 15 min	Calcul mental : 15 min
Numération : 45 min	Calcul posé ou Espace et géométrie ou Grandeurs et mesure : 45 min	Espace et géométrie ou Grandeurs et mesure : 45 min Numération : 20 min	Résolution de problèmes : 45 min Calcul posé : 15 min

Durée totale : 4 heures 35 minutes

NUMÉRATION
ToTeM

La suite des nombres (1)

1	2	3	4	5	6	7	8	9	10
11	12	13	14	15	16	17	18	19	20
21	22	23	24	25	26	27	28	29	30
31	32	33	34	35	36	37	38	39	40
41	42	43	44	45	46	47	48	49	50
51	52	53	54	55	56	57	58	59	60
61	62	63	64	65	66	67	68	69	70
71	72	73	74	75	76	77	78	79	80
81	82	83	84	85	86	87	88	89	90
91	92	93	94	95	96	97	98	99	100
101	102	103	104	105	106	107	108	109	110
111	112	113	114	115	116	117	118	119	120
121	122	123	124	125	126	127	128	129	130
131	132	133	134	135	136	137	138	139	140
141	142	143	144	145	146	147	148	149	150
151	152	153	154	155	156	157	158	159	160
161	162	163	164	165	166	167	168	169	170
171	172	173	174	175	176	177	178	179	180
181	182	183	184	185	186	187	188	189	190
191	192	193	194	195	196	197	198	199	200
201	202	203	204	205	206	207	208	209	210
211	212	213	214	215	216	217	218	219	220
221	222	223	224	225	226	227	228	229	230
231	232	233	234	235	236	237	238	239	240
241	242	243	244	245	246	247	248	249	250
251	252	253	254	255	256	257	258	259	260
261	262	263	264	265	266	267	268	269	270
271	272	273	274	275	276	277	278	279	280
281	282	283	284	285	286	287	288	289	290
291	292	293	294	295	296	297	298	299	300
301	302	303	304	305	306	307	308	309	310
311	312	313	314	315	316	317	318	319	320
321	322	323	324	325	326	327	328	329	330
331	332	333	334	335	336	337	338	339	340
341	342	343	344	345	346	347	348	349	350
351	352	353	354	355	356	357	358	359	360
361	362	363	364	365	366	367	368	369	370
371	372	373	374	375	376	377	378	379	380
381	382	383	384	385	386	387	388	389	390
391	392	393	394	395	396	397	398	399	400
401	402	403	404	405	406	407	408	409	410
411	412	413	414	415	416	417	418	419	420
421	422	423	424	425	426	427	428	429	430
431	432	433	434	435	436	437	438	439	440
441	442	443	444	445	446	447	448	449	450
451	452	453	454	455	456	457	458	459	460
461	462	463	464	465	466	467	468	469	470
471	472	473	474	475	476	477	478	479	480
481	482	483	484	485	486	487	488	489	490
491	492	493	494	495	496	497	498	499	500

501	502	503	504	505	506	507	508	509	510
511	512	513	514	515	516	517	518	519	520
521	522	523	524	525	526	527	528	529	530
531	532	533	534	535	536	537	538	539	540
541	542	543	544	545	546	547	548	549	550
551	552	553	554	555	556	557	558	559	560
561	562	563	564	565	566	567	568	569	570
571	572	573	574	575	576	577	578	579	580
581	582	583	584	585	586	587	588	589	590
591	592	593	594	595	596	597	598	599	600
601	602	603	604	605	606	607	608	609	610
611	612	613	614	615	616	617	618	619	620
621	622	623	624	625	626	627	628	629	630
631	632	633	634	635	636	637	638	639	640
641	642	643	644	645	646	647	648	649	650
651	652	653	654	655	656	657	658	659	660
661	662	663	664	665	666	667	668	669	670
671	672	673	674	675	676	677	678	679	680
681	682	683	684	685	686	687	688	689	690
691	692	693	694	695	696	697	698	699	700
701	702	703	704	705	706	707	708	709	710
711	712	713	714	715	716	717	718	719	720
721	722	723	724	725	726	727	728	729	730
731	732	733	734	735	736	737	738	739	740
741	742	743	744	745	746	747	748	749	750
751	752	753	754	755	756	757	758	759	760
761	762	763	764	765	766	767	768	769	770
771	772	773	774	775	776	777	778	779	780
781	782	783	784	785	786	787	788	789	790
791	792	793	794	795	796	797	798	799	800
801	802	803	804	805	806	807	808	809	810
811	812	813	814	815	816	817	818	819	820
821	822	823	824	825	826	827	828	829	830
831	832	833	834	835	836	837	838	839	840
841	842	843	844	845	846	847	848	849	850
851	852	853	854	855	856	857	858	859	860
861	862	863	864	865	866	867	868	869	870
871	872	873	874	875	876	877	878	879	880
881	882	883	884	885	886	887	888	889	890
891	892	893	894	895	896	897	898	899	900
901	902	903	904	905	906	907	908	909	910
911	912	913	914	915	916	917	918	919	920
921	922	923	924	925	926	927	928	929	930
931	932	933	934	935	936	937	938	939	940
941	942	943	944	945	946	947	948	949	950
951	952	953	954	955	956	957	958	959	960
961	962	963	964	965	966	967	968	969	970
971	972	973	974	975	976	977	978	979	980
981	982	983	984	985	986	987	988	989	990
991	992	993	994	995	996	997	998	999	1 000

La suite des nombres (2)

1 1,01 1,02 1,03 1,04 1,05 1,06 1,07 1,08 1,09 1,1

1,11 1,12 1,13 1,14 1,15 1,16 1,17 1,18 1,19 1,2

1,21 1,22 1,23 1,24 1,25 1,26 1,27 1,28 1,29 1,3

1,31 1,32 1,33 1,34 1,35 1,36 1,37 1,38 1,39 1,4

1,41 1,42 1,43 1,44 1,45 1,46 1,47 1,48 1,49 1,5

1,51 1,52 1,53 1,54 1,55 1,56 1,57 1,58 1,59 1,6

1,61 1,62 1,63 1,64 1,65 1,66 1,67 1,68 1,69 1,7

1,71 1,72 1,73 1,74 1,75 1,76 1,77 1,78 1,79 1,8

1,81 1,82 1,83 1,84 1,85 1,86 1,87 1,88 1,89 1,9

1,91 1,92 1,93 1,94 1,95 1,96 1,97 1,98 1,99 2

La suite des nombres (3)

1 1,001 1,002 1,003 1,004 1,005 1,006 1,007 1,008 1,009 1,01

1,011 1,012 1,013 1,014 1,015 1,016 1,017 1,018 1,019 1,02

1,021 1,022 1,023 1,024 1,025 1,026 1,027 1,028 1,029 1,03

1,031 1,032 1,033 1,034 1,035 1,036 1,037 1,038 1,039 1,04

1,041 1,042 1,043 1,044 1,045 1,046 1,047 1,048 1,049 1,05

1,051 1,052 1,053 1,054 1,055 1,056 1,057 1,058 1,059 1,06

1,061 1,062 1,063 1,064 1,065 1,066 1,067 1,068 1,069 1,07

1,071 1,072 1,073 1,074 1,075 1,076 1,077 1,078 1,079 1,08

1,081 1,082 1,083 1,084 1,085 1,086 1,087 1,088 1,089 1,09

1,091 1,092 1,093 1,094 1,095 1,096 1,097 1,098 1,099 1,1

1,101 1,102 1,103 1,104 1,105 1,106 1,107 1,108 1,109 1,11

1,111 1,112 1,113 1,114 1,115 1,116 1,117 1,118 1,119 1,12

1,121 1,122 1,123 1,124 1,125 1,126 1,127 1,128 1,129 1,13

Les fractions *Définition. Représentation et lecture. Comparaison à l'unité.*

MISE EN ROUTE

RETIENS

Les fractions sont des nombres

Numérateur
C'est le nombre de **parts prises**.
EXEMPLE On prend 4 parts.

$$\frac{4}{6}$$

Trait de fraction

Dénominateur
C'est le nombre de **parts égales réalisées dans l'unité**.
EXEMPLE L'unité est partagée en six parts égales.

Pour représenter une fraction, il faut connaitre l'unité

Unité

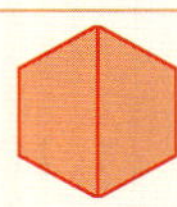	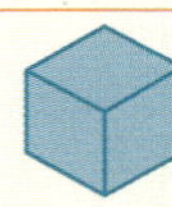	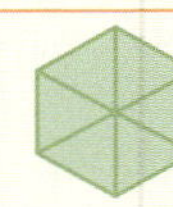
L'unité est partagée en 2 parts égales. Chaque part correspond à $\frac{1}{2}$ et se lit **un demi**.	L'unité est partagée en 3 parts égales. Chaque part correspond à $\frac{1}{3}$ et se lit **un tiers**.	L'unité est partagée en 6 parts égales. Chaque part correspond à $\frac{1}{6}$ et se lit un **sixième**.

Pour comparer des fractions à l'unité

Je dois comparer le numérateur au dénominateur.

1 Si le **numérateur** est égal au **dénominateur**, la fraction est égale à 1.

EXEMPLES

$\frac{2}{2}=1$  $\frac{3}{3}=1$ 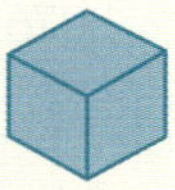 $\frac{6}{6}=1$ 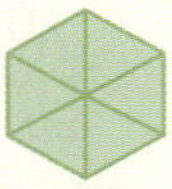

2 Si le **numérateur** est inférieur au **dénominateur**, la fraction est inférieure à 1.

EXEMPLES

$\frac{1}{2}<1$ 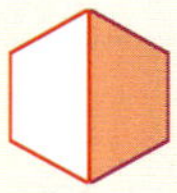 $\frac{2}{3}<1$ 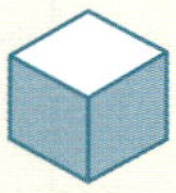 $\frac{5}{6}<1$ 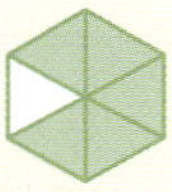

3 Si le **numérateur** est supérieur au **dénominateur**, la fraction est supérieure à 1.

EXEMPLES

$\frac{5}{2}>1$ 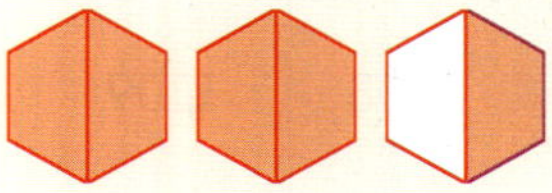 $\frac{5}{3}>1$ 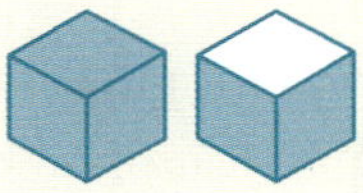 $\frac{10}{6}>1$ 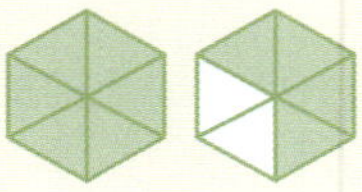

ENTRAINE-TOI

1 Recopie chaque fraction et écris-la en lettres.
$\frac{2}{6}$; $\frac{6}{3}$; $\frac{2}{3}$; $\frac{10}{2}$.

2 Écris en chiffres les fractions suivantes :
a) **Quatre sixièmes** b) **Quatre tiers**
c) **Deux demis**

3 Compare les fractions à **1** en utilisant =, < ou >.
$\frac{3}{3}$; $\frac{3}{2}$; $\frac{7}{8}$; $\frac{13}{6}$; $\frac{4}{4}$.

4 et **5** → *Cahier d'exercices, page 4.*

Les nombres entiers jusqu'à 999 *Lecture. Écriture.*

MISE EN ROUTE

RETIENS

▶ Pour lire les nombres à trois chiffres

Je lis « _ cent _ _ ».
↳ nombre à deux chiffres

EXEMPLE Je vois 574. Je lis « 5 cent 74 » : « cinq-cent-soixante-quatorze ».

CAS PARTICULIER Je vois 112. Je lis « cent-douze ». Quand il y a 1 au chiffre des centaines, je lis « cent » et non « un cent ».

▶ Pour écrire en chiffres les nombres à trois chiffres

J'écris « _ _ _ ».
cent ↲ ↳ nombre à deux chiffres

EXEMPLE J'entends « cinq-cent-quatre-vingt-onze » J'écris 591.

RAPPELLE-TOI

▶ Pour écrire en lettres les nombres jusqu'à 999

1	un	11	onze	21	vingt-et-un
2	deux	12	douze	30	trente
3	trois	13	treize	40	quarante
4	quatre	14	quatorze	50	cinquante
5	cinq	15	quinze	60	soixante
6	six	16	seize	70	soixante-dix
7	sept	17	dix-sept	80	quatre-vingts
8	huit	18	dix-huit	90	quatre-vingt-dix
9	neuf	19	dix-neuf	100	cent
10	dix	20	vingt		

▶ Règles d'orthographe

- Le mot « vingt » s'écrit avec un « s » uniquement dans l'écriture du nombre 80 : quatre-vingts.
86 s'écrit « quatre-vingt-six ».
- Le mot « cent » : 800 s'écrit « huit-cents » avec un « s » à cent, mais 862 s'écrit « huit-cent-soixante-deux », sans « s » à cent.

Page suivante...

ENTRAINE-TOI

❶ Écris en lettres les nombres suivants :
395 ; **987** ; **154** ; **700** et **872**.

❷ Écris en chiffres les nombres suivants :
a) **Deux-cent-soixante-seize**
b) **Cent-soixante-dix-huit**
c) **Quatre-vingt-quinze**
d) **Huit-cent-quarante-et-un**
e) **Trois-cent-quatre-vingt-seize**

Les fractions *Représentation et lecture. Écriture de fractions.*

MISE EN ROUTE

RETIENS

Pour représenter l'unité

On peut utiliser des formes différentes : hexagone, disque, bande...

EXEMPLE Ci-dessous l'unité a la forme d'une bande.

Unité

$\frac{1}{2}$ | $\frac{1}{2}$	$\frac{1}{4}$ | $\frac{1}{4}$ | $\frac{1}{4}$ | $\frac{1}{4}$	$\frac{1}{8}$ | $\frac{1}{8}$ | $\frac{1}{8}$ | $\frac{1}{8}$ | $\frac{1}{8}$ | $\frac{1}{8}$ | $\frac{1}{8}$ | $\frac{1}{8}$
L'unité est partagée en 2 parts égales. Chaque part correspond à $\frac{1}{2}$ et se lit **un demi**.	L'unité est partagée en 4 parts égales. Chaque part correspond à $\frac{1}{4}$ et se lit **un quart**.	L'unité est partagée en 8 parts égales. Chaque part correspond à $\frac{1}{8}$ et se lit **un huitième**.

Pour écrire une fraction à partir d'une représentation

1 Je trace le trait de fraction.
2 Je compte le nombre de parts de l'unité et j'écris le **dénominateur**.
3 Je compte le nombre de parts « prises » et j'écris le **numérateur**.

Pour lire les fractions dont le dénominateur est supérieur à 4

J'utilise le suffixe *-ième*.

	La partie colorée représente :	Elle se lit :
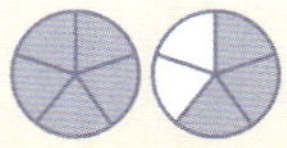	$\frac{8}{5}$	huit cinq**ièmes**
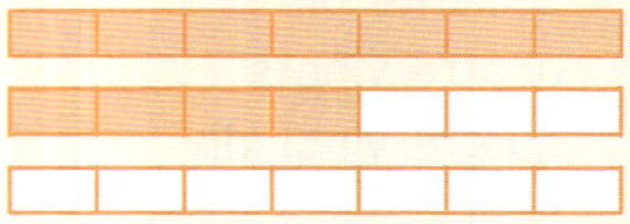	$\frac{11}{7}$	onze sept**ièmes**
	$\frac{20}{9}$	vingt neuv**ièmes**
	$\frac{1}{10}$	un dix**ième**

ENTRAINE-TOI

❶ à ❸ → *Cahier d'exercices, page 5.*

Les nombres entiers jusqu'à 999 Lecture. Écriture.

MISE EN ROUTE

RETIENS

Pour lire les nombres à trois chiffres avec un 0 intercalé

806 se lit « huit-cent-six ».

Pour écrire les nombres à trois chiffres avec un 0 intercalé

Pour écrire en chiffres « cinq-cent-trois », j'écris 5 puis le nombre 3 formé avec deux chiffres → 503.

ENTRAINE-TOI

1 Écris en lettres les nombres suivants :
400 ; 280 ; 901 ; 108 et 897.

2 Écris en chiffres les nombres suivants :

a) Deux-cent-sept
b) Cent-quarante
c) Cinq-cent-neuf
d) Sept-cent-un
e) Neuf-cent-quatre-vingt-neuf
f) Neuf-cents

Les fractions Égalité de fractions.

MISE EN ROUTE

RETIENS

Une fraction est égale à un nombre entier

Si le numérateur est un multiple du dénominateur.

EXEMPLES

$\frac{6}{3}=2$ (×2) $\frac{6}{2}=3$ (×3) $\frac{18}{6}=3$ (×3) $\frac{9}{3}=3$ (×3) $\frac{24}{6}=4$ (×4)

Pour écrire un entier sous la forme d'une fraction

1 Je choisis un dénominateur.

2 J'obtiens le numérateur en multipliant le dénominateur par ce nombre entier.

EXEMPLES

$3=\frac{\dots}{4} \rightarrow 3=\frac{12}{4}$ (×3) $3=\frac{\dots}{8} \rightarrow 3=\frac{24}{8}$ (×3) $4=\frac{\dots}{4} \rightarrow 4=\frac{16}{4}$ (×4) $4=\frac{\dots}{8} \rightarrow 4=\frac{32}{8}$ (×4)

Une fraction est égale à une autre fraction

Si je peux multiplier ou diviser le numérateur et le dénominateur par un même nombre.

EXEMPLES

$\frac{5}{2}=\frac{10}{4}=\frac{20}{8}$ (×2, ×2 ; ×4) $\frac{5}{3}=\frac{10}{6}$ (×2) $\frac{3}{6}=\frac{1}{2}$ (: 3) $\frac{16}{6}=\frac{8}{3}$ (: 2) $\frac{8}{6}\neq\frac{4}{2}$ (~~×3~~ ; : 3)

Pour écrire une fraction égale à une fraction

Je multiplie ou je divise le numérateur et le dénominateur par un même nombre.

EXEMPLE $\frac{2}{4} = \frac{1}{2} = \frac{4}{8} = \frac{8}{16} = \dots$ (: 2) (×4) (×2)

Page suivante...

ENTRAINE-TOI

1 Recopie les fractions égales à des nombres entiers et écris ces nombres entiers.

$\frac{12}{3}$; $\frac{14}{8}$; $\frac{12}{4}$; $\frac{10}{4}$; $\frac{18}{6}$.

2 Écris chaque entier sous forme de fraction.

a) $4 = \frac{\dots}{5}$

b) $3 = \frac{\dots}{7}$

c) $5 = \frac{\dots}{10}$

3 Associe les fractions égales (une dans la série A et l'autre dans la série B).

Série A : $\frac{2}{3}$; $\frac{2}{5}$; $\frac{10}{4}$; $\frac{1}{3}$.

Série B : $\frac{5}{2}$; $\frac{2}{6}$; $\frac{4}{10}$; $\frac{6}{9}$.

4 Écris une fraction égale à chacune des fractions suivantes :

$\frac{2}{8}$; $\frac{3}{6}$; $\frac{9}{6}$.

5 Complète les égalités suivantes comme dans l'exemple.

EXEMPLE

$\frac{1}{2} = \frac{\dots}{10} \rightarrow \frac{1}{2} = \frac{5}{10}$ (×5 au numérateur, ×5 au dénominateur)

a) $\frac{6}{8} = \frac{\dots}{4}$

b) $\frac{2}{5} = \frac{\dots}{10}$

c) $\frac{2}{3} = \frac{\dots}{12}$

Les nombres entiers jusqu'à 999 *Décomposition.*

MISE EN ROUTE

RETIENS

Une décomposition d'un nombre est une autre écriture de ce nombre

Plusieurs décompositions peuvent être écrites pour chaque nombre :
- des décompositions liées au calcul ;
- des décompositions où l'on fait apparaitre les nombres de centaines, de dizaines ou d'unités.

EXEMPLE

a), b) et c) sont des décompositions de 473 liées au calcul.
d), e) et f) sont des décompositions de 473 qui font apparaitre les nombres de centaines, de dizaines ou d'unités.

473 :
- a) 460 + 13
- b) 480 - 7
- c) 469 + 4
- d) C'est 4 centaines, 7 dizaines et 3 unités. $(100 \times 4) + (10 \times 7) + 3 = 400 + 70 + 3$
- e) C'est 47 dizaines et 3 unités. $(10 \times 47) + 3 = 470 + 3$
- f) C'est 4 centaines et 73 unités. $(100 \times 4) + 73 = 400 + 73$

ENTRAINE-TOI

1 Complète les décompositions suivantes.

a) **541** c'est .... dizaines et .... unité.

b) **541** c'est .... centaines et .... unité.

c) **541** c'est .... centaines, ... dizaines et .... unités.

d) **908** c'est .... dizaines et .... unités.

e) **153** c'est .... centaines et .... unités.

f) **379** c'est .... centaines, ... dizaines et .... unités.

2 Écris six décompositions de **592** :

- trois décompositions liées au calcul ;
- trois décompositions liées aux nombres de centaines, de dizaines et d'unités.

Les fractions *Placement exact sur des droites numériques graduées.*

MISE EN ROUTE

RETIENS

Pour placer exactement des fractions sur une droite numérique

Je dois graduer la droite numérique en partageant l'unité.

- Une unité est l'intervalle entre deux nombres entiers consécutifs.
- Le dénominateur indique le nombre de parts à réaliser.

EXEMPLE 1

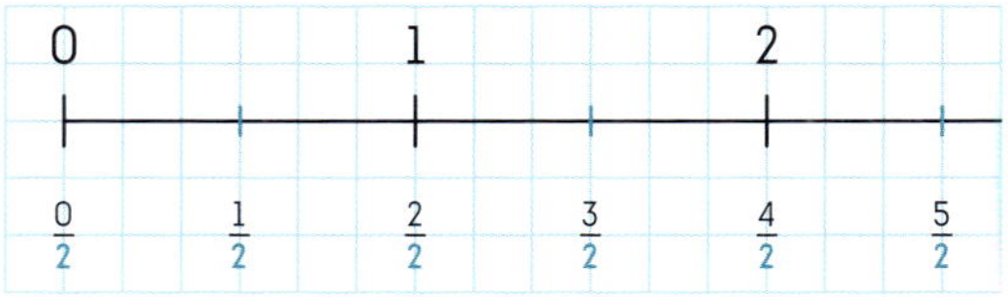

Chaque unité est partagée en 2 parts égales.
La droite est graduée en demis.

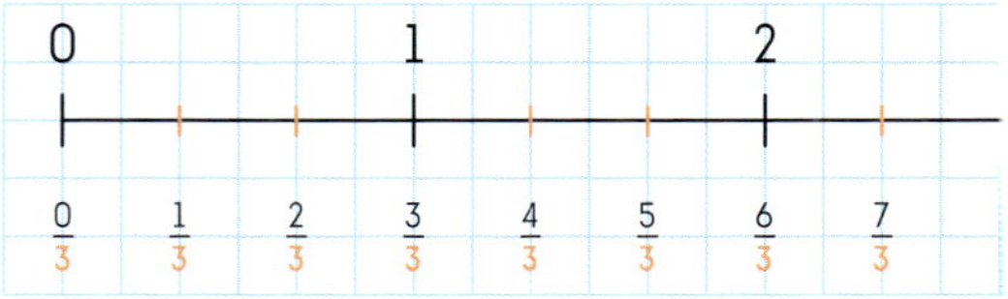

Chaque unité est partagée en 3 parts égales.
La droite est graduée en tiers.

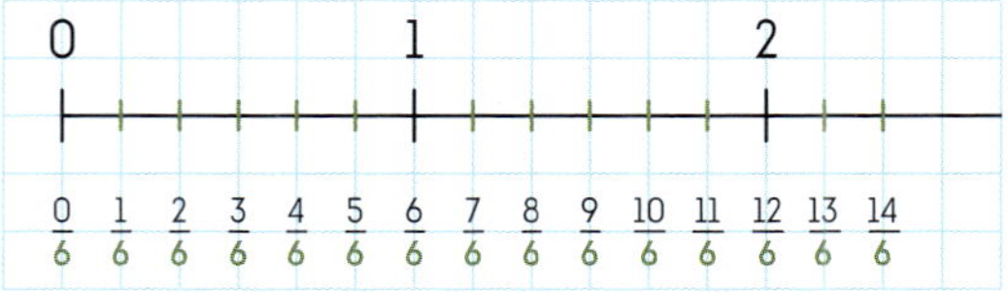

Chaque unité est partagée en 6 parts égales.
La droite est graduée en sixièmes.

Dans l'exemple 1, on peut observer les égalités suivantes : $\frac{4}{2}=\frac{6}{3}=\frac{12}{6}=2$ $\qquad$ $\frac{7}{3}=\frac{14}{6}$

Page suivante...

RETIENS (SUITE)

EXEMPLE 2

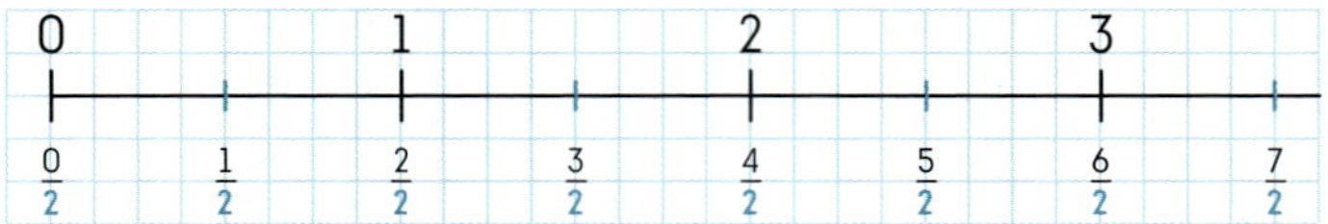

Chaque unité est partagée en 2 parts égales.
La droite est graduée **en demis**.

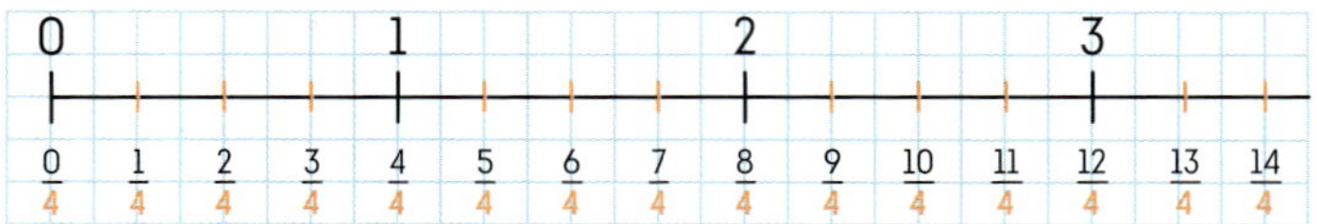

Chaque unité est partagée en 4 parts égales.
La droite est graduée **en quarts**.

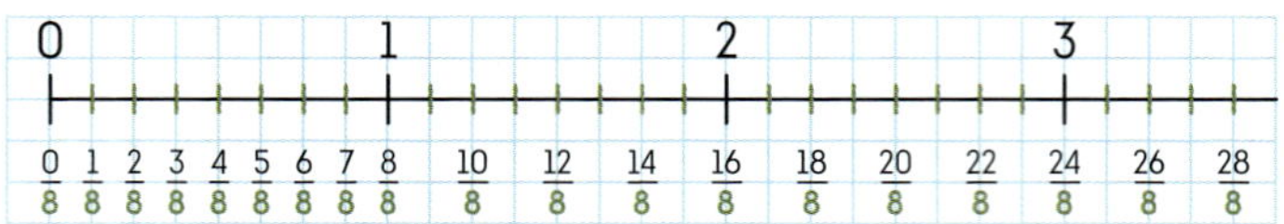

Chaque unité est partagée en 8 parts égales.
La droite est graduée **en huitièmes**.

Dans l'exemple 2, on peut observer les égalités suivantes :

$\frac{8}{4} = \frac{16}{8} = 2$ $\frac{6}{2} = \frac{12}{4} = \frac{24}{8} = 3$ $\frac{5}{2} = \frac{10}{4} = \frac{20}{8}$

ENTRAINE-TOI

❶ et ❷ → *Cahier d'exercices, page 6.*

❸ Recopie les fractions égales à des nombres entiers et écris ces nombres entiers.

$\frac{30}{6}$; $\frac{15}{4}$; $\frac{24}{8}$; $\frac{3}{9}$; $\frac{14}{7}$

❹ Complète les numérateurs ou les dénominateurs pour obtenir une fraction égale.

a) $\frac{4}{8} = \frac{\dots}{2}$ c) $\frac{1}{4} = \frac{3}{\dots}$

b) $\frac{3}{5} = \frac{\dots}{10}$ d) $\frac{8}{6} = \frac{4}{\dots}$

Les nombres entiers jusqu'à 999 *Décomposition. Chiffre ou nombre ?*

MISE EN ROUTE

RETIENS

► Chiffre ou nombre ?

EXEMPLE

682

Le chiffre des centaines est 6.	Le nombre de centaines est 6.
Le chiffre des dizaines est 8.	Le nombre de dizaines est 68.
Le chiffre des unités est 2.	Le nombre d'unités est 682.

► Un nombre est écrit avec des chiffres

EXEMPLES 682 est un nombre à trois chiffres.
9 est un nombre à un chiffre.

ENTRAINE-TOI

❶ Réponds aux questions.
a) Quel est le chiffre des dizaines dans **895** ?
b) Quel est le nombre de dizaines dans **895** ?
c) Quel est le chiffre des unités dans **895** ?
d) Quel est le nombre d'unités dans **895** ?

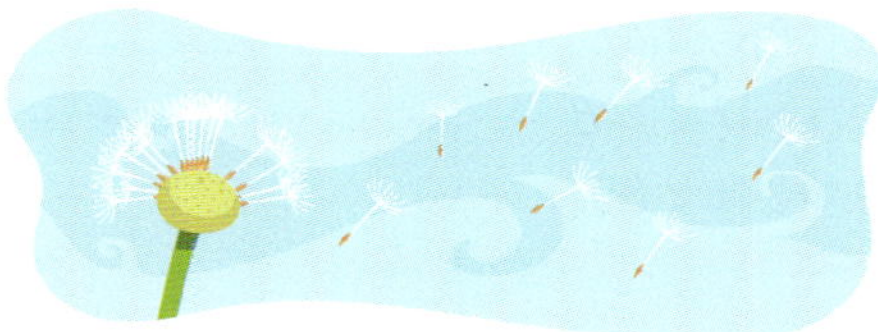

❷ Réponds aux questions.
a) Quel est le chiffre des dizaines dans **506** ?
b) Quel est le nombre de dizaines dans **710** ?
c) Quel est le nombre d'unités dans **107** ?

❸ Écris six décompositions de **879** :
- trois décompositions liées au calcul ;
- trois décompositions liées aux nombres de centaines, de dizaines et d'unités.

Semaine 5A

Les fractions

Addition de fractions. Décomposition. Partie entière / partie fractionnaire.

MISE EN ROUTE

RETIENS

▶ Pour additionner des fractions de même dénominateur

J'additionne les numérateurs et je conserve le dénominateur.

EXEMPLE $\frac{5}{3}+\frac{4}{3}=\frac{9}{3}$

▶ Pour décomposer une fraction en une somme de fractions

Je décompose le numérateur et je conserve le dénominateur.

EXEMPLE $\frac{13}{6}=\frac{10}{6}+\frac{1}{6}+\frac{2}{6}=\frac{7}{6}+\frac{6}{6}=\frac{12}{6}+\frac{1}{6}=...$

▶ Pour trouver la partie entière d'une fraction

Je décompose la fraction en faisant apparaitre le nombre d'unités qu'elle contient.
Je peux ainsi savoir entre quels nombres entiers la fraction se situe.

EXEMPLE $\frac{19}{6}=\frac{18}{6}+\frac{1}{6}=3+\frac{1}{6}$

3 : Partie entière

$\frac{1}{6}$: Partie fractionnaire (fraction inférieure à 1)

$3<\frac{19}{6}<4$

ENTRAINE-TOI

❶ Additionne les fractions ci-dessous.

a) $\frac{1}{3}+\frac{10}{3}$

b) $\frac{1}{9}+\frac{8}{9}+\frac{3}{9}$

c) $\frac{4}{8}+\frac{12}{8}$

d) $\frac{2}{5}+\frac{12}{5}+\frac{3}{5}$

❷ Décompose les fractions en partie entière et partie fractionnaire. Encadre-les par deux nombres entiers comme dans l'exemple ci-dessus.
$\frac{11}{3}$; $\frac{14}{5}$; $\frac{22}{10}$; $\frac{6}{8}$.

❸ et ❹ → *Cahier d'exercices, page 7.*

Les nombres entiers jusqu'à 999 Rangement.

MISE EN ROUTE

RETIENS

Pour comparer deux nombres jusqu'à 999

1 Je compare les nombres de chiffres. 86 < 647

2 Si besoin, je compare les nombres de centaines. 647 < 746

3 Si besoin, je compare les parties inférieures à 100. 846 < 857

Pour ranger une série de nombres dans l'ordre croissant

1 Je recopie la série de nombres.

2 J'identifie le nombre le plus petit.

3 Je l'écris à gauche et je le barre dans la série.

4 J'identifie le nombre restant le plus petit.

5 ...

ENTRAINE-TOI

1 Range les séries de nombres dans l'ordre croissant.

a) 992 ; 289 ; 95 ; 929 ; 287

b) 562 ; 652 ; 98 ; 625 ; 656

2 Range les séries de nombres dans l'ordre décroissant.

a) 454 ; 543 ; 54 ; 534 ; 455

b) 89 ; 980 ; 890 ; 989 ; 889

Les fractions décimales jusqu'aux centièmes

Définition. Placement sur des droites numériques graduées. Égalités de fractions.

MISE EN ROUTE

RETIENS

Les fractions qui ont un dénominateur égal à 10 ou à 100 s'appellent des fractions décimales

Elles se lisent en utilisant les mots dixièmes et centièmes.

Pour les placer exactement, on utilise en général des droites numériques réalisées sur du papier millimétré.

RETIENS (SUITE)

EXEMPLES

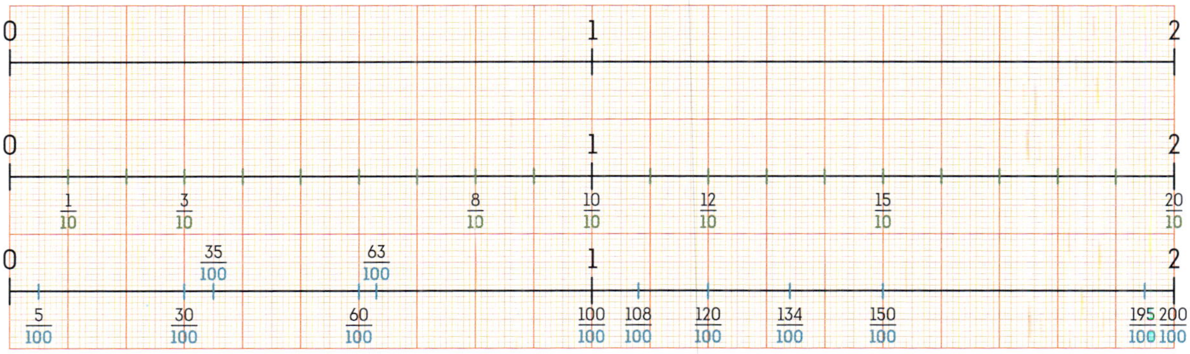

Dans les exemples ci-dessus, on peut observer les égalités suivantes :

$\frac{3}{10} = \frac{30}{100}$ $\frac{10}{10} = \frac{100}{100} = 1$ $\frac{12}{10} = \frac{120}{100}$ $\frac{15}{10} = \frac{150}{100}$ $\frac{20}{10} = \frac{200}{100} = 2$

ENTRAINE-TOI

1 et **2** → *Cahier d'exercices, page 8.*

3 Recopie chaque fraction et écris-la en lettres.

$\frac{7}{10}$; $\frac{130}{100}$; $\frac{32}{10}$; $\frac{207}{100}$; $\frac{190}{10}$.

4 Écris en chiffres les fractions suivantes :

a) **Trois-cents centièmes**

b) **Cent-sept dixièmes**

5 Complète les égalités.

a) $4 = \frac{\dots}{10} = \frac{\dots}{100}$

b) $7 = \frac{\dots}{10} = \frac{\dots}{100}$

c) $10 = \frac{\dots}{10} = \frac{\dots}{100}$

d) $12 = \frac{\dots}{10} = \frac{\dots}{100}$

6 Complète les égalités.

a) $\frac{2}{10} = \frac{\dots}{100}$

b) $\frac{580}{100} = \frac{\dots}{10}$

c) $\frac{45}{10} = \frac{\dots}{100}$

Les nombres entiers jusqu'à 999

Rangement. Décomposition (révisions).

MISE EN ROUTE

RAPPELLE-TOI

Relis les parties ***RETIENS*** des semaines 3B et 5B, pages 16 et 20.

ENTRAINE-TOI

1 Range les nombres dans l'ordre croissant.

92 ; **289** ; **189** ; **199** ; **298**.

2 Range les nombres dans l'ordre décroissant.

854 ; **584** ; **85** ; **853** ; **845**.

3 Écris six décompositions de **495** :

- trois décompositions liées au calcul ;
- trois décompositions liées aux nombres de centaines, de dizaines et d'unités.

Les fractions décimales en dixièmes

Placement sur des droites numériques graduées.

MISE EN ROUTE

RETIENS

Pour placer une fraction en dixièmes sur une droite numérique graduée avec des nombres entiers consécutifs

1 Je trouve la partie entière de la fraction.

2 J'observe la droite :

- si la droite est aussi graduée en dixièmes, je place la fraction **exactement** ;
- si la droite n'est pas graduée en dixièmes, je place la fraction **approximativement**.

EXEMPLE Place $\frac{246}{10}$ sur les droites numériques graduées.

$\frac{246}{10} = \frac{240}{10} + \frac{6}{10} = 24 + \frac{6}{10}$

24 : Partie entière

$\frac{6}{10}$: Partie fractionnaire (fraction inférieure à 1)

$24 < \frac{246}{10} < 25$

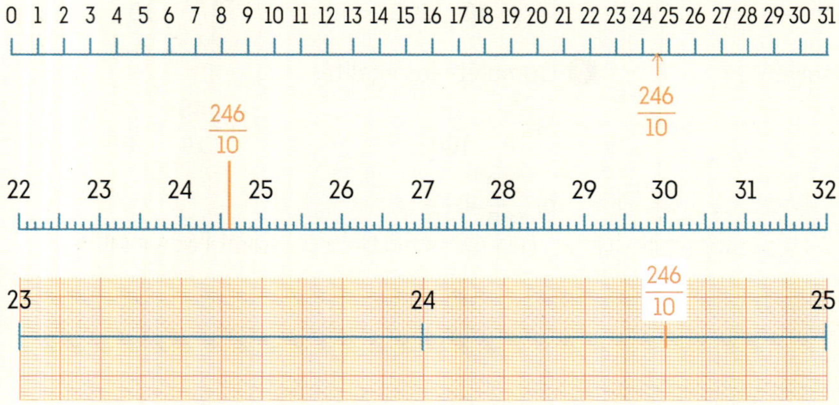

Je place $\frac{246}{10}$ **approximativement**.

Je place $\frac{246}{10}$ **exactement**.

Je place $\frac{246}{10}$ **exactement**.

CAS PARTICULIER Je peux placer exactement une fraction en dixièmes sur une droite graduée en entiers si je repère une écriture de fraction égale à un entier.

EXEMPLE $\frac{250}{10} = 25$; je peux placer exactement $\frac{250}{10}$ sur la première droite.

ENTRAINE-TOI

1 → *Cahier d'exercices, pages 8 et 9.*

2 Complète les égalités.

a) $5 = \frac{\dots}{10} = \frac{\dots}{100}$

b) $19 = \frac{\dots}{10} = \frac{\dots}{100}$

c) $50 = \frac{\dots}{10} = \frac{\dots}{100}$

d) $72 = \frac{\dots}{10} = \frac{\dots}{100}$

3 Complète les égalités.

a) $\frac{8}{10} = \frac{\dots}{100}$

b) $\frac{405}{10} = \frac{\dots}{100}$

c) $\frac{580}{100} = \frac{\dots}{10}$

Les nombres entiers jusqu'à 999

Encadrement à l'unité. Placement sur des droites numériques graduées.

MISE EN ROUTE

RETIENS

Pour encadrer un nombre entier à l'unité

J'écris le nombre entier inférieur le plus proche et le nombre entier supérieur le plus proche.

EXEMPLE Encadre 379 à l'unité. → 378 < 379 < 380

Pour placer des nombres sur une droite numérique graduée

1 J'observe les nombres écrits pour savoir s'ils sont dans l'ordre croissant ou décroissant.
2 J'observe les nombres écrits pour trouver la règle qui permet de passer d'une graduation à l'autre.
3 Je vérifie dans ma tête que la règle fonctionne avec les autres nombres déjà placés.
4 J'écris tous les nombres manquants.

EXEMPLE

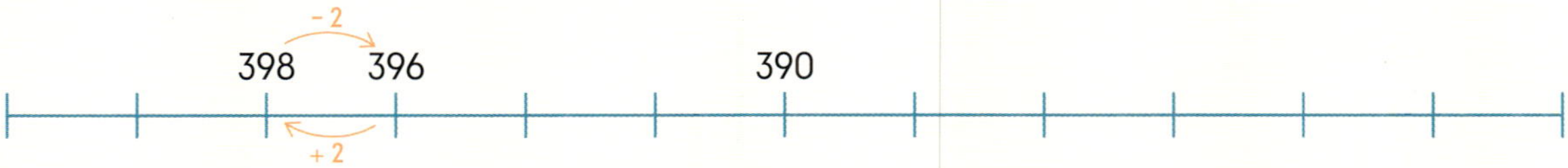

Pour passer d'une graduation à l'autre, je fais – 2 ou + 2.

ENTRAINE-TOI

1 Encadre **490** à l'unité comme dans l'exemple ci-dessus. Fais de même pour les nombres suivants : **708** ; **780** ; **829** ; **800**.

2 → *Cahier d'exercices, page 9.*

Les fractions décimales en centièmes

Placement sur des droites numériques graduées.

MISE EN ROUTE

RETIENS

Pour placer une fraction en centièmes sur une droite numérique graduée avec des nombres entiers consécutifs

1 Je trouve la partie entière de la fraction.
2 Je décompose la partie fractionnaire.
3 J'observe la droite :

- si la droite est aussi graduée en centièmes, je place la fraction **exactement** ;
- si la droite n'est pas graduée en centièmes, je place la fraction **approximativement**.

EXEMPLE Place $\frac{2\,315}{100}$ sur les droites numériques graduées.

$$\frac{2\,315}{100} = \frac{2\,300}{100} + \frac{15}{100} = 23 + \frac{15}{100} = 23 + \frac{10}{100} + \frac{5}{100} = 23 + \frac{1}{10} + \frac{5}{100}$$

23 : Partie entière
$\frac{15}{100}$: Partie fractionnaire (fraction inférieure à 1)

$$23 < \frac{2\,315}{100} < 24$$

Je place $\frac{2\,315}{100}$ **approximativement**.

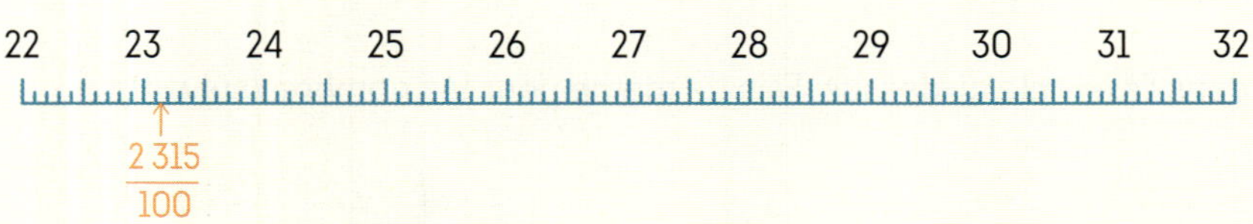

Je place $\frac{2\,315}{100}$ **approximativement**.

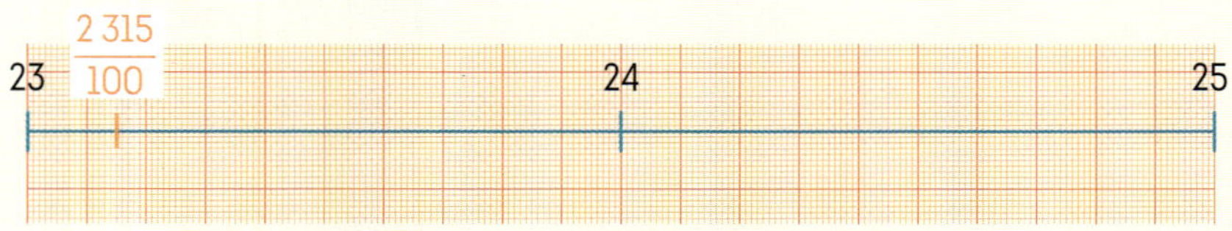

Je place $\frac{2\,315}{100}$ **exactement**.

CAS PARTICULIER Je peux placer **exactement** une fraction en centièmes sur une droite graduée en entiers ou en dixièmes, si je repère des écritures de fractions égales et correspondant aux graduations de la droite.

EXEMPLES $\frac{2\,500}{100} = 25$; je peux placer exactement $\frac{2\,500}{100}$ sur les deux premières droites.

$\frac{2\,450}{100} = \frac{245}{10}$; je peux placer exactement $\frac{2\,450}{100}$ sur la deuxième droite.

ENTRAINE-TOI

1 → *Cahier d'exercices, page 10.*

2 Complète les égalités.

a) $11 = \frac{\dots}{10} = \frac{\dots}{100}$

b) $28 = \frac{\dots}{10} = \frac{\dots}{100}$

c) $99 = \frac{\dots}{10} = \frac{\dots}{100}$

d) $101 = \frac{\dots}{10} = \frac{\dots}{100}$

3 Complète les égalités.

a) $\frac{880}{100} = \frac{\dots}{10}$

b) $\frac{78}{10} = \frac{\dots}{100}$

c) $\frac{2\,180}{100} = \frac{\dots}{10}$

Les nombres entiers jusqu'à 999

Encadrement à la dizaine. Placement sur des droites numériques graduées.

MISE EN ROUTE

RETIENS

▶ Pour encadrer un nombre entier à la dizaine

J'écris le nombre entier inférieur le plus proche se finissant par au moins un zéro et le nombre entier supérieur le plus proche se finissant par au moins un zéro.

EXEMPLE Encadre 391 à la dizaine. → 390 < 391 < 400

▶ Pour placer des nombres sur une droite numérique graduée

1. J'observe les nombres écrits pour savoir s'ils sont dans l'ordre **croissant** ou **décroissant**.
2. J'observe les nombres écrits pour trouver la règle qui permet de passer d'une graduation à l'autre.
3. Je vérifie dans ma tête que la règle fonctionne avec les autres nombres déjà placés.
4. J'écris tous les nombres manquants.

EXEMPLES

Pour passer d'une graduation à l'autre, je fais + 1 ou − 1.

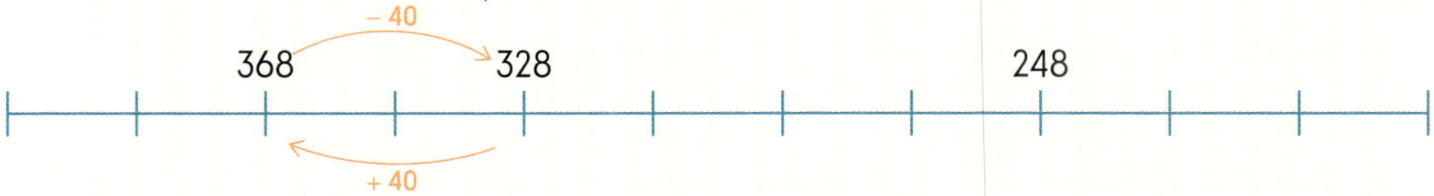

Pour passer d'une graduation à l'autre, je fais − 20 ou + 20.

ENTRAINE-TOI

1 Encadre **288** à la dizaine comme dans l'exemple ci-dessus.
Fais de même pour les nombres suivants : **109** ; **58** ; **399** ; **887**.

2 → *Cahier d'exercices, page 11.*

Les nombres décimaux jusqu'aux centièmes

Passage des fractions aux décimaux. Lecture, écriture.

MISE EN ROUTE

RETIENS

Les fractions décimales peuvent s'écrire sous une autre forme : les nombres décimaux

Les nombres décimaux s'appellent aussi des « nombres à virgule ».

EXEMPLES

Partie entière					Partie décimale		
	c	d	u		$\frac{1}{10}$ dixièmes	$\frac{1}{100}$ centièmes	
		2	7	,	5		
			5	,	1	2	

$$\frac{275}{10} = \frac{270}{10} + \frac{5}{10} = 27 + \frac{5}{10} = 27{,}5$$

partie entière (27) ; partie décimale (5)

$$\frac{512}{100} = \frac{500}{100} + \frac{12}{100} = 5 + \frac{12}{100} = 5 + \frac{1}{10} + \frac{2}{100} = 5{,}12$$

partie entière (5) ; partie décimale (12)

Pour lire les nombres décimaux

Si la partie décimale a un chiffre :

Je lis « ____ unités _ dixièmes ».

partie entière ← ____ ; _ → nombre à un chiffre

EXEMPLE Je vois 27,5.
Je lis « vingt-sept unités cinq dixièmes ».

Si la partie décimale a deux chiffres :

Je lis « ____ unités _ _ centièmes ».

partie entière ← ____ ; _ _ → nombre à deux chiffres

EXEMPLE Je vois 5,12.
Je lis « cinq unités douze centièmes ».

Pour écrire en chiffres les nombres décimaux

Si j'entends le mot dixième, j'écris un chiffre après la virgule :

J'écris « ____ , _ ».

partie entière ← ____ ; virgule ; _ → nombre à un chiffre

EXEMPLE J'entends « cent-douze unités neuf dixièmes ».
J'écris 112,9.

Si j'entends le mot centième, j'écris deux chiffres après la virgule :

J'écris « ____ , _ _ ».

partie entière ← ____ ; virgule ; _ _ → nombre entendu avec deux chiffres

EXEMPLE J'entends « quinze unités dix-sept centièmes ».
J'écris 15,17.

ENTRAINE-TOI

1 Décompose chaque fraction en partie entière et en partie fractionnaire comme dans l'exemple ci-dessous, puis écris le nombre décimal correspondant : $\frac{21}{10}$; $\frac{854}{10}$; $\frac{759}{100}$; $\frac{4\,175}{100}$.

EXEMPLE

$$\frac{342}{100} = \frac{300}{100} + \frac{42}{100} = 3 + \frac{42}{100} = 3 + \frac{4}{10} + \frac{2}{100} = 3{,}42$$

2 Écris en lettres les nombres suivants :
103,9 ; **15,89** ; **140,72** ; **152,1**.

3 Écris en chiffres les nombres suivants :

a) **Huit unités dix-huit centièmes**
b) **Cent-dix unités cinq dixièmes**
c) **Quatre-vingt-douze unités trente-deux centièmes**
d) **Trois-cent-une unités un dixième**

Les nombres entiers jusqu'à 999

Encadrement à la centaine. Placement sur des droites numériques graduées.

MISE EN ROUTE

RETIENS

▶ Pour encadrer un nombre à la centaine

J'écris le nombre entier inférieur le plus proche se finissant par deux zéros et le nombre entier supérieur le plus proche se finissant par deux zéros.

EXEMPLE Encadre 382 à la centaine. → $300 < 382 < 400$

▶ Pour placer des nombres donnés sur une droite numérique graduée

1. J'observe les nombres écrits pour savoir s'ils sont dans l'ordre croissant ou décroissant.
2. J'observe les nombres écrits pour trouver la règle qui permet de passer d'une graduation à l'autre.
3. Je vérifie dans ma tête que la règle fonctionne avec les autres nombres déjà placés.
4. J'écris seulement les nombres donnés.

EXEMPLE Place les nombres 390, 400 et 380 sur la droite numérique graduée.

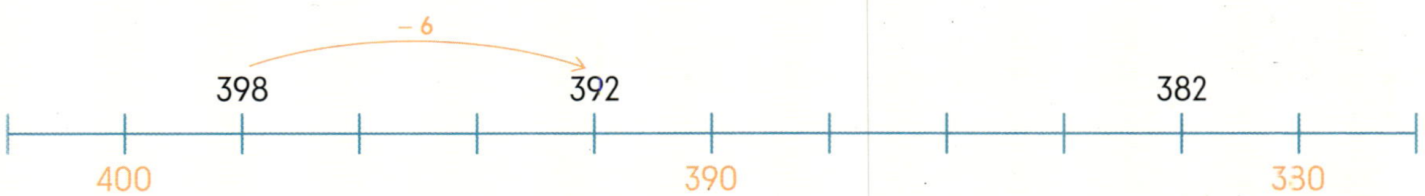

Pour passer d'une graduation à l'autre, je fais – 2 ou + 2.

ENTRAINE-TOI

❶ Encadre **288** à la centaine comme dans l'exemple ci-dessus. Fais de même pour les nombres suivants : **501** ; **687** ; **709** ; **957**.

❷ à ❹ → *Cahier d'exercices, page 11.*

Les nombres décimaux jusqu'aux centièmes

Lecture, écriture. Différentes écritures à virgule.

MISE EN ROUTE

RETIENS

▶ Pour lire les nombres décimaux

Si la partie entière est égale à zéro, je ne dis pas le mot unité.

EXEMPLES 0,9 se lit « neuf dixièmes ».
0,32 se lit « trente-deux centièmes ».

▶ Pour écrire en chiffres les nombres décimaux

Certains nombres comportent des pièges :
ils contiennent un ou plusieurs zéros que l'on n'entend pas mais qui sont nécessaires.

EXEMPLES J'entends « trente *unités* sept centièmes ». J'écris 30,07.
J'entends « cinq centièmes ». J'écris 0,05.
J'entends « sept dixièmes ». J'écris 0,7.

▶ Un nombre a plusieurs écritures à virgule

Je peux écrire ou enlever des zéros à la fin de la partie décimale.

EXEMPLES 80 = 80,0 = 80,00
7,80 = 7,8

ENTRAINE-TOI

1 Décompose chaque fraction en partie entière et partie fractionnaire comme dans l'exemple ci-dessous, puis écris le nombre décimal correspondant : $\frac{3}{10}$; $\frac{705}{10}$; $\frac{508}{100}$; $\frac{8\,185}{100}$.

EXEMPLE $\frac{5\,042}{100} = \frac{5\,000}{100} + \frac{42}{100} = 50 + \frac{42}{100} = 50 + \frac{4}{10} + \frac{2}{100} = 50{,}42$

2 Écris en lettres les nombres suivants :
0,2 ; **0,04** ; **13,02** ; **18,01** ; **100,5**.

3 Écris en chiffres les nombres suivants :
a) **Un centième**
b) **Trois dixièmes**
c) **Soixante-dix unités six centièmes**
d) **Cent-une unités sept dixièmes**
e) **Quatre-vingt-treize centièmes**

4 Donne une autre écriture (écriture à virgule) des nombres suivants :
920,2 ; **75,40** ; **452** ; **708,0**.

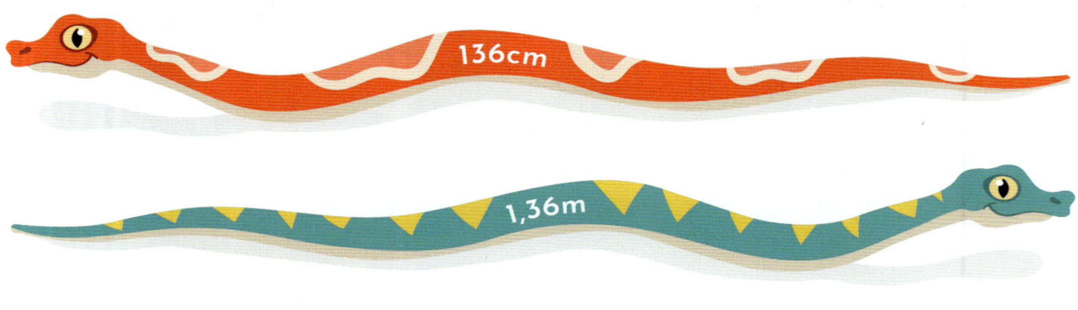

Les nombres entiers jusqu'à 999 999

Comptage. Lecture, écriture.

MISE EN ROUTE

RETIENS

Les espaces entre les classes permettent de lire et d'écrire les nombres

EXEMPLE ~~78783~~ → NON 78 783 → OUI

Pour lire les nombres jusqu'à 999 999

Je vois **deux groupes** de chiffres.

Je lis « ____ mille _ _ _ ».

le premier groupe de chiffres ↲ ↳ le deuxième groupe de chiffres

EXEMPLE Je vois 548 594.

Je lis « cinq-cent-quarante-huit-mille-cinq-cent-quatre-vingt-quatorze ».

CAS PARTICULIER Je vois 1 378.

Je lis « mille-trois-cent-soixante-dix-huit ».

Quand il y a 1 dans la classe des mille, je lis « mille » et non pas « un mille ».

Pour écrire en chiffres les nombres jusqu'à 999 999

Si j'entends le mot « **mille** », il y a deux groupes de chiffres.

J'écris « ____ *espace* _ _ _ ».

le nombre entendu avant le mot mille ↲ ↳ le nombre entendu, avec trois chiffres

EXEMPLE J'entends « cent-soixante-dix-huit-mille-cent-soixante-dix-huit ».

J'écris « 178 178 ».

Règle d'orthographe

Le mot « mille » est invariable.

ENTRAINE-TOI

❶ Écris les nombres dans l'ordre croissant en comptant de 1 en 1 de **47 997 à 48 005**.

❷ Écris en lettres les nombres suivants :
375 127 ; **1 613** ; **47 371**.

❸ Écris en chiffres les nombres suivants :

a) **Deux-cent-soixante-douze-mille-cent-treize**
b) **Neuf-cent-cinquante-sept-mille-trois-cent-seize**
c) **Quatre-cent-quatre-vingt-un-mille-cent-trente-cinq**
d) **Sept-cent-dix-huit-mille-trois-cent-cinquante-neuf**
e) **Quatre-vingt-quinze-mille-cinq-cent-vingt-et-un**

Les nombres décimaux en dixièmes

Passage de l'écriture à virgule à la fraction. Placement sur des droites numériques graduées.

MISE EN ROUTE

RETIENS

▶ Pour donner une écriture fractionnaire d'un nombre décimal

Je le décompose en une somme de fractions décimales.

Si le nombre décimal a un chiffre après la virgule, j'utilise le dénominateur 10 pour l'écriture fractionnaire.

EXEMPLES

$23{,}8 = 23 + \frac{8}{10} = \frac{230}{10} + \frac{8}{10} = \frac{238}{10}$

Une écriture fractionnaire de 23,8 est $\frac{238}{10}$.

$0{,}7 = 0 + \frac{7}{10} = \frac{7}{10}$

Une écriture fractionnaire de 0,7 est $\frac{7}{10}$.

▶ Pour placer un nombre décimal ayant un chiffre après la virgule sur une droite numérique graduée avec des nombres entiers consécutifs

1 Je lis la partie entière.

2 J'observe la droite :

- si la droite est aussi graduée en dixièmes, je place le nombre **exactement** ;
- si la droite n'est pas graduée en dixièmes, je place le nombre **approximativement**.

EXEMPLE Place 23,8 sur les droites numériques graduées.

La partie entière de 23,8 est 23. Le nombre 23,8 est donc compris entre 23 et 24.

Je place 23,8 **approximativement**.

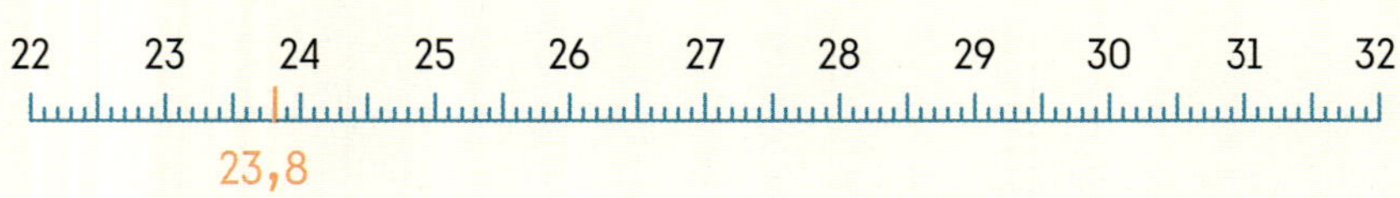

Je place 23,8 **exactement**.

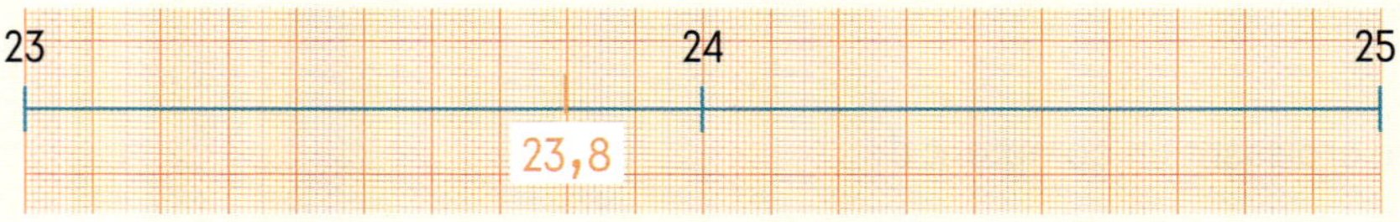

Je place 23,8 **exactement**.

ENTRAINE-TOI

❶ → *Cahier d'exercices, page 12.*

❷ Donne l'écriture fractionnaire des nombres suivants :
3,2 ; **0,9** ; **46,9**.

❸ Écris en chiffres les nombres suivants :

a) **Treize centièmes**

b) **Cent-vingt-sept unités un centième**

c) **Six dixièmes**

d) **Quarante unités six centièmes**

❹ Écris en lettres les nombres suivants :
0,5 ; **0,08** ; **11,3** ; **200,02**.

Les nombres entiers jusqu'à 999 999

Comptage. Lecture, écriture.

MISE EN ROUTE

RETIENS

Pour écrire en chiffres les nombres entiers jusqu'à 999 999

Certains nombres comportent un ou plusieurs zéros que l'on n'entend pas mais qui sont nécessaires.

EXEMPLES

J'entends « mille-soixante-dix-neuf ».
J'écris « 1 079 ».
J'entends « cinq-cent-mille-sept ».
J'écris « 500 007 ».
J'entends « trois-cent-dix-huit-mille ».
J'écris « 318 000 ».

Pour vérifier l'écriture en chiffres du nombre, il faut relire le nombre dans sa tête.

ENTRAINE-TOI

1 Écris les nombres dans l'ordre décroissant en comptant de 1 en 1, de **80 002 à 79 989**.

2 Écris en lettres les nombres suivants : **305 027** ; **100 003** ; **475 000**.

3 Écris en chiffres les nombres suivants :

a) **Deux-cent-mille-treize**
b) **Neuf-cent-cinquante-sept-mille**
c) **Quatre-cent-quatre-vingt-mille-un**
d) **Sept-cent-huit-mille-cinquante-neuf**
e) **Quatre-vingt-dix-mille-cent**

Les nombres décimaux en centièmes

Passage de l'écriture à virgule à la fraction. Placement sur des droites numériques graduées.

MISE EN ROUTE

RETIENS

Pour donner une écriture fractionnaire d'un nombre décimal

Je le décompose en une somme de fractions décimales.
Si le nombre décimal a deux chiffres après la virgule, j'utilise le dénominateur 100 pour l'écriture fractionnaire.

EXEMPLES

$24{,}75 = 24 + \frac{7}{10} + \frac{5}{100} = \frac{2\,400}{100} + \frac{70}{100} + \frac{5}{100} = \frac{2\,475}{100}$

Une écriture fractionnaire de 24,75 est $\frac{2\,475}{100}$.

$0{,}07 = 0 + \frac{7}{100} = \frac{7}{100}$

Une écriture fractionnaire de 0,07 est $\frac{7}{100}$.

Pour placer un nombre décimal ayant deux chiffres après la virgule sur une droite numérique graduée avec des nombres entiers consécutifs

1 Je lis la partie entière.
2 Je repère le chiffre des dixièmes.
3 J'observe la droite :
- si la droite est aussi graduée en centièmes je place le nombre **exactement** ;
- si la droite n'est pas graduée en centièmes je place le nombre **approximativement**.

Page suivante...

RETIENS (SUITE)

EXEMPLES Place 24,75 sur les droites numériques graduées.
La partie entière de 24,75 est 24. Le nombre 24,75 est donc compris entre 24 et 25.
Le nombre 24,75 sera compris entre 24,7 et 24,8.

Je place 24,75 **approximativement**.

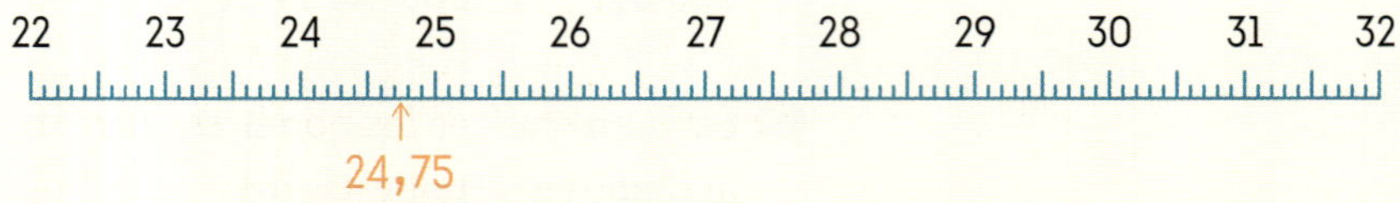

Je place 24,75 **approximativement**.

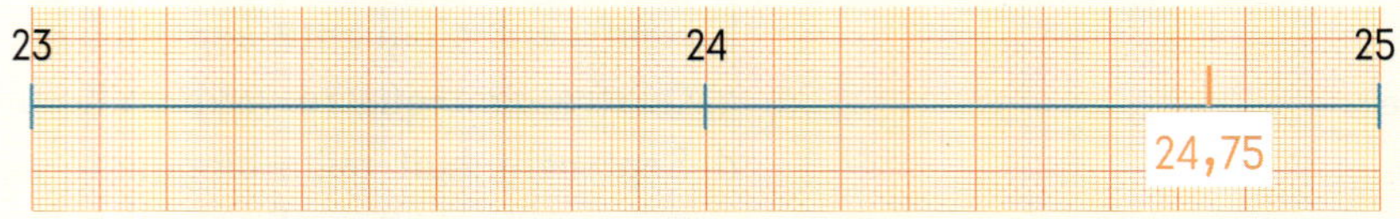

Je place 24,75 **exactement**.

CAS PARTICULIER Je peux placer exactement des nombres décimaux en centièmes sur des droites graduées en dixièmes, si je repère des écritures à virgule égales et correspondant aux graduations.

EXEMPLE 30,50 = 30,5 ; je peux placer exactement 30,5 sur la deuxième droite.

ENTRAINE-TOI

❶ → *Cahier d'exercices, page 13.*

❷ Donne l'écriture fractionnaire des nombres suivants : **3,52** ; **0,09** ; **46,91** ; **27,05**.

❸ Écris en lettres les nombres suivants : **13,5** ; **0,01** ; **130,72** ; **1 000,2**.

❹ Écris en chiffres les nombres suivants :
a) **Cinq centièmes**
b) **Deux-cent-deux unités huit centièmes**
c) **Deux dixièmes**
d) **Quatre-cent-quarante unités seize centièmes**

Semaine **12B**

Les nombres entiers jusqu'à 999 999 *Décomposition par classe.*

RETIENS

Pour décomposer par classe un nombre entier jusqu'à six chiffres
Je fais apparaitre le nombre d'unités de mille et le nombre d'unités qui le composent. Il y a trois écritures de cette décomposition.

EXEMPLE Décompose 846 673 par classe.
C'est 846 unités de mille et 673 unités.
(1 000 × 846) + 673
846 000 + 673

ENTRAINE-TOI

❶ Pour chaque nombre, donne les trois écritures de leur décomposition par classe.
a) **589 378** b) **870 008**

❷ Retrouve l'écriture en chiffres du nombre correspondant à chaque décomposition.
a) **(1 000 × 801) + 5**
b) **40 000 + 15**
c) **(1 000 × 1) + 300**

Les nombres décimaux en dixièmes

Comptage de 0,1 en 0,1. Décomposition avec support.

MISE EN ROUTE

RETIENS

Une décomposition d'un nombre décimal comporte au moins deux termes

Le nombre décimal peut être décomposé en utilisant des nombres entiers, des nombres à virgule ou des fractions.

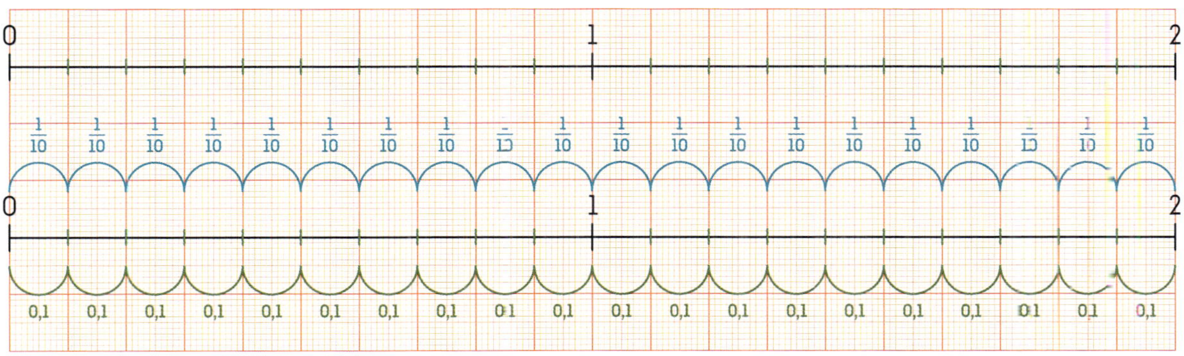

EXEMPLE

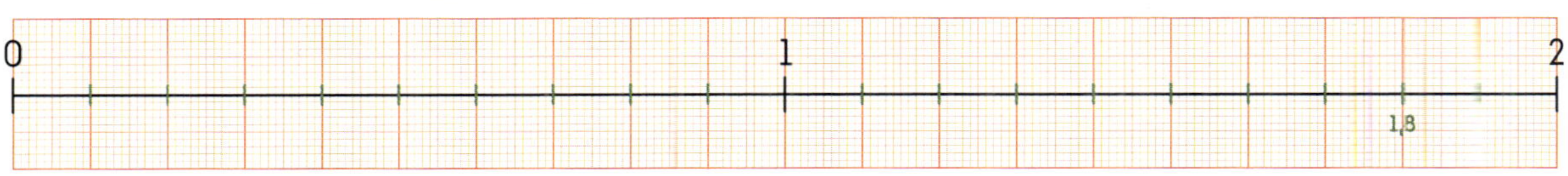

Quelques exemples de décompositions de 1,8 :

$1{,}8 = \frac{1}{10} \times 18$

$= 1{,}6 + \frac{2}{10}$

$= 1 + 0{,}8$

$1{,}8 = \frac{5}{10} + \frac{13}{10}$

$= 0{,}9 + 0{,}9$

$= 2 - (0{,}1 \times 2)$

Une même décomposition a différentes écritures

EXEMPLE $1{,}8 = \frac{5}{10} + \frac{13}{10} = 0{,}5 + 1{,}3 = (\frac{1}{10} \times 5) + (\frac{1}{10} \times 13) = (0{,}1 \times 5) + (0{,}1 \times 13)$

ENTRAINE-TOI

1 Donne deux autres écritures de chaque décomposition.

a) $\mathbf{0{,}7 = \frac{2}{10} + \frac{5}{10}}$

b) $\mathbf{0{,}7 = 1 - \frac{3}{10}}$

c) $\mathbf{91{,}9 = 91{,}1 + 0{,}5 + 0{,}3}$

d) $\mathbf{91{,}9 = 91{,}5 + \frac{4}{10}}$

2 En t'aidant des droites de la fiche activité, donne quatre décompositions pour chacun des nombres suivants : **1,2** ; **90,7**.

3 Écris les nombres de **3,8 à 5,1** en comptant de 0,1 en 0,1.

4 Retrouve et recopie les écritures égales à **11,5**.

$10 + 0{,}5 + 0{,}5 + \frac{1}{2}$	$\frac{110}{10} + \frac{2}{10} + \frac{3}{10}$	$\frac{105}{10}$
$\frac{115}{100}$	$11 + \frac{50}{100}$	$\frac{1150}{100}$

Les nombres entiers jusqu'aux millions

Lecture, écriture.

MISE EN ROUTE

RETIENS

L'organisation du tableau de numération est régulière

Chaque classe comporte trois chiffres : unité, dizaine, centaine.

Classe des millions			Classe des mille					
c centaines	d dizaines	u unités	c centaines	d dizaines	u unités	c centaines	d dizaines	u unités

Pour lire les grands nombres

Je vois **trois groupes** de chiffres.

Je lis « __ millions _ _ _ mille _ _ _ ».

le premier groupe de chiffres ; le deuxième groupe de chiffres ; le troisième groupe de chiffres

EXEMPLE Je vois 12 548 594.

Je lis « douze-millions-cinq-cent-quarante-huit-mille-cinq-cent-quatre-vingt-quatorze ».

Pour écrire en chiffres les grands nombres

Si j'entends le mot « **million** », il y a trois groupes de chiffres.

J'écris « __ espace _ _ _ espace _ _ _ ».

le nombre entendu avant le mot million ; le nombre entendu avant le mot mille, avec trois chiffres ; le nombre entendu, avec trois chiffres

EXEMPLE J'entends « soixante-huit-millions-cent-soixante-huit-mille-cent-soixante-huit ».

J'écris 68 168 168.

Attention ! Certains nombres comportent des pièges.

1 Ils contiennent un ou plusieurs zéros que l'on n'entend pas mais qui sont nécessaires.

EXEMPLE J'entends « cinquante-huit-millions-cinq-mille-cinq ». J'écris « 58 005 005 ».

2 On n'entend pas la classe des mille.

EXEMPLE J'entends « douze-millions-quatre-vingt-dix ». J'écris « 12 000 090 ».

3 On n'entend pas la classe des unités.

EXEMPLE J'entends « dix-huit-millions-dix-huit-mille ». J'écris « 18 018 000 ».

Règle d'orthographe

Le mot « million » s'accorde.

ENTRAINE-TOI

1 Écris en lettres les nombres suivants :

a) **12 575 123**
b) **5 118 000**
c) **17 001 024**

2 Écris en chiffres les nombres suivants :

a) **Onze-millions-cent-treize-mille-cent-treize**
b) **Quinze-millions-quinze-mille**
c) **Un-million-mille-cent-soixante-deux**
d) **Quatre-millions-cent-onze**
e) **Quatre-vingt-dix-huit-millions-quatre-vingt-huit**
f) **Quatre-vingt-quatorze-millions-deux-mille-soixante**

Les nombres décimaux en centièmes

Comptage de 0,1 en 0,1. Décomposition avec support.

MISE EN ROUTE

RAPPELLE-TOI

Une décomposition d'un nombre décimal comporte au moins deux termes

Le nombre décimal peut être décomposé en utilisant des nombres entiers, des nombres à virgule ou des fractions.

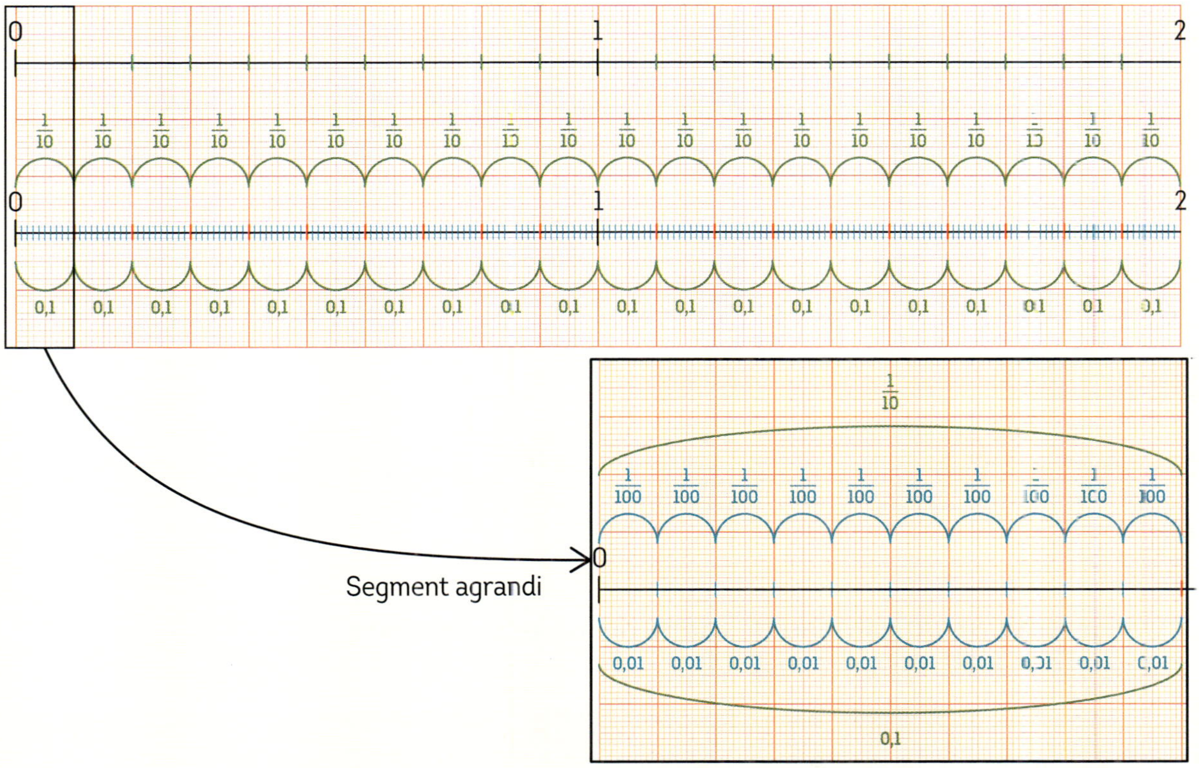

Page suivante...

RAPPELLE-TOI (SUITE)

EXEMPLE

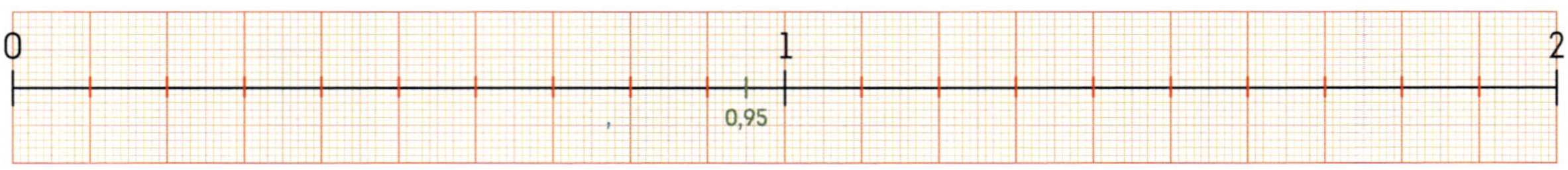

Quelques exemples de décomposition de 0,95 :

$0{,}95 = \frac{5}{10} + \frac{4}{10} + \frac{5}{100}$

$= 0{,}9 + \frac{2}{100} + \frac{3}{100}$

$= (\frac{1}{10} \times 9) + (\frac{1}{100} \times 5)$

$0{,}95 = 1 - (0{,}01 \times 5)$

$= \frac{1}{100} \times 95$

$= 0{,}3 + 0{,}3 + 0{,}35$

▶ **Une même décomposition a différentes écritures**

$0{,}95 = \frac{5}{10} + \frac{4}{10} + \frac{5}{100} = 0{,}5 + 0{,}4 + 0{,}05 = (\frac{1}{10} \times 5) + (\frac{1}{10} \times 4) + (\frac{1}{100} \times 5) = (0{,}1 \times 5) + (0{,}1 \times 4) + (0{,}01 \times 5)$

ENTRAINE-TOI

1 Donne deux autres écritures de chaque décomposition.

a) $\mathbf{0{,}87 = \frac{4}{10} + \frac{4}{10} + \frac{7}{100}}$

b) $\mathbf{0{,}87 = 0{,}9 - \frac{3}{100}}$

c) $\mathbf{1{,}19 = 1{,}1 + 0{,}09}$

d) $\mathbf{1{,}19 = 1{,}2 - \frac{1}{100}}$

2 En t'aidant des droites de la fiche activité, donne quatre décompositions de **1,26** puis de **1,89**.

3 Écris les nombres de **17,1 à 15,9** en comptant de 0,1 en 0,1.

4 Retrouve et recopie les écritures égales à **1,25**.

$1 + \frac{25}{10}$	$1 + \frac{1}{4}$	$\frac{125}{100}$
$\frac{125}{10}$	$1{,}2 + 0{,}05$	$0{,}5 + 0{,}5 + 0{,}2$

Les nombres entiers jusqu'aux milliards

Lecture, écriture.

MISE EN ROUTE

RETIENS

▶ **L'organisation du tableau de numération est régulière.**

Chaque classe comporte trois chiffres : unité, dizaine, centaine.

Classe des milliards			Classe des millions			Classe des mille					
c centaines	d dizaines	u unités	c centaines	d dizaines	u unités	c centaines	d dizaines	u unités	c centaines	d dizaines	u unités

Page suivante...

RETIENS (SUITE)

Pour lire les grands nombres

Je vois **quatre groupes** de chiffres.

Je lis « _ milliards _ _ _ millions _ _ _ mille _ _ _ ».

le premier groupe de chiffres ↵
le deuxième groupe de chiffres ↵
↳ le troisième groupe de chiffres
↳ le quatrième groupe de chiffres

EXEMPLE Je vois 11 122 118 512.
Je lis « onze-milliards-cent-vingt-deux-millions- cent-dix-huit-mille-cinq-cent-douze ».

Pour écrire en chiffres les grands nombres

Si j'entends le mot « **milliard** », il y a quatre groupes de chiffres.

J'écris « _ *espace* _ _ _ *espace* _ _ _ *espace* _ _ _ ».

le nombre entendu avant le mot milliard ↵
le nombre entendu avant le mot million avec trois chiffres ↵
↳ le nombre entendu avant le mot mille avec trois chiffres
↳ le nombre entendu avec trois chiffres

EXEMPLE J'entends « treize-milliards-cent-treize-millions-cent-treize-mille-cent-treize ».
J'écris 13 113 113 113.

Attention ! Certains nombres comportent des pièges.

1 Ils contiennent un ou plusieurs zéros que l'on n'entend pas mais qui sont nécessaires.

EXEMPLE J'entends « huit-milliards-huit-millions-huit-mille-huit ». J'écris 8 008 008 008.

2 On n'entend pas la classe des millions.

EXEMPLE J'entends « deux-milliards-trente-mille-trente ». J'écris 2 000 030 030.

3 On n'entend pas la classe des mille.

EXEMPLE : J'entends « douze-milliards-douze-millions-douze ». J'écris 12 012 000 012.

4 On n'entend pas la classe des unités.

EXEMPLE J'entends « cent-milliards-un-million-mille ». J'écris 100 001 001 000.

Règle d'orthographe

Le mot « milliard » s'accorde.

ENTRAINE-TOI

❶ Écris en lettres les nombres suivants :

a) **1 111 010 200**
b) **87 000 001 002**
c) **10 055 000 030**

❷ Écris en chiffres les nombres suivants :

a) **Trois-milliards-onze-millions-onze-mille-onze**
b) **Neuf-cent-trente-milliards-cinq-millions**
c) **Quatre-cent-quatre-milliards-quatre-mille-vingt**
d) **Huit-milliards-mille-cent-dix**
e) **Vingt-trois-milliards-vingt-trois-millions-treize-mille**

Les nombres décimaux jusqu'aux centièmes

Comptage de 0,1 en 0,1. Encadrement à l'unité, intercalation entre deux nombres entiers.

MISE EN ROUTE

RETIENS

▶ Pour encadrer un nombre décimal à l'unité

J'écris le nombre entier inférieur le plus proche et le nombre entier supérieur le plus proche.

EXEMPLES Encadre 71,8 à l'unité. → 71 < 71,8 < 72

Encadre 82,52 à l'unité. → 82 < 82,52 < 83

▶ Intercaler un nombre, c'est trouver un nombre qui a sa place entre deux nombres

Pour intercaler un nombre décimal entre deux nombres entiers consécutifs, j'écris un nombre décimal ayant un ou deux chiffres après la virgule.

EXEMPLES Entre 47 et 48, je peux intercaler 47,4. → J'écris 47 < 47,4 < 48.

Entre 47 et 48, je peux intercaler 47,24. → J'écris 47 < 47,24 < 48.

ENTRAINE-TOI

1 Encadre les nombres décimaux à l'unité comme dans l'exemple de la partie *RETIENS* :
275,1 ; **0,88** ; **542,09** ; **79,99**.

2 Intercale un nombre qui convient.

a) **78** < ……… < **79**
b) **1 114** < …….. < **1 115**
c) **424** < …….. < **425**
d) **47** < ……… < **50**

3 Écris les nombres de **47,8 à 49,1** en comptant de 0,1 en 0,1.

4 Donne quatre décompositions de **1,87** puis de **91,7**.

Les nombres entiers jusqu'aux milliards

Lecture, écriture (révisions).

RAPPELLE-TOI

Relis la partie *RETIENS* de la semaine 14B, page 37.

ENTRAINE-TOI

1 Écris en lettres les nombres suivants :

a) **187 100 412 000**
b) **8 001 155**
c) **5 050 000 500**

2 Écris en chiffres les nombres suivants :

a) **Cent-deux-milliards-treize-millions-treize-mille-treize**
b) **Trente-milliards-cent-trente-millions-cent-trente-mille**
c) **Cent-quatre-vingt-millions-vingt**
d) **Dix-milliards-mille-cent**
e) **Vingt-deux-millions-treize-mille**

Les nombres décimaux jusqu'aux centièmes

Comptage de 0,01 en 0,01. Encadrement au dixième, intercalation entre deux nombres décimaux ayant un chiffre après la virgule.

MISE EN ROUTE

RETIENS

Pour encadrer un nombre décimal au dixième

J'écris le nombre décimal inférieur le plus proche ayant un chiffre après la virgule et le nombre décimal supérieur le plus proche ayant un chiffre après la virgule.

EXEMPLES Encadre 71,8 au dixième. → 71,7 < 71,8 < 71,9

Encadre 71,62 au dixième. → 71,6 < 71,62 < 71,7

Attention ! Je n'écris pas les zéros inutiles pour Les nombres entiers.

EXEMPLES Encadre 72,9 au dixième. → 72,8 < 72,9 < 73

Encadre 72,08 au dixième. → 72 < 72,08 < 72,1

RAPPELLE-TOI

Intercaler un nombre, c'est trouver un nombre qui a sa place entre deux nombres

Pour intercaler un nombre entre deux nombres décimaux consécutifs ayant un chiffre après la virgule, j'écris un nombre décimal ayant deux chiffres après la virgule.

EXEMPLES Entre 74,1 et 74,2, je peux intercaler 74,16. → J'écris 74,1 < 74,16 < 74,2.

Entre 70 et 70,1, je peux intercaler 70,02. → J'écris 70 < 70,02 < 70,1.

ENTRAINE-TOI

1 Encadre les nombres décimaux au dixième comme dans l'exemple de la partie *RETIENS* : **79,5** ; **125,41** ; **63,9** ; **57,09**.

2 Intercale un nombre qui convient.

a) **55,7** < .... < **55,8**

b) **420** < .... < **420,1**

c) **74,1** < .... < **74,2**

d) **42,5** < .... < **42,9**

3 Écris les nombres de **2,7 à 2,83** en comptant de 0,01 en 0,01.

4 Donne quatre décompositions pour chacun des nombres suivants : **0,85** et **90,8**.

Les nombres entiers jusqu'aux milliards

Décomposition et recomposition par classe.

MISE EN ROUTE

RETIENS

Pour décomposer un nombre par classe

Je fais apparaitre le nombre d'unités de milliards, le nombre d'unités de millions, le nombre d'unités de mille et le nombre d'unités qui le composent.
Il y a trois écritures de cette décomposition.

EXEMPLE Donne les trois écritures de la décomposition par classe du nombre 19 145 756 473.
- C'est 19 unités de milliards 145 unités de millions 756 unités de mille et 473 unités.
- (1 000 000 000 × 19) + (1 000 000 × 145) + (1 000 × 756) + 473
- 19 000 000 000 + 145 000 000 + 756 000 + 473

ENTRAINE-TOI

1 Pour chaque nombre, donne les trois écritures de leur décomposition par classe.
a) 5 217 532 368
b) 21 000 978
c) 8 002 008

2 Retrouve l'écriture en chiffres du nombre correspondant à chaque décomposition.
a) (1 000 000 × 45) + (1 000 × 705) + 25
b) 37 000 000 000 + 18 000 000 + 452 000 + 124
c) (1 000 000 × 201) + (1 000 × 150) + 8
d) 12 000 000 + 1 000 + 17

Les nombres décimaux jusqu'aux dixièmes

Comptage de 0,01 en 0,01. Comparaison. Rangement.

MISE EN ROUTE

RETIENS

Pour comparer des nombres décimaux ayant un chiffre après la virgule

1 Je compare les parties entières. → 208,2 < 300
2 Si besoin, je compare les chiffres des dixièmes. → 208 < 208,2
→ 208,2 < 208,9

Attention ! Le nombre le plus grand n'est pas obligatoirement celui qui a le plus de chiffres.
Le nombre le plus petit n'est pas obligatoirement celui qui a le moins de chiffres.

LIS ET COMPRENDS

Pour ranger une série de nombres comprenant des nombres décimaux

1 Je compare en premier les parties entières.
2 Si plusieurs nombres ont la même partie entière, je compare leurs parties décimales chiffre par chiffre.

LIS ET COMPRENDS (SUITE)

EXEMPLE Range dans l'ordre croissant 82 - 85 - 8,9 - 82,5 - 82,3.

1 8,9 est le nombre le plus petit car il a la plus petite partie entière.

2 82 - 82,5 - 82,3 ont la même partie entière 82.

Alors je compare leurs chiffres des dixièmes : → 82 < 82,3 < 82,5 .

3 85 est le nombre le plus grand car il a la plus grande partie entière.

Donc 8,9 < 82< 82,3 < 82,5 < 85.

ENTRAINE-TOI

❶ Compare les nombres en utilisant < ou >.

a) **3,9** et **4**
b) **10** et **7,9**
c) **89,8** et **90**
d) **74** et **54,1**
e) **106** et **10,6**
f) **51,2** et **51,9**

❷ Range les nombres dans l'ordre croissant.
2,9 - 29 - 29,1 - 190,9 - 290 - 29,9

❸ Range les nombres dans l'ordre décroissant.
990 - 99,1 - 90,1 - 909,1 - 909,9 - 90,9

❹ Écris les nombres de **47,97 à 48,1** en comptant de 0,01 en 0,01.

❺ Donne deux décompositions pour chacun des nombres suivants : **1,2** et **91,59**.

Les nombres entiers jusqu'aux milliards *Chiffre ou nombre ?*

MISE EN ROUTE

RETIENS

▶ **Pour trouver « le nombre de... » ou « le chiffre des... »**

Je peux utiliser le tableau de numération.

Classe des milliards			Classe des millions			Classe des mille					
c centaines	d dizaines	u unités	c centaines	d dizaines	u unités	c centaines	d dizaines	u unités	c centaines	d dizaines	u unités

EXEMPLES

1 020 405 873

Le chiffre des unités de milliards est 1.
Le chiffre des centaines de millions est 0.
Le chiffre des dizaines de millions est 2.
Le chiffre des unités de millions est 0.
Le chiffre des centaines de mille est 4
Le chiffre des dizaines de mille est 0
Le chiffre des unités de mille est 5.
Le chiffre des centaines est 8.
Le chiffre des dizaines est 7.
Le chiffre des unités est 3.

Le nombre d'unités de milliards est 1.
Le nombre de centaines de millions est 10.
Le nombre de dizaines de millions est 102.
Le nombre d'unités de millions est 1 020.
Le nombre de centaines de mille est 10 204.
Le nombre de dizaines de mille est 102 040.
Le nombre d'unités de mille est 1 020 405.
Le nombre de centaines est 10 204 058.
Le nombre de dizaines est 102 040 587.
Le nombre d'unités est 1 020 405 873.

Page suivante ...

ENTRAINE-TOI

1 Réponds aux questions pour le nombre **12 708 953**.

a) Quel est le chiffre des dizaines ?
b) Quel est le nombre de dizaines de mille ?
c) Quel est le chiffre des unités de mille ?
d) Quel est le nombre d'unités de mille ?
e) Quel est le nombre d'unités de millions ?
f) Quel est le chiffre des centaines ?

2 Réponds aux questions.

a) Quel est le nombre de centaines de **312 057** ?
b) Quel est le chiffre des dizaines de millions de **892 347 105** ?
c) Quel est le chiffre des unités de mille de **8 712 005** ?
d) Quel est le nombre de dizaines de millions de **75 000 142 009** ?
e) Quel est le nombre d'unités de milliards de **14 500 500 072** ?

Les nombres décimaux jusqu'aux centièmes

Comptage de 0,01 en 0,01. Comparaison. Rangement.

MISE EN ROUTE

RETIENS

Pour comparer des nombres décimaux

1. Je compare les parties entières. → 128,2 < 200
2. Si besoin, je compare les chiffres des dixièmes. → 128,85 < 128,9
3. Si besoin, je compare les chiffres des centièmes. → 128,89 > 128,85

LIS ET COMPRENDS

Pour ranger une série de nombres comprenant des nombres décimaux

1. Je compare en premier les parties entières.
2. Si plusieurs nombres ont la même partie entière, je compare leurs parties décimales chiffre par chiffre.

EXEMPLE Range dans l'ordre décroissant 45,26 - 45 - 54 - 5,99 - 45,5 - 45,28.

1. 54 est le nombre le plus grand car il a la plus grande partie entière.
2. 45,26 - 45 - 45,5 - 45,28 ont la même partie entière : 45.

Alors je compare leurs chiffres des dixièmes. → Le nombre le plus grand est 45,5.
→ Le nombre le plus petit est 45.

3. 45,26 et 45,28 ont le même chiffre des dixièmes. Je compare leurs chiffres des centièmes.

Donc 45,5 > 45,28 > 45,26 > 45.

4. 5,99 est le nombre le plus petit car il a la plus petite partie entière.

Donc 54 > 45,5 > 45,28 > 45,26 > 45 > 5,99.

ENTRAINE-TOI

1 Compare les nombres en utilisant < ; > ou =.
a) **910,09** et **910,1**
b) **4,17** et **41,2**
c) **51,8** et **51,80**
d) **758,2** et **758,20**
e) **78,26** et **78,3**
f) **75,4** et **75,38**

2 Range les nombres dans l'ordre croissant.
22,09 - 21,10 - 21,9 - 22,2 - 22,11 - 2,99

3 Range les nombres dans l'ordre décroissant.
202 - 200,89 - 20,85 - 200,9 - 200,82 - 202,01

4 Écris les nombres de **40,9 à 41,03** en comptant de 0,01 en 0,01.

5 Donne cinq décompositions de **1,78**.

Les nombres entiers jusqu'aux milliards

Décomposition et recomposition par classe. Chiffre ou nombre ? (révisions)

RAPPELLE-TOI

Relis les parties ***RETIENS*** des semaines 16B et 17B, pages 40 et 41.

ENTRAINE-TOI

1 Donne les trois écritures de la décomposition par classe de **71 090 000 978**.

2 Retrouve l'écriture en chiffres du nombre correspondant à chaque décomposition.
a) $(1\,000\,000 \times 45) + (1\,000 \times 75)$
b) $350\,000\,000\,000 + 8\,000 + 45$
c) $(1\,000\,000\,000 \times 201) + (1\,000\,000 \times 50) + 2$

3 Réponds aux questions.
a) Quel est le nombre de centaines de **136 487** ?
b) Quel est le chiffre des dizaines de millions de **872 348 105** ?
c) Quel est le chiffre des unités de mille de **81 742 095** ?
d) Quel est le nombre de dizaines de millions de **7 082 145 639** ?
e) Quel est le nombre d'unités de milliards de **79 538 641 072** ?

Les fractions décimales jusqu'aux millièmes

Représentation. Placement sur des droites numériques graduées. Égalités de fractions.

MISE EN ROUTE

RETIENS

▶ Les fractions dont le dénominateur est 1 000 sont des fractions décimales

– Elles se lisent en utilisant le mot millième.

		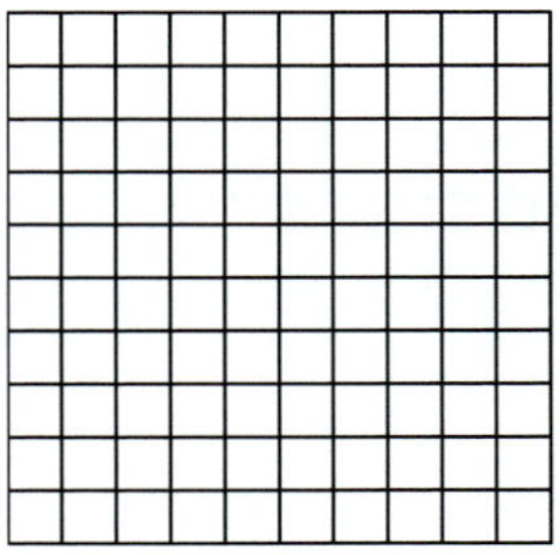	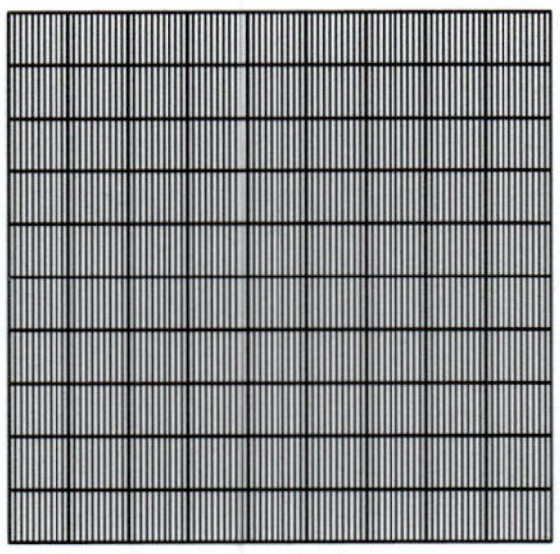
	L'unité est partagée en 10 parts égales. Chaque part représente $\frac{1}{10}$.	L'unité est partagée en 100 parts égales. Chaque part représente $\frac{1}{100}$.	L'unité est partagée en 1 000 parts égales. Chaque part représente $\frac{1}{1\,000}$ et se lit un millième.

– Si l'unité est partagée en 1 000 parts égales, le dénominateur est 1 000. Le numérateur est le nombre de parts « prises ».

EXEMPLES

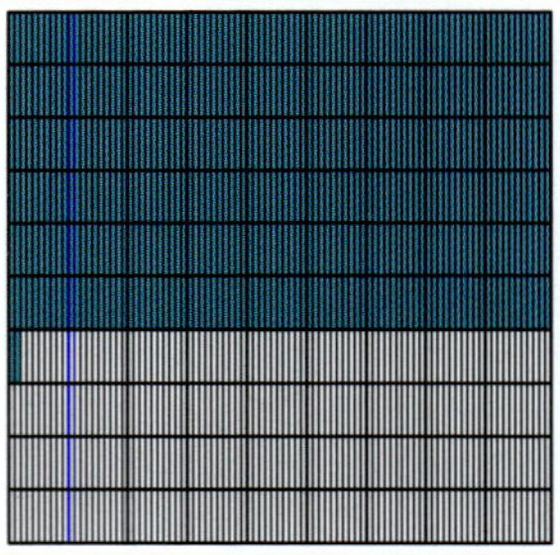	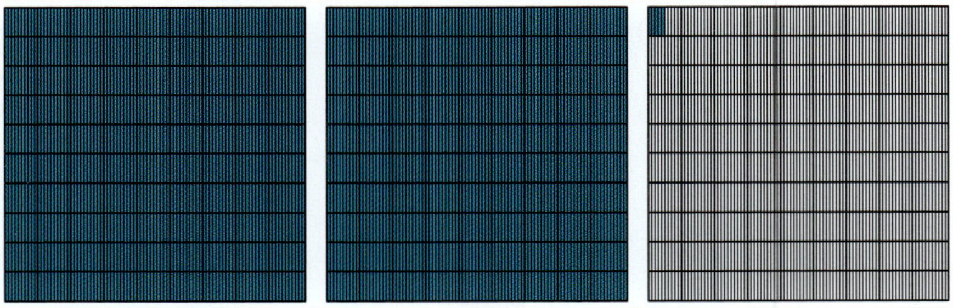
La partie colorée représente $\frac{602}{1\,000}$	La partie colorée représente $\frac{2\,005}{1\,000}$

RETIENS (SUITE)

On doit généralement placer approximativement les fractions en millièmes sur les droites numériques graduées car celles-ci sont rarement graduées en millièmes.

EXEMPLE Place la fraction $\frac{1\,825}{1\,000}$ sur la droite numérique graduée avec des nombres entiers consécutifs.

La droite n'est pas graduée en millièmes donc je place la fraction approximativement en utilisant la partie entière, puis les dixièmes si la droite est aussi graduée en dixièmes, puis les centièmes si la droite est aussi graduée en centièmes.

$$\frac{1\,825}{1\,000} = \frac{1\,000}{1\,000} + \frac{825}{1\,000} = 1 + \frac{825}{1\,000} = 1 + \frac{800}{1\,000} + \frac{20}{1\,000} + \frac{5}{1\,000} = 1 + \frac{8}{10} + \frac{2}{100} + \frac{5}{1\,000}$$

partie entière ← (1) ; → partie fractionnaire ($\frac{825}{1\,000}$)

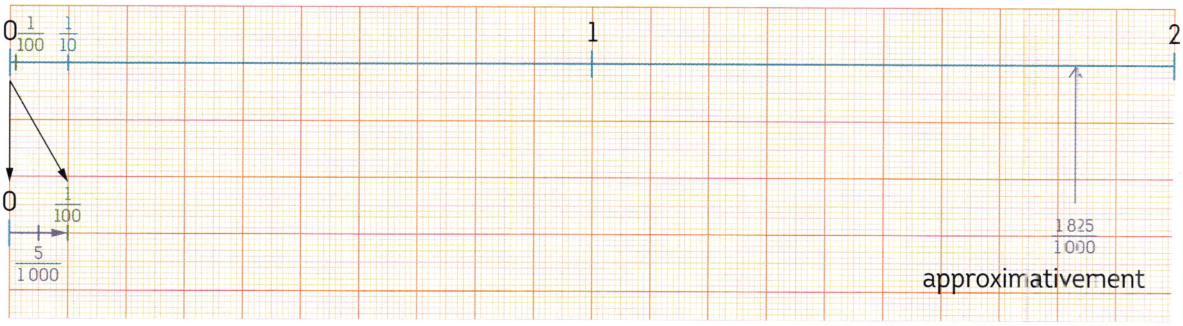

CAS PARTICULIER Je peux placer exactement des fractions en millièmes si je repère des écritures de fractions égales et correspondant aux graduations de la droite.

EXEMPLE $\frac{1\,300}{1\,000} = \frac{130}{100} = \frac{13}{10}$

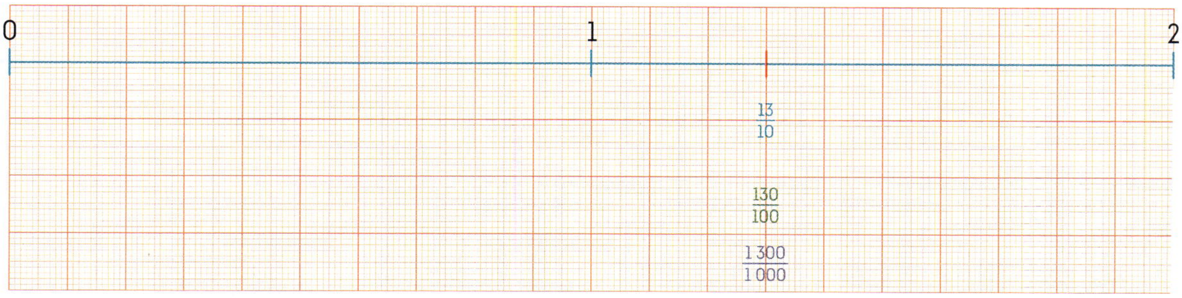

ENTRAINE-TOI

1 à **3** → *Cahier d'exercices, pages 14 et 15.*

4 Recopie et complète les égalités.

a) $5 = \frac{\dots}{10} = \frac{\dots}{100} = \frac{\dots}{1\,000}$

b) $20 = \frac{\dots}{10} = \frac{\dots}{100} = \frac{\dots}{1\,000}$

c) $19 = \frac{\dots}{10} = \frac{\dots}{100} = \frac{\dots}{1\,000}$

d) $72 = \frac{\dots}{10} = \frac{\dots}{100} = \frac{\dots}{1\,000}$

5 Recopie et complète les égalités.

a) $\frac{82}{100} = \frac{\dots}{1\,000}$

b) $\frac{4\,105}{100} = \frac{\dots}{1\,000}$

c) $\frac{5\,800}{1\,000} = \frac{\dots}{10} = \frac{\dots}{100}$

d) $\frac{5\,890}{100} = \frac{\dots}{10} = \frac{\dots}{1\,000}$

Les nombres entiers jusqu'aux milliards

Écriture. Comparaison.

MISE EN ROUTE

RETIENS

▶ **Pour comparer des grands nombres**

1 Je compare les nombres de chiffres. 1 002 055 086 > 9 989 086

2 Si besoin, je compare par classe en commençant par la plus grande. 78 259 359 001 < 80 011 210 000

3 Si besoin, je compare la classe inférieure. 12 718 128 947 < 12 902 128 012

4 Si besoin, je compare la classe inférieure. 8 002 287 998 > 8 002 247 999

5 Si besoin, je compare la classe inférieure. 2 012 247 101 > 2 012 247 099

ENTRAINE-TOI

❶ Compare les nombres en utilisant < ou >.

a) **178 999 014** et **98 999 799**
b) **65 000 027** et **56 000 037**
c) **94 588 124 200** et **94 588 124 199**
d) **2 511 000** et **997 788**
e) **14 101 890** et **2 989 999**

❷ Écris en chiffres les nombres suivants :

a) **Onze-milliards-onze-mille-cent-onze**
b) **Cent-quinze-millions**
c) **Un-million-mille-cent-deux**
d) **Quatre-milliards-quatre-millions-cent**
e) **Vingt-huit-millions-vingt-huit**

Les nombres décimaux en millièmes

Passage des fractions aux nombres décimaux. Lecture, écriture.

MISE EN ROUTE

RETIENS

▶ **Les fractions décimales en millièmes s'écrivent sous la forme de nombres décimaux avec trois chiffres après la virgule**

EXEMPLE

Partie entière					Partie décimale		
	c	d	u		$\frac{1}{10}$ dixièmes	$\frac{1}{100}$ centièmes	$\frac{1}{1000}$ millièmes
			3	,	1	4	2

$$\frac{3\,142}{1\,000} = 3{,}142$$

partie entière ↵ ↳ partie décimale

RETIENS (SUITE)

Pour lire les nombres décimaux qui ont trois chiffres après la virgule

Je lis « ___ unités ___ millièmes ».

partie entière ← → nombre à trois chiffres

EXEMPLE Je vois 3,142.

Je lis « trois unités cent-quarante-deux millièmes ».

RAPPEL Si la partie entière est égale à zéro, je ne dis pas le mot unité.

EXEMPLE 0,512 se lit « cinq-cent-douze millièmes ».

Pour écrire en chiffres les nombres décimaux

Si j'entends le mot « **millième** », j'écris trois chiffres après la virgule.

J'écris « ___, ___ ».

partie entière ← virgule → nombre entendu avec trois chiffres

EXEMPLES J'entends « treize unités cent-neuf millièmes ». → J'écris 13,109.

J'entends « seize unités dix-neuf millièmes ». → J'écris 16,019.

J'entends « huit millièmes ». → J'écris 0,008.

ENTRAINE-TOI

1 Décompose chaque fraction en partie entière et en partie fractionnaire décomposée comme dans l'exemple ci-dessous, puis écris le nombre décimal correspondant : $\frac{8\,759}{1\,000}$; $\frac{14\,875}{1\,000}$.

EXEMPLE $\frac{3\,142}{1\,000} = \frac{3\,000}{1\,000} + \frac{142}{1\,000} = 3 + \frac{100}{1\,000} + \frac{40}{1\,000} + \frac{2}{1\,000}$

$= 3 + \frac{1}{10} + \frac{4}{100} + \frac{2}{1\,000} = 3{,}142$

2 Écris en lettres les nombres suivants :
103,115 ; **15,012** ; **140,002** ; **0,001**.

3 Écris en chiffres les nombres suivants :

a) **Cinq unités cent-douze millièmes**

b) **Cent-huit unités sept millièmes**

c) **Soixante-treize unités vingt-six millièmes**

d) **Quarante-six millièmes**

Les nombres entiers jusqu'aux milliards *Écriture. Rangement.*

MISE EN ROUTE

RAPPELLE-TOI

Pour ranger une série de nombres dans l'ordre croissant

1 Je recopie la série de nombres.
2 J'identifie le nombre le plus petit.
3 Je l'écris à gauche et je le barre dans la série.
4 J'identifie le nombre restant le plus petit.
5 ...

ENTRAINE-TOI

1 Range les nombres dans l'ordre croissant.
792 586 478 – 79 295 078 – 999 997 – 79 229 927 – 79 295 189 – 782 586 479

2 Range les nombres dans l'ordre décroissant.
58 106 000 – 150 102 201 – 1 052 000 098 – 105 102 099 – 58 098 242

Les nombres décimaux en millièmes

Passage de l'écriture à virgule à la fraction. Placement sur des droites numériques graduées.

MISE EN ROUTE

RETIENS

Pour donner une écriture fractionnaire d'un nombre décimal

Je le décompose en une somme de fractions décimales.
Si le nombre décimal a **trois chiffres après la virgule**, j'utilise le **dénominateur 1 000** pour l'écriture fractionnaire.

EXEMPLE $24,715 = 24 + \frac{7}{10} + \frac{1}{100} + \frac{5}{1\,000} = \frac{24\,000}{1\,000} + \frac{700}{1\,000} + \frac{10}{1\,000} + \frac{5}{1\,000} = \frac{24\,715}{1\,000}$

On doit généralement placer approximativement les nombres décimaux en millièmes sur les droites numériques graduées car celles-ci sont rarement graduées en millièmes.

EXEMPLE Place 24,758 sur des droites numériques graduées avec des nombres entiers consécutifs.
La droite n'est pas graduée en millièmes donc je place le nombre approximativement en utilisant la **partie entière**, puis les **dixièmes** si la droite est aussi graduée en dixièmes, puis les **centièmes** si la droite est aussi graduée en centièmes.

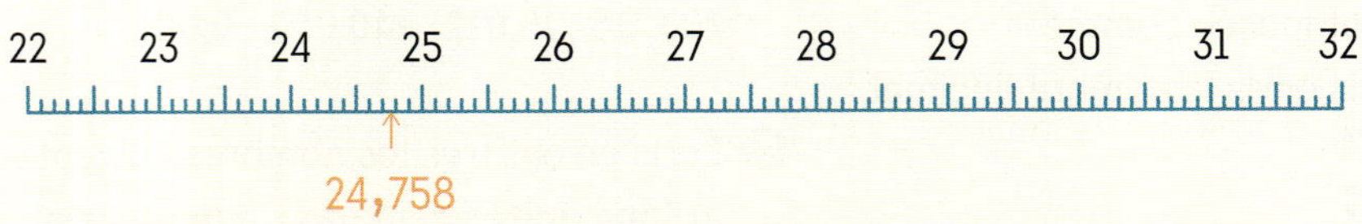

Je place 24,758 **approximativement**.

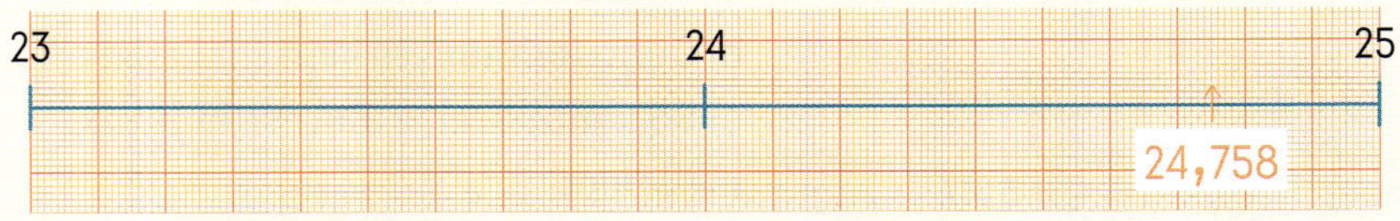

Je place 24,758 **approximativement**.

CAS PARTICULIER Je peux placer exactement des nombres décimaux en millièmes sur des droites, si je repère des écritures à virgule égales et correspondant aux graduations.
RAPPEL Je peux écrire ou enlever des zéros à la fin de la partie décimale.
EXEMPLES 23,800 = 23,80 = 23,8 24,750 = 24,75

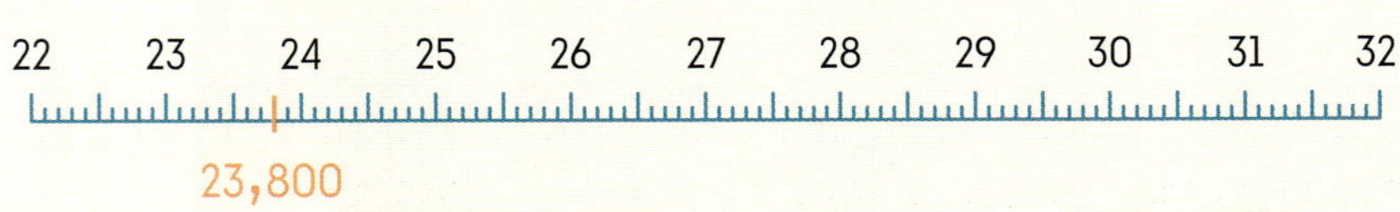

Je place 23,800 **exactement**.

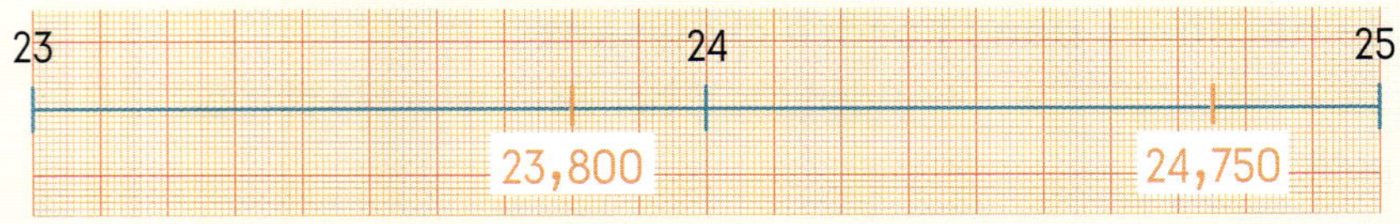

Je place 23,800 et 24,750 **exactement**.

ENTRAINE-TOI

❶ → *Cahier d'exercices, page 16.*

❷ Donne l'écriture fractionnaire des nombres suivants : **3,582** ; **0,059** ; **46,005**.

❸ Écris en chiffres les nombres suivants :

a) **Dix unités douze millièmes**

b) **Cent-dix-huit unités deux millièmes**

c) **Quarante millièmes**

d) **Treize unités quatorze millièmes**

Semaine 21B

Les nombres entiers jusqu'à 999 999

Écriture. Encadrement à l'unité de mille.

MISE EN ROUTE

RETIENS

▶ **Pour encadrer un nombre entier à l'unité de mille**

J'écris le nombre inférieur le plus proche se finissant par au moins trois zéros et le nombre supérieur le plus proche se finissant par au moins trois zéros.

EXEMPLES Encadre 20 382 à l'unité de mille. → 20 000 < 20 382 < 21 000

Encadre 99 685 à l'unité de mille. → 99 000 < 99 685 < 100 000 (+1)

ENTRAINE-TOI

❶ Encadre **208 548** à l'unité de mille comme dans l'exemple ci-dessus.
Fais de même pour les nombres suivants :
59 872 ; **9 512** ; **549 957** ; **70 945**.

❷ Écris en chiffres les nombres suivants :

a) **Dix-milliards-cent-dix-mille**

b) **Treize-millions-treize**

c) **Un-million-mille-dix**

d) **Quarante-milliards-quarante-millions-quarante-mille**

Semaine 22A

Les nombres décimaux jusqu'aux millièmes

Comptage de 0,001 en 0,001. Encadrement à l'unité, au dixième, au centième, au millième.

MISE EN ROUTE

RETIENS

▶ **Pour encadrer un nombre décimal à l'unité**

J'écris le nombre entier inférieur le plus proche et le nombre entier supérieur le plus proche.

EXEMPLE Encadre 71,826 à l'unité. → 71 < 71,826 < 72

Page suivante...

RETIENS (SUITE)

▶ Pour encadrer un nombre décimal au dixième

J'écris le nombre décimal inférieur le plus proche ayant un chiffre après la virgule et le nombre décimal supérieur le plus proche ayant un chiffre après la virgule.

EXEMPLE Encadre 71,826 au dixième. → 71,8 < 71,826 < 71,9

▶ Pour encadrer un nombre décimal au centième

J'écris le nombre décimal inférieur le plus proche ayant deux chiffres après la virgule et le nombre décimal supérieur le plus proche ayant deux chiffres après la virgule.

EXEMPLE Encadre 71,826 au centième. → 71,82 < 71,826 < 71,83

▶ Pour encadrer un nombre décimal au millième

J'écris le nombre décimal inférieur le plus proche ayant trois chiffres après la virgule et le nombre décimal supérieur le plus proche ayant trois chiffres après la virgule.

EXEMPLE Encadre 71,826 au millième. → 71,825 < 71,826 < 71,827

▶ Je n'écris pas les zéros inutiles

EXEMPLES Encadre 24,909 au dixième. → 24,9 < 24,909 < 25

Encadre 24,909 au centième. → 24,9 < 24,909 < 24,91

Encadre 24,909 au millième. → 24,908 < 24,909 < 24,91

ENTRAINE-TOI

1 Encadre les nombres décimaux à l'unité : **579,991** ; **125,001** ; **0,587**.

2 Encadre les nombres décimaux au dixième : **0,587** ; **89,991** ; **125,001**.

3 Encadre les nombres décimaux au centième : **0,467** ; **59,791** ; **12,008**.

4 Encadre les nombres décimaux au millième : **0,587** ; **59,791** ; **2,009**.

5 Écris les nombres de **2,1 à 2,111** en comptant de 0,001 en 0,001.

Semaine **22B**

Les nombres entiers jusqu'aux millions

Écriture. Encadrement à l'unité de million.

MISE EN ROUTE

RETIENS

▶ Pour encadrer un nombre entier à l'unité de million

J'écris le nombre inférieur le plus proche se finissant par au moins six zéros et le nombre supérieur le plus proche se finissant par au moins six zéros.

EXEMPLES Encadre 20 382 541 à l'unité de million. → 20 000 000 < 20 382 541 < 21 000 000

Encadre 99 685 541 à l'unité de million. → 99 000 000 < 99 685 541 < 100 000 000

(+1)

ENTRAINE-TOI

❶ Encadre **208 548 587** à l'unité de million comme dans l'exemple ci-dessus.
Fais de même pour les nombres suivants :
59 124 872 ; **9 201 512** ; **549 957 012** ; **999 945 110**.

❷ Écris en chiffres les nombres suivants :
a) **Six-milliards-six-mille**
b) **Quatorze-millions-quatorze**
c) **Cent-millions-mille**
d) **Douze-milliards-quarante-millions-quarante-mille**

Les nombres décimaux jusqu'aux millièmes

Comptage de 0,001 en 0,001. Intercalation entre deux nombres entiers consécutifs, entre deux nombres décimaux consécutifs ayant un ou deux chiffre(s) après la virgule.

MISE EN ROUTE

RAPPELLE-TOI

▶ Intercaler un nombre, c'est trouver un nombre qui a sa place entre deux nombres

▶ Pour intercaler un nombre décimal entre deux nombres entiers consécutifs
J'écris un nombre décimal ayant un, deux ou trois chiffre(s) après la virgule.

EXEMPLES Entre 47 et 48, je peux intercaler 47,4. → 47 < 47,4 < 48
Entre 47 et 48, je peux intercaler 47,02. → 47 < 47,02 < 48
Entre 47 et 48, je peux intercaler 47,109. → 47 < 47,109 < 48

RETIENS

▶ Pour intercaler un nombre décimal entre deux nombres décimaux consécutifs ayant deux chiffres après la virgule
J'écris un nombre décimal ayant trois chiffres après la virgule.

EXEMPLES Entre 47,12 et 47,13, je peux intercaler 47,124. → 47,12 < 47,124 < 47,13
Entre 47 et 47,01, je peux intercaler 47,002. → 47 < 47,002 < 47,01

ENTRAINE-TOI

❶ Intercale un nombre qui convient.
a) **100** < .... < **101**
b) **44,1** < .... < **44,2**
c) **75,6** < .... < **75,9**
d) **4,9** < .... < **5**
e) **140** < .... < **140,1**
f) **87** < .... < **90**

❷ Intercale un nombre qui convient.
a) **55,71** < .... < **55,72**
b) **74,2** < .... < **74,21**
c) **120** < .... < **120,01**
d) **74,18** < .... < **74,19**
e) **24,99** < .... < **25**
f) **0** < .... < **0,01**

❸ Écris les nombres de **3,72 à 3,732** en comptant de 0,001 en 0,001.

Les nombres entiers jusqu'à 999 999 *Arrondi à l'unité de mille près.*

MISE EN ROUTE

RETIENS

► **Arrondir un nombre entier à l'unité de mille près, c'est le remplacer par le nombre entier le plus proche se finissant par au moins trois zéros**

► **Pour arrondir un nombre entier à l'unité de mille près**

Je regarde le nombre formé par les trois chiffres de la dernière classe.

- S'il est inférieur à 500, je remplace le nombre à arrondir par le nombre entier inférieur le plus proche se finissant par au moins trois zéros.
- S'il est égal ou supérieur à 500, je remplace le nombre à arrondir par le nombre entier supérieur le plus proche se finissant par au moins trois zéros.

EXEMPLE 1 Arrondis 22 382 à l'unité de mille près.

Dans 22 382, je regarde 382 et je le compare à 500. → 382 < 500

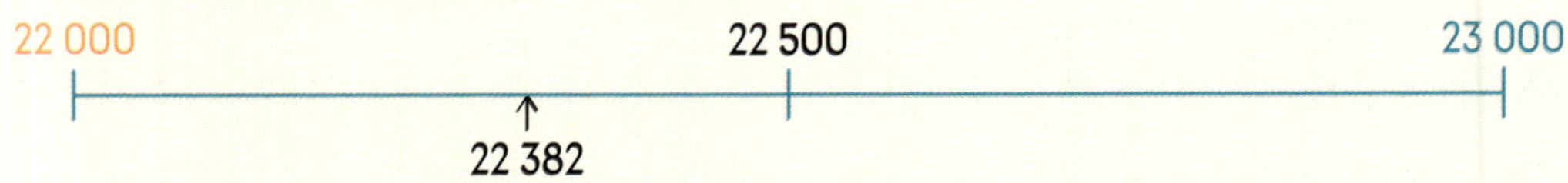

Le nombre inférieur le plus proche se finissant par au moins trois zéros est 22 000.

L'arrondi de 22 382 à l'unité de mille près est 22 000.

EXEMPLE 2 Arrondis 99 685 à l'unité de mille près.

Dans 99 685, je regarde 685 et je le compare à 500. → 685 > 500

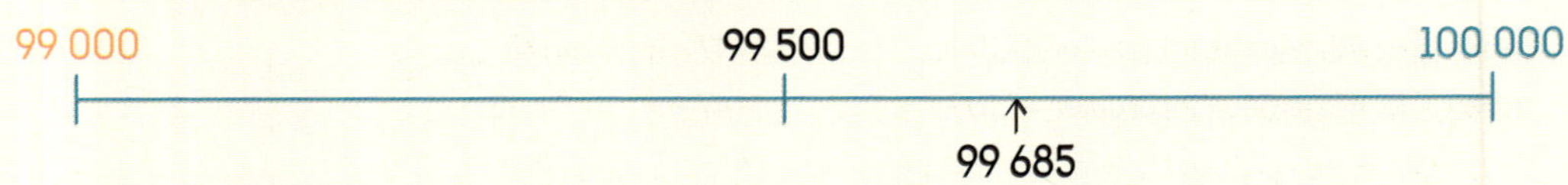

Le nombre supérieur le plus proche se finissant par au moins trois zéros est 100 000.

L'arrondi de 99 685 à l'unité de mille près est 100 000.

ENTRAINE-TOI

1 Recopie chaque encadrement et choisis l'arrondi à l'unité de mille près en l'entourant.

a) Quel est l'arrondi de 78 509 à l'unité de mille près ?
78 000 < 78 509 < **79 000**

b) Quel est l'arrondi de 99 498 à l'unité de mille près ?
99 000 < 99 498 < **100 000**

c) Quel est l'arrondi de 9 701 à l'unité de mille près ?
9 000 < 9 701 < **10 000**

2 Arrondis à l'unité de mille près les nombres suivants :

a) **109 812**
b) **7 489**
c) **80 412**
d) **8 612**
e) **19 500**

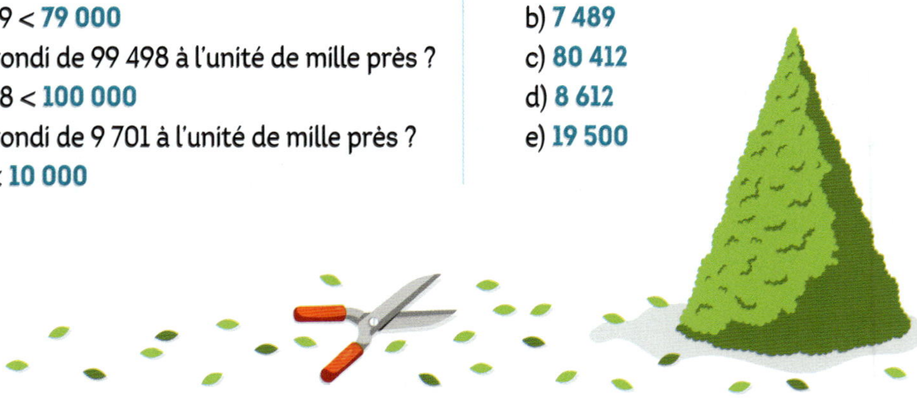

Les nombres décimaux jusqu'aux millièmes

Comptage de 0,001 en 0,001. Comparaison. Rangement. Écriture.

MISE EN ROUTE

RETIENS

Pour comparer des nombres décimaux :

1. Je compare les parties entières. → 128,258 < 200
2. Si besoin, je compare les chiffres des dixièmes. → 128,258 < 128,91
3. Si besoin, je compare les chiffres des centièmes. → 128,89 > 128,852
4. Si besoin, je compare les chiffres des millièmes. → 128,895 > 128,892

LIS ET COMPRENDS

Pour ranger une série de nombres comprenant des nombres décimaux

1. Je compare en premier les parties entières.
2. Si plusieurs nombres ont la même partie entière, je compare leurs parties décimales chiffre par chiffre.

EXEMPLE Ranger dans l'ordre décroissant 45,269 - 45 - 47 - 5,997 - 45,5 - 45,28 - 45,261.

1 47 est le nombre le plus grand car il a la plus grande partie entière.

2 45,269 - 45 - 45,5 - 45,28 - 45,261 ont la même partie entière 45.

Alors je compare leurs chiffres des dixièmes. → Le nombre le plus grand est 45,5.
→ Le nombre le plus petit est 45.

3 45,269 - 45,28 - 45,261 ont le même chiffre des dixièmes.

Je compare leurs chiffres des centièmes. → 45,28 est le plus grand.

4 45,269 et 45,261 ont le même chiffre des centièmes.

Je compare leurs chiffres des millièmes. → 45,269 > 45,261

5 5,997 est le nombre le plus petit car il a la plus petite partie entière.

Donc 47 > 45,5 > 45,28 > 45,269 > 45,261 > 45 > 5,997

ENTRAINE-TOI

1 Compare les nombres en utilisant < ; > ou =.

a) 10,099 et 10,1
b) 4,179 et 41,18
c) 51,82 et 51,820
d) 758,04 et 758,027
e) 78,241 et 78,248
f) 75,4 et 75,382

2 Range les nombres dans l'ordre croissant.

22,009 - 21,101 - 21,9 - 22,2 - 22,112 - 2,99 - 22,12

3 Range les nombres dans l'ordre décroissant.

202,009 - 200,89 - 20,898 - 200,9 - 200,828 - 202,01

4 Écris en chiffres les nombres suivants :

a) Quinze millièmes
b) Cent-vingt-sept unités deux centièmes
c) Six dixièmes
d) Quarante unités vingt-six millièmes

Les nombres entiers jusqu'aux millions

Arrondi à l'unité de million près.

MISE EN ROUTE

RETIENS

▶ Arrondir un nombre entier à l'unité de million près, c'est le remplacer par le nombre entier le plus proche se finissant par au moins six zéros

▶ Pour arrondir un nombre entier à l'unité de million près

Je regarde le nombre formé par les six chiffres des deux dernières classes.

- S'il est inférieur à 500 000, je remplace le nombre à arrondir par le nombre entier inférieur le plus proche se finissant par au moins six zéros.
- S'il est égal ou supérieur à 500 000, je remplace le nombre à arrondir par le nombre entier supérieur le plus proche se finissant par au moins six zéros.

EXEMPLE 1 Arrondis 26 382 987 à l'unité de million près.

Dans 26 382 987, je regarde 382 987 et je le compare à 500 000. → 382 987 < 500 000

26 000 000 — 26 500 000 — 27 000 000

↑ 26 382 987

Le nombre inférieur le plus proche se finissant par au moins six zéros est 26 000 000.

L'arrondi de 26 382 987 à l'unité de million près est 26 000 000.

EXEMPLE 2 Arrondis 99 500 285 à l'unité de million près.

Dans 99 500 285, je regarde 500 285 et je le compare à 500 000. → 500 285 > 500 000

99 000 000 — 99 500 000 — 100 000 000

↑ 99 500 285

Le nombre supérieur le plus proche se finissant par au moins six zéros est 100 000 000.

L'arrondi de 99 500 285 à l'unité de million près est 100 000 000.

ENTRAINE-TOI

1 Recopie chaque encadrement et choisis l'arrondi à l'unité de million près en l'entourant.

a) Quel est l'arrondi de **79 509 001** à l'unité de million près ?

79 000 000 < 79 509 001 < **80 000 000**

b) Quel est l'arrondi de **99 498 998** à l'unité de million près ?

99 000 000 < 99 498 998 < **100 000 000**

c) Quel est l'arrondi de **9 500 051** à l'unité de million près ?

9 000 000 < 9 500 051 < **10 000 000**

2 Arrondis à l'unité de million près, les nombres suivants :

a) **299 812 001**

b) **7 489 999**

c) **11 512 000**

d) **9 500 000**

e) **10 499 999**

Les fractions

Représentation. Égalités de fractions.

MISE EN ROUTE

OBSERVE

EXEMPLE Pour réaliser un exercice, je dois colorier $\frac{1}{8}$ en bleu, $\frac{1}{4}$ en vert et $\frac{7}{4}$ en orange, mais l'unité est partagée en 16 parts égales.

Alors je transforme toutes les fractions en « seizièmes ».

$\frac{1}{8} = \frac{2}{16}$ $\frac{1}{4} = \frac{4}{16}$ $\frac{7}{4} = \frac{28}{16}$

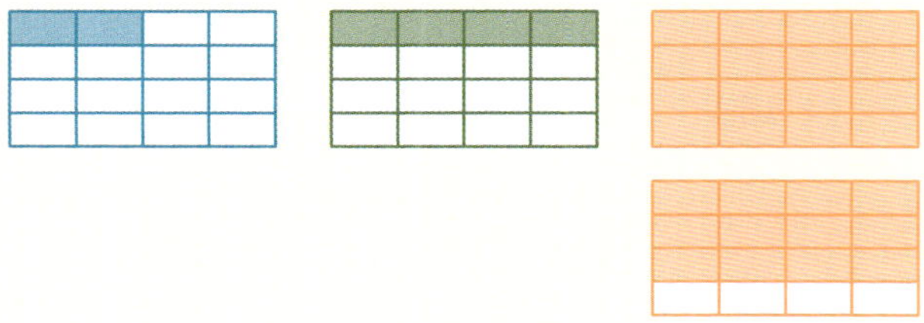

Je peux aussi représenter ces fractions de la façon suivante :

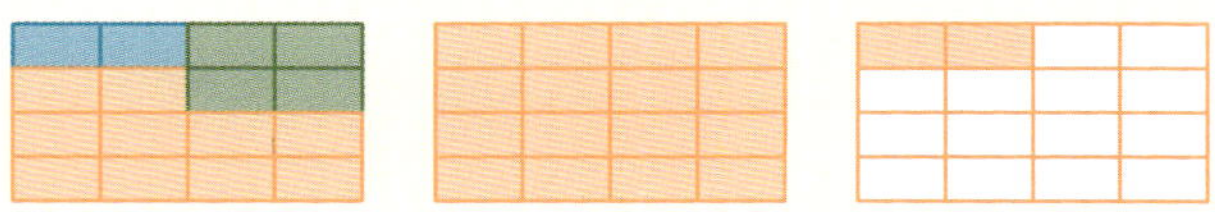

ENTRAINE-TOI

❶ → *Cahier d'exercices, page 17.*

VA PLUS LOIN

❷ → *Cahier d'exercices, page 17.*

Les nombres entiers et les nombres décimaux jusqu'à 1 000

Placement sur des droites numériques graduées.

MISE EN ROUTE

RETIENS

▶ Pour placer des nombres sur une droite numérique graduée

1 J'observe les nombres écrits pour trouver la règle qui permet de passer d'une graduation à la suivante.

2 Je vérifie que la règle fonctionne avec les nombres déjà placés.

3 Je place les nombres en utilisant la règle identifiée.

Si je ne peux pas placer exactement les nombres, je les place au plus près de leur position exacte en visualisant des graduations intermédiaires.

REMARQUE Pour placer des nombres décimaux, je ne tiens pas compte de la partie décimale quand les droites sont graduées en dizaines.

Page suivante…

RETIENS (SUITE)

EXEMPLE Place 75,415 sur les droites graduées

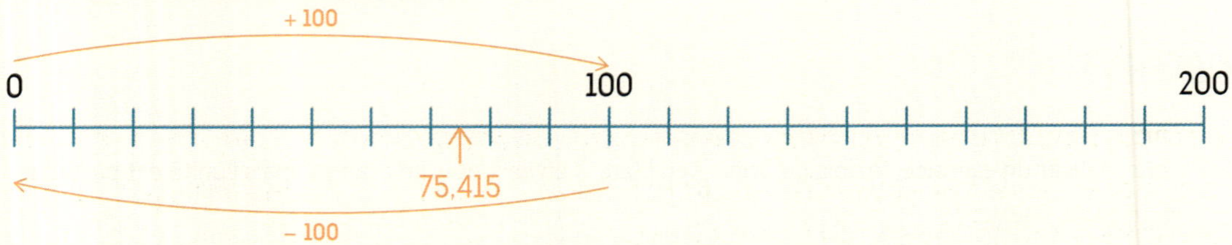

Pour passer d'une graduation à l'autre, je fais + 10 ou – 10.

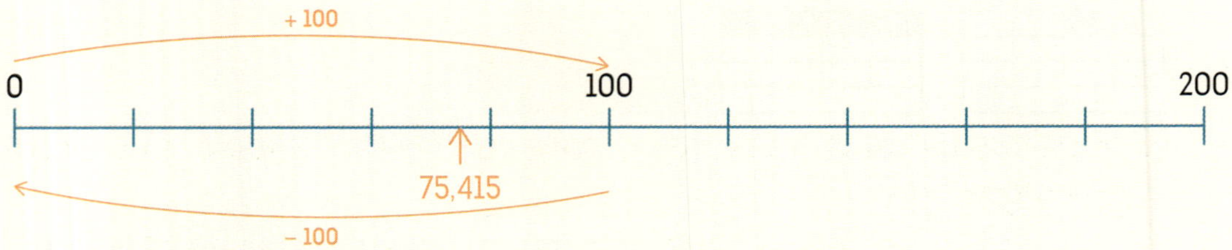

Pour passer d'une graduation à l'autre, je fais + 20 ou – 20.

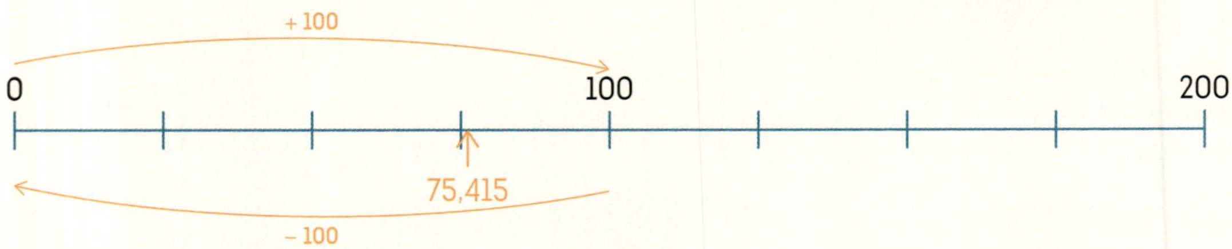

Pour passer d'une graduation à l'autre, je fais + 25 ou – 25.

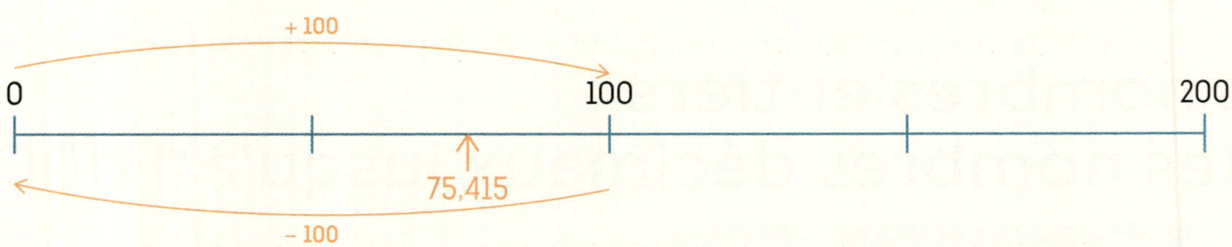

Pour passer d'une graduation à l'autre, je fais + 50 ou – 50.

ENTRAINE-TOI → *Cahier d'exercices, page 18.*

Les nombres décimaux en centièmes *Décomposition sans support.*

MISE EN ROUTE

RAPPELLE-TOI

- **Une décomposition d'un nombre décimal comporte au moins deux termes.**
- **Le nombre décimal peut être décomposé en utilisant des nombres entiers, des nombres à virgule ou des fractions.**
- **Une même décomposition a différentes écritures.**

RETIENS

- **Je peux décomposer un nombre décimal en utilisant le tableau de numération**

EXEMPLE Une décomposition de 0,95 :

	Partie entière				Partie décimale	
	c	d	u		$\frac{1}{10}$ dixièmes	$\frac{1}{100}$ centièmes
Nombre à décomposer			0	,	9	5
Décomposition du nombre			0	,	5	
			0	,	4	
			0	,	0	5

$$0{,}95 = \frac{5}{10} + \frac{4}{10} + \frac{5}{100}$$

Exemples d'écritures différentes d'une décomposition de 0,95 :

$$0{,}95 = 0{,}5 + 0{,}4 + 0{,}05 = (\frac{1}{10} \times 5) + (\frac{1}{10} \times 4) + (\frac{1}{100} \times 5) = (0{,}1 \times 5) + (0{,}1 \times 4) + (0{,}01 \times 5)$$

ENTRAINE-TOI

1 Donne deux autres écritures de chaque décomposition.

a) $15{,}87 = 15 + \frac{4}{10} + \frac{4}{10} + \frac{7}{100}$

b) $15{,}87 = 15 + \frac{85}{100} + \frac{2}{100}$

c) $21{,}19 = 21{,}1 + 0{,}09$

d) $21{,}19 = 21{,}2 - \frac{1}{100}$

2 Donne trois décompositions pour chacun des nombres suivants : **42,26** et **87,89**.

Les fractions *Placement. Égalités de fractions.*

MISE EN ROUTE

OBSERVE

EXEMPLE Pour réaliser un exercice, je dois placer les fractions $\frac{1}{2}$, $\frac{1}{4}$, $\frac{1}{6}$ et $\frac{14}{6}$ sur une droite numérique graduée, mais l'unité de la droite est partagée en 12 parts égales.

Alors je transforme les fractions en « douzièmes » :

$\frac{1}{2} = \frac{6}{12}$ $\frac{1}{4} = \frac{3}{12}$ $\frac{1}{6} = \frac{2}{12}$ $\frac{14}{6} = \frac{28}{12}$

RETIENS

► Si je dois réaliser une droite pour placer des fractions

Je choisis en général le dénominateur le plus grand pour déterminer le nombre de carreaux de l'unité.

Je transforme ensuite les autres fractions pour avoir le même dénominateur.

EXEMPLE Je dois placer les fractions $\frac{5}{2}$, $\frac{8}{10}$ et $\frac{18}{5}$ sur une droite numérique graduée. Je choisis 10 carreaux pour l'unité et je transforme les fractions $\frac{5}{2}$ et $\frac{18}{5}$ en « dixièmes » :

$\frac{5}{2} = \frac{25}{10}$ et $\frac{18}{5} = \frac{36}{10}$

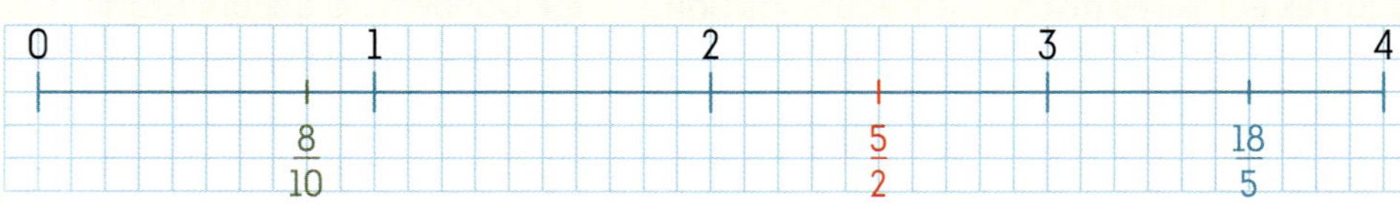

ENTRAINE-TOI

❶ → *Cahier d'exercices, page 18.*

VA PLUS LOIN

❷ → *Cahier d'exercices, page 18.*

Les nombres entiers et les nombres décimaux jusqu'à 10 000

Placement sur des droites numériques graduées MISE EN ROUTE

RETIENS

Pour placer des nombres sur une droite numérique graduée

1 J'observe les nombres écrits pour trouver la règle qui permet de passer d'une graduation à la suivante.
2 Je vérifie que la règle fonctionne avec les nombres déjà placés.
3 Je place les nombres en utilisant la règle identifiée.

Si je ne peux pas placer exactement les nombres, je les place au plus près de leur position exacte en visualisant des graduations intermédiaires.

REMARQUE Pour placer des nombres décimaux, je ne tiens pas compte de la partie décimale quand les droites sont graduées en centaines.

EXEMPLE Placer 251,99 sur les droites graduées

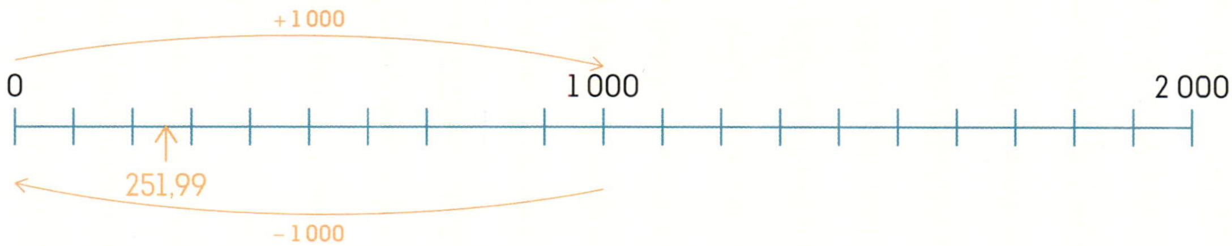

Pour passer d'une graduation à l'autre, je fais + 100 ou – 100.

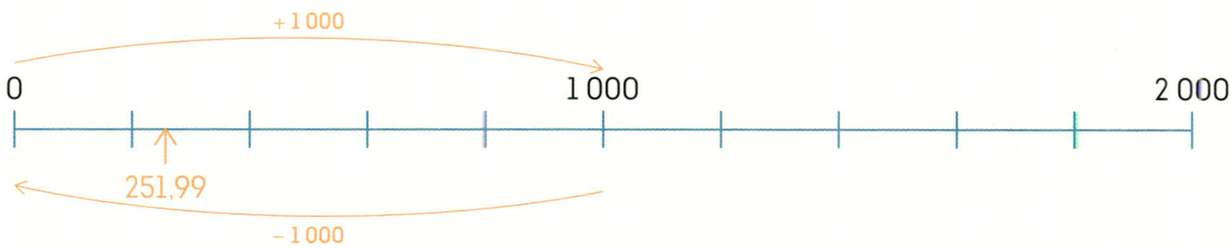

Pour passer d'une graduation à l'autre, je fais + 200 ou – 200.

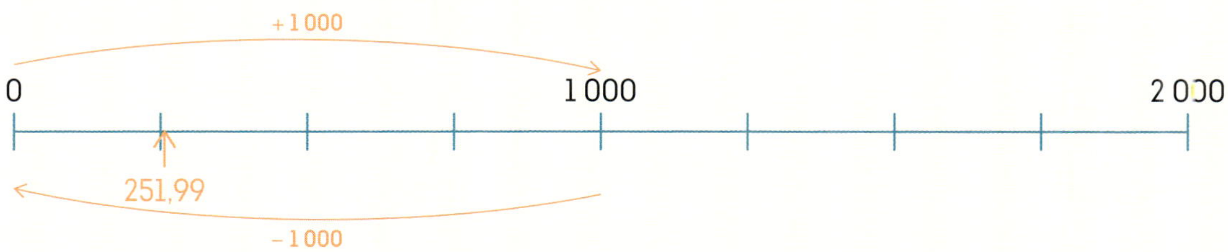

Pour passer d'une graduation à l'autre, je fais + 250 ou – 250.

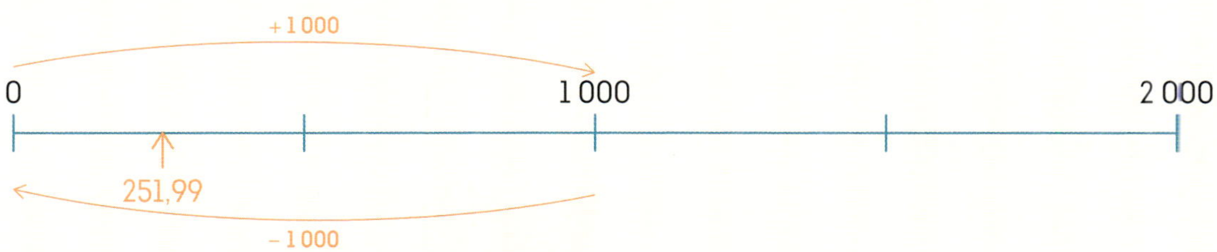

Pour passer d'une graduation à l'autre, je fais + 500 ou – 500.

ENTRAINE-TOI

→ *Cahier d'exercices, page 19.*

Les nombres décimaux en millièmes *Décomposition sans support.*

MISE EN ROUTE

RAPPELLE-TOI (1)

- **Une décomposition d'un nombre décimal comporte au moins deux termes.**
- **Le nombre décimal peut être décomposé en utilisant des nombres entiers, des nombres à virgule ou des fractions.**
- **Une même décomposition a différentes écritures.**

RAPPELLE-TOI (2)

- **Je peux décomposer un nombre décimal en utilisant le tableau de numération**

EXEMPLE Une décomposition de 32,518 :

	Partie entière				Partie décimale		
	c	d	u		$\frac{1}{10}$ dixièmes	$\frac{1}{100}$ centièmes	$\frac{1}{1\,000}$ millièmes
Nombre à décomposer		3	2	,	5	1	8
Décomposition du nombre		3	0				
			2				
			0	,	5	1	
			0		0	0	8

$$32{,}518 = 30 + 2 + \frac{51}{100} + \frac{8}{1\,000}$$

Exemples d'écritures différentes d'une décomposition de 32,518 :

$$32{,}518 = 30 + 2 + 0{,}51 + 0{,}008 = (10 \times 3) + 2 + (\frac{1}{100} \times 51) + (\frac{1}{1\,000} \times 8) = (10 \times 3) + 2 + (0{,}01 \times 51) + (0{,}001 \times 8)$$

ENTRAINE-TOI

1 Donne deux autres écritures de chaque décomposition.

a) $5{,}874 = 5 + \frac{4}{10} + \frac{4}{10} + \frac{7}{100} + \frac{4}{1\,000}$

b) $5{,}874 = 5 + \frac{8}{10} + \frac{7}{100} + \frac{4}{1\,000}$

c) $21{,}432 = 21 + 0{,}43 + 0{,}002$

d) $21{,}432 = 21{,}4 + 0{,}032$

2 Donne trois décompositions pour chacun des nombres suivants : **2,465** et **75,896**.

Les nombres décimaux jusqu'aux millièmes

Passage des fractions aux nombres décimaux et inversement. Écriture.

MISE EN ROUTE

RAPPELLE-TOI

EXEMPLES

Partie entière					Partie décimale		
mille					$\frac{1}{10}$ dixièmes	$\frac{1}{100}$ centièmes	$\frac{1}{1\,000}$ millièmes
u	c	d	u				
	8	0	3	,	1	4	2
1	4	2	3		5	8	

$\frac{803\,142}{1\,000} = 803{,}142$ $\qquad$ $1\,423{,}58 = \frac{142\,358}{100}$

RETIENS

► **Pour donner l'écriture à virgule d'une fraction dictée ou écrite en lettres**

- Si j'entends ou si je lis le mot « dixième », j'écris un chiffre après la virgule.
- Si j'entends ou si je lis le mot « centième », j'écris deux chiffres après la virgule.
- Si j'entends ou si je lis le mot « millième », j'écris trois chiffres après la virgule.

EXEMPLES J'entends ou je lis « douze dixièmes », j'écris 1,2.
J'entends ou je lis « trois-cent-dix-neuf centièmes », j'écris 3,19.
J'entends ou je lis « huit-mille-huit millièmes », j'écris 8,008.

ENTRAINE-TOI

1 Donne l'écriture à virgule des fractions suivantes : $\frac{108\,759}{1\,000}$; $\frac{14\,875}{10}$; $\frac{478\,759}{100}$

2 Donne une écriture fractionnaire des nombres suivants : **450,12** ; **1 872,9** ; **789,123**.

3 Donne l'écriture à virgule des nombres suivants :
a) **Cent-sept centièmes**
b) **Cent-soixante-treize dixièmes**
c) **Quatre-mille-quarante-six millièmes**

Les nombres entiers et les nombres décimaux jusqu'à 10 000 *Placement sur des droites numériques graduées.*

RAPPELLE-TOI

Pour placer des nombres sur une droite numérique graduée :

1. J'observe les nombres écrits pour trouver la règle qui permet de passer d'une graduation à la suivante.
2. Je vérifie que la règle fonctionne avec les nombres déjà placés.
3. Je place les nombres en utilisant la règle identifiée.

Si je ne peux pas placer exactement les nombres, je les place au plus près de leur position exacte en visualisant des graduations intermédiaires.

REMARQUE Pour placer des nombres décimaux, je ne tiens pas compte de la partie décimale quand les droites sont graduées en dizaines, centaines…

EXEMPLE 1 Place 380,109 sur les droites graduées

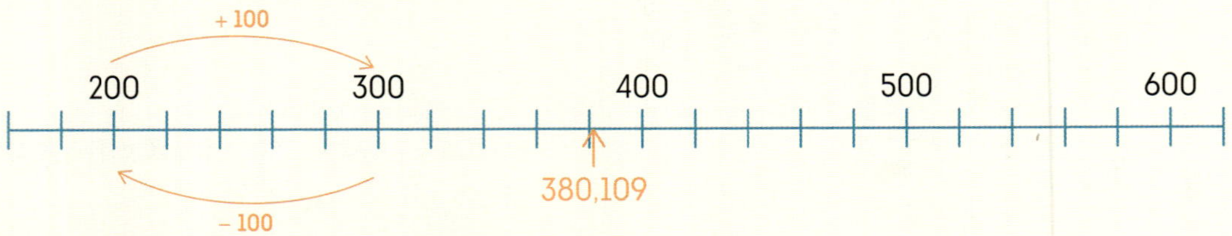

Pour passer d'une graduation à l'autre, je fais + 20 ou – 20.

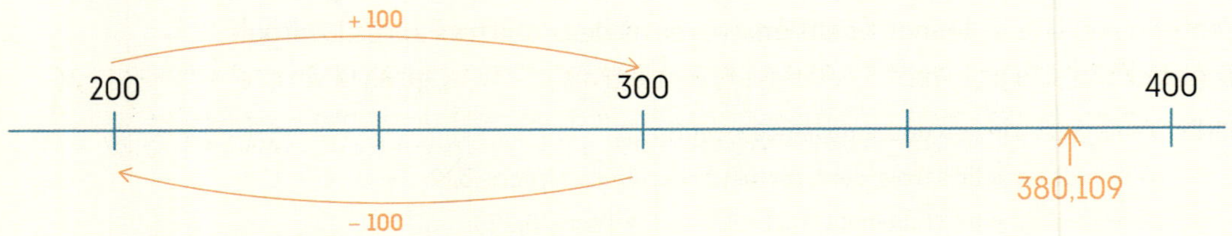

Pour passer d'une graduation à l'autre, je fais + 50 ou – 50.

EXEMPLE 2 Place 2 652,989 sur les droites graduées

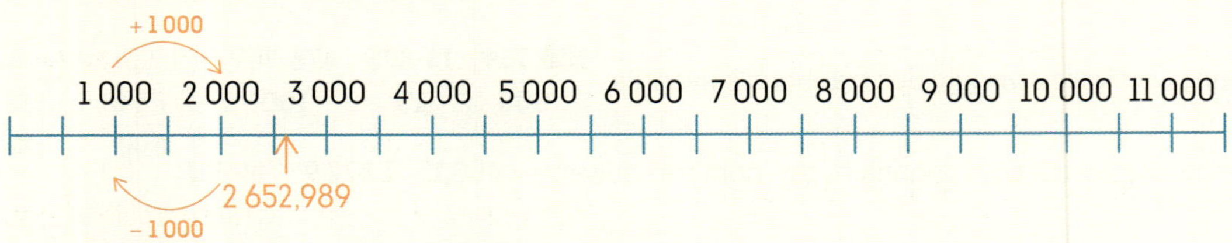

Pour passer d'une graduation à l'autre, je fais + 500 ou – 500.

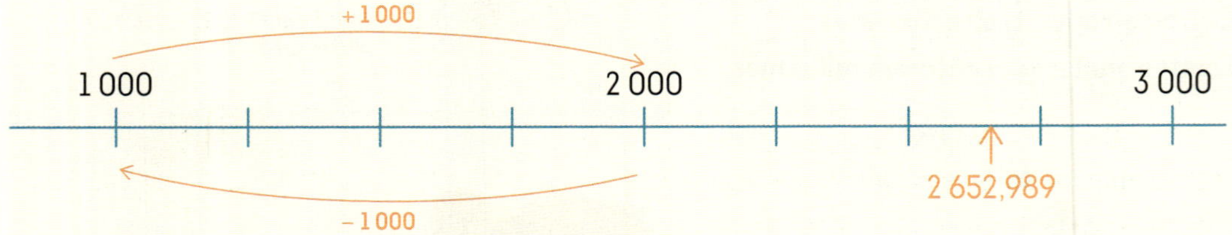

Pour passer d'une graduation à l'autre, je fais + 250 ou – 250.

ENTRAINE-TOI

→ *Cahier d'exercices, page 19.*

Les nombres décimaux jusqu'aux millièmes

Décomposition. Recomposition.

RAPPELLE-TOI Relis la partie ***RETIENS*** de la semaine 26B, page 60.

ENTRAINE-TOI

1 Donne deux autres écritures de chaque décomposition.

a) $435{,}049 = (100 \times 4) + (10 \times 3) + 5 + (0{,}01 \times 4) + (0{,}001 \times 9)$

b) $435{,}049 = 400 + 35 + \frac{4}{100} + \frac{5}{1\,000} + \frac{4}{1\,000}$

2 Donne trois décompositions pour chacun des nombres suivants : **215,73** et **8,057**.

3 Retrouve le nombre à virgule correspondant à chaque décomposition.

a) $241 + \frac{4}{100} + \frac{5}{1\,000}$

b) $71 + \frac{24}{100} + \frac{3}{1\,000}$

c) $(100 \times 2) + (0{,}1 \times 2) + (0{,}01 \times 3) + (0{,}001 \times 7)$

d) $155 + 0{,}3 + 0{,}049$

Les nombres entiers et les nombres décimaux

Comptage. Lecture. Écriture. Placement sur des droites numériques graduées (révisions).

RAPPELLE-TOI Relis les parties ***RETIENS*** des semaines 14B, 20A, 21A et 27A, pages 37, 47, 48 et 61.

ENTRAINE-TOI

1 Écris en lettres les nombres suivants :

a) **140,012**
b) **1 015,8**
c) **15 001 200**
d) **8,04**
e) **3 030 030 030**
f) **11 000 100 000**

2 Écris en chiffres les nombres suivants :

a) **Cent-vingt-sept unités dix-sept millièmes**
b) **Trois-cent-dix-mille unités cinq centièmes**
c) **Vingt-six dixièmes**
d) **Trois-millions-mille-trois**
e) **Quinze-milliards-quinze-millions-trente**
f) **Trente-huit-millions-mille-cent**

3 Donne l'écriture à virgule des fractions suivantes :

$\frac{3\,142}{10}$; $\frac{45\,172}{1\,000}$; $\frac{382\,142}{100}$; $\frac{35\,000}{100}$; $\frac{142}{1\,000}$.

4 Donne une écriture fractionnaire des nombres suivants : **412** ; **453,582** ; **100,2** ; **846,05**.

5 et **6** → *Cahier d'exercices, page 20.*

Semaine 28B

Les nombres entiers et les nombres décimaux

Décomposition (révisions).

RAPPELLE-TOI Relis les parties ***RETIENS*** des semaines 16B et 26B, pages 40 et 60.

ENTRAINE-TOI

❶ Donne deux autres écritures de chaque décomposition.

a) $25{,}479 = 20 + 5 + \frac{4}{10} + \frac{79}{1\,000}$

b) $41{,}508 = (10 \times 4) + 1 + (0{,}1 \times 5) + (0{,}001 \times 5) + (0{,}001 \times 3)$

c) $12\,451\,300\,075 = (1\,000\,000\,000 \times 12) + (1\,000\,000 \times 451) + (1\,000 \times 300) + 75$

d) $87\,214\,008 = 87\,000\,000 + 214\,000 + 8$

❷ Donne une décomposition pour chacun des nombres suivants : **25,73** ; **80,209** ; **5 210 427** ; **14 000 054 089**.

Semaine 29A

Les nombres entiers et les nombres décimaux

Comptage. Encadrement. Intercalation (révisions).

RAPPELLE-TOI Relis les parties ***RETIENS*** des semaines 8B, 9B, 22A et 23A, pages 25, 27, 49, 50 et 51.

ENTRAINE-TOI

❶ Encadre les nombres suivants à l'unité :
579,991 ; **125,1** ; **0,59** ; **599** ; **800**.

❷ Encadre les nombres suivants à la dizaine :
579,991 ; **125,1** ; **0,59** ; **599** ; **802**.

❸ Encadre les nombres suivants à la centaine :
579,991 ; **125,1** ; **0,59** ; **599** ; **802**.

❹ Encadre les nombres suivants au dixième :
579,991 ; **125,1** ; **0,59** ; **599** ; **802**.

❺ Encadre les nombres suivants au centième :
579,991 ; **125,1** ; **0,59** ; **599** ; **802**.

❻ Intercale un nombre qui convient.

a) **1 001** < .... < **1 010**
b) **1 512** < .... < **1 513**
c) **500** < .... < **501**
d) **312** < .... < **313**
e) **45,5** < .... < **45,8**
f) **45,5** < .... < **45,6**
g) **97** < .... < **97,1**
h) **51,02** < .... < **51,07**
i) **51,02** < .... < **51,03**
j) **415,52** < .... < **415,53**
k) **511,79** < .... < **511,8**
l) **11** < .... < **11,01**

Les nombres entiers et les nombres décimaux

Recomposition. Égalité (révisions).

RAPPELLE-TOI Relis les parties **RETIENS** des semaines 16B et 26B, pages 40 et 60.

ENTRAINE-TOI

1 Retrouve l'écriture en chiffres du nombre correspondant à chaque décomposition.

a) $400 + 70 + 8 + \frac{4}{10} + \frac{8}{1\,000}$

b) $5\,000 + \frac{7}{100} + \frac{3}{1\,000}$

c) $(1\,000 \times 12) + (0{,}1 \times 8) + (0{,}01 \times 7) + (0{,}001 \times 2)$

d) $(10 \times 7) + (0{,}1 \times 6) + (0{,}001 \times 5)$

e) $(1\,000\,000 \times 26) + 25$

f) $(1\,000\,000 \times 102) + (1\,000 \times 15)$

2 Retrouve et recopie les écritures égales à **13,25**.

$10 + 3 + \frac{1}{4}$	$13 + \frac{2}{10} + \frac{50}{1\,000}$	$\frac{1\,3250}{1\,000}$
$\frac{1\,325}{10}$	$13{,}2 + \frac{5}{10}$	$\frac{1\,325}{100}$

3 Retrouve et recopie les écritures égales à **10,75**.

$5 + 5 + \frac{3}{4}$	$\frac{100}{10} + \frac{7}{10} + \frac{5}{100}$	$\frac{175}{100}$
$\frac{1\,075}{10}$	$10 + \frac{5}{10} + \frac{25}{100}$	$\frac{10\,750}{1\,000}$

Les nombres entiers et les nombres décimaux

Comptage. Chiffre ou nombre ? Comparaison. Rangement (révisions).

RAPPELLE-TOI Relis les parties **RETIENS** des semaines 17B, 19B et 24A, pages 41, 46 et 53.

ENTRAINE-TOI

1 Réponds aux questions.

a) Quel est le nombre de centaines de **92 057** ?
b) Quel est le chiffre des dizaines de millions de **102 347 175** ?
c) Quel est le chiffre des unités de mille de **8 581 005** ?
d) Quel est le nombre de dizaines de millions de **87 230 142 009** ?
e) Quel est le nombre d'unités de milliards de **78 500 500 092** ?
f) Quel est le chiffre des dixièmes de **78 510,92** ?
g) Quel est le chiffre des centièmes de **8 310,926** ?
h) Quel est le chiffre des millièmes de **5 610,928** ?
i) Quel est le nombre de dixièmes de **34,92** ?
j) Quel est le nombre de centièmes de **5,321** ?

ENTRAINE-TOI (SUITE)

2 Compare les nombres en utilisant < ; > ou =.

a) **43,9** et **51**
b) **100** et **87,9**
c) **289,8** et **289,80**
d) **451,089** et **451,09**
e) **15,640** et **15,64**
f) **4 899 001** et **4 700 999**
g) **74** et **54,1**
h) **806** et **80,6**
i) **51,21** et **51,9**
j) **54,007** et **54,1**
k) **478,531** et **478,54**
l) **148 541** et **99 785**

3 Range les nombres dans l'ordre croissant.
212,9 - 299 - 209,18 - 190,9 - 299,001 - 209,9 - 209,178

4 Range les nombres dans l'ordre décroissant.
1 999 - 1 990,1 - 90,458 - 909,158 - 909,16 - 90,72 - 90,46

Semaine **30B**

Les nombres entiers et les nombres décimaux

Décomposition. Recomposition. Égalité (révisions).

RAPPELLE-TOI

Relis les parties ***RETIENS*** des semaines 16B et 26B, pages 40 et 60.

ENTRAINE-TOI

1 Donne deux autres écritures de chaque décomposition.

a) $105{,}691 = 100 + 5 + \frac{69}{100} + \frac{1}{1\,000}$

b) **24 051 600 093**, c'est **24** unités de milliards **51** unités de millions **600** unités de mille et **93** unités.

2 Donne une décomposition pour chacun des nombres suivants : **854,219** et **48 219 037**.

3 Retrouve l'écriture en chiffres du nombre correspondant à chaque décomposition.

a) $200 + 8 + \frac{5}{10} + \frac{2}{1\,000}$

b) $3\,000 + \frac{25}{100} + \frac{2}{1\,000}$

c) $(1\,000 \times 21) + (0{,}1 \times 4) + (0{,}001 \times 8)$

d) $(1\,000\,000 \times 45) + 25$

4 Retrouve et recopie les écritures égales à **99,5**.

$90 + 9 + \frac{1}{2}$	$(10 \times 9) + 9 + (0{,}01 \times 5)$	$\frac{995}{10}$
$\frac{99\,500}{1\,000}$	$99 + \frac{50}{100}$	$\frac{995}{100}$

CALCUL POSÉ
ToTeM

La multiplication par un nombre à un chiffre

MISE EN ROUTE

RETIENS

▶ Pour poser une multiplication en colonnes

1 J'aligne les deux nombres verticalement par la droite.

2 J'écris un chiffre par carreau.

EXEMPLE 346 × 4

$$\begin{array}{r} {}^{2} \\ 3\,4\,6 \\ \times\quad 4 \\ \hline 4 \end{array} \qquad \begin{array}{r} {}^{1}\,{}^{\not 2} \\ 3\,4\,6 \\ \times\quad 4 \\ \hline 8\,4 \end{array} \qquad \begin{array}{r} {}^{\not 1}\,{}^{\not 2} \\ 3\,4\,6 \\ \times\quad 4 \\ \hline 1\,3\,8\,4 \end{array}$$

1 Je multiplie les unités.

2 Je multiplie les dizaines.

3 Je multiplie les centaines.

ENTRAINE-TOI

1 Pose et effectue les calculs suivants :

a) 185 × 4 c) 420 × 4

b) 318 × 4 d) 331 × 4

2 **Révision : l'addition**

Pose et effectue les calculs suivants :

a) 418 + 284 b) 735 + 171

VA PLUS LOIN

3 Dans les opérations ci-dessous, des chiffres ont été cachés. Pose et complète ces opérations.

a)

$$\begin{array}{r} \ldots\;\ldots\;\ldots \\ \times\qquad 4 \\ \hline 1\;4\;2\;8 \end{array}$$

b)

$$\begin{array}{r} \ldots\;\ldots\;\ldots \\ \times\qquad 4 \\ \hline 2\;8\;6\;0 \end{array}$$

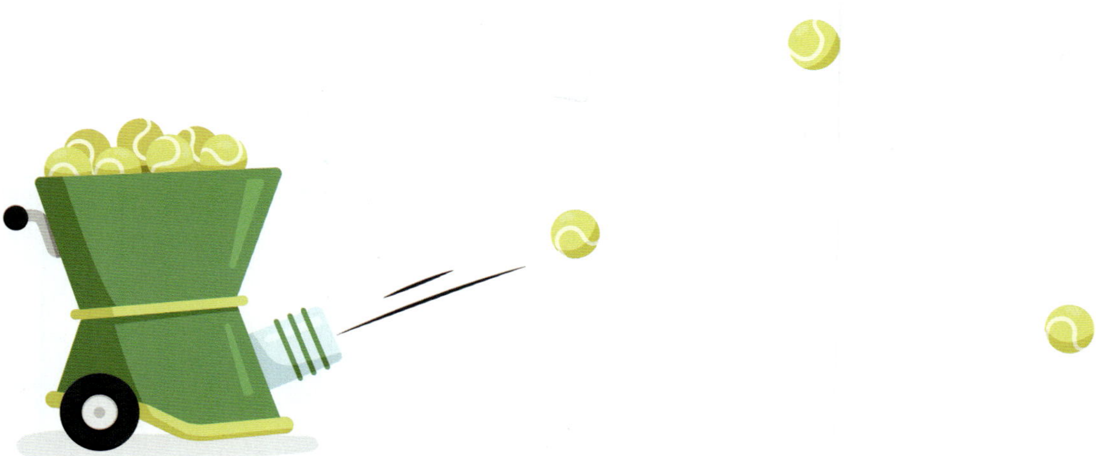

La soustraction

Éviter les erreurs fréquentes : le sens de lecture.

MISE EN ROUTE

RETIENS

► Pour poser une soustraction en colonnes

1 J'aligne les deux nombres verticalement par la droite.
2 J'écris un chiffre par carreau.

► Pour effectuer une soustraction

Je lis toujours du haut vers le bas.

EXEMPLE 408 - 79

	4	0	1 8
−		1+ 7	9

	4	1 0	1 8
− 1+		1+ 7	9
	3	2	9

Je lis : « 8 moins 9 ».
Avec la retenue, je lis « 18 moins 9 ».

Je lis : « 0 moins 7 ».
Avec les retenues, je lis « 10 moins 8 ».

ENTRAINE-TOI

❶ Pose et effectue les calculs suivants :

a) 761 - 54 b) 812 - 444 c) 523 - 93

VA PLUS LOIN

❷ Calculs supplémentaires :

a) 411 - 333 b) 728 - 547

La division par un nombre à un chiffre

MISE EN ROUTE

RETIENS

► Pour poser une division

1 **Je trace la potence** avec une ligne verticale sur une ligne du cahier et la ligne horizontale sur le premier interligne.

2 J'écris le dividende et le diviseur en plaçant **un chiffre par carreau**.

À chaque fois que j'abaisse un chiffre en traçant une flèche, **je divise et j'écris un chiffre au quotient**.

EXEMPLE 2 583 : 4

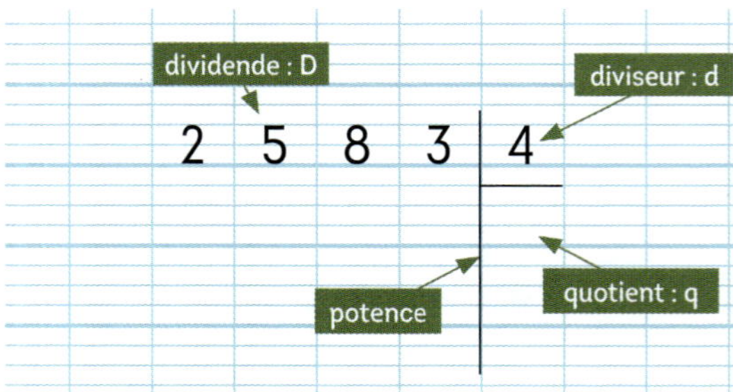

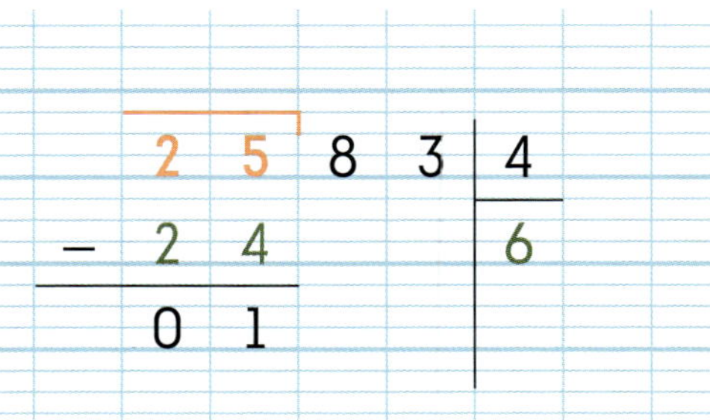

1 Je pose la division.

2 Je dis : « Dans 25, combien y a-t-il de fois 4 ? »
Je fais 4 × 6 = 24, puis j'écris 24 sous 25.
Je calcule la différence.

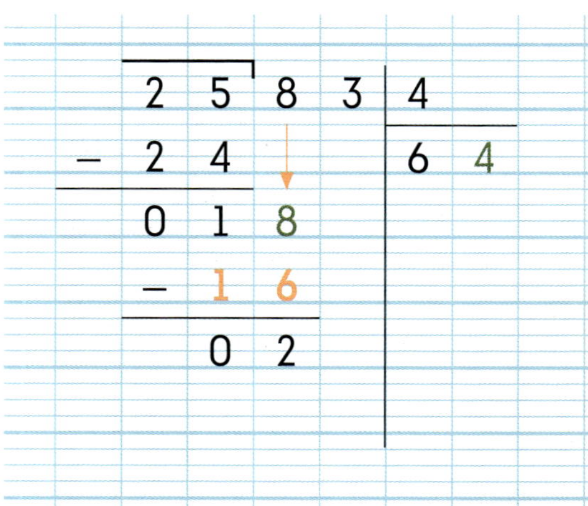

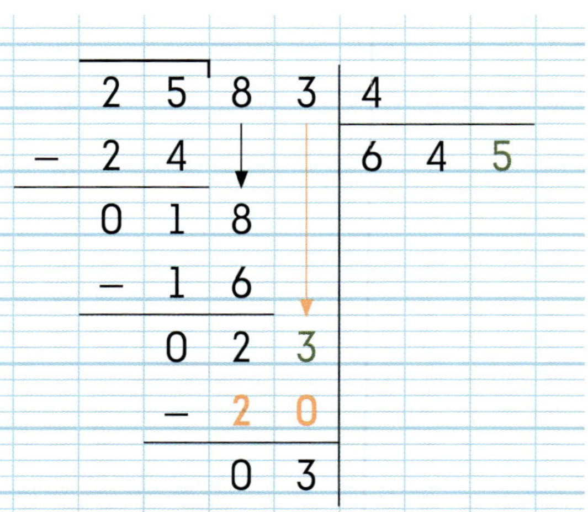

3 Je dis : « Dans 18, combien y a-t-il de fois 4 ? »
Je fais 4 × 4 = 16, puis j'écris 16 sous 18.
Je calcule la différence.

4 Je dis : « Dans 23, combien y a-t-il de fois 4 ? »
Je fais 4 × 5 = 20, puis j'écris 20 sous 23.
Je calcule la différence.

► Le résultat s'écrit sous la forme D = (d × q) + r

EXEMPLE 2 583 : 4

2 583 = (4 × 645) + 3 — 345 est le quotient — 3 est le reste

ENTRAINE-TOI

❶ Pose et effectue les calculs suivants :

a) 2 146 : 4 c) 1 143 : 4

b) 1 756 : 4

❷ **Révision : la multiplication par 3**

Pose et effectue les calculs suivants :

a) 735 × 3 c) 617 × 3

b) 889 × 3

VA PLUS LOIN

❸ Complète les divisions suivantes.

a)

....	4
− .... ↓	7 4
....	
−	
0 0	

b)

....	4
− .... ↓	4 7
....	
−	
0 1	

Semaine **2B**

L'addition de trois nombres

MISE EN ROUTE

RETIENS

Pour poser une addition en colonnes

1 **J'aligne verticalement** les nombres par la droite.

2 J'écris **un chiffre par carreau**.

J'ai le droit de changer l'ordre des nombres d'une addition pour écrire **le nombre le plus grand en haut**.

EXEMPLE 85 + 346 + 1 467

	1	4	6	7
+		3	4	6
+			8	5

		+1	+1	
	1	4	6	7
+		3	4	6
+			8	5
	1	8	9	8

ENTRAINE-TOI

❶ Pose et effectue les calculs suivants :

a) 145 + 94 + 3 957 c) 2 368 + 47 + 584

b) 78 + 33 + 5 355

VA PLUS LOIN

❷ Calculs supplémentaires :

a) 3 385 + 5 471 + 320 b) 750 + 7 084 + 65

La multiplication par un multiple de 10 ou de 100

MISE EN ROUTE

RETIENS

► **Quand je multiplie un nombre par un multiple de 10 ou par un multiple de 100, je n'écris pas de ligne de 0**

EXEMPLE 147 × 60

	1	4	7
×		6	0
			.

1 Je prépare la multiplication par 6.

	2	4	
	1	4	7
×		6	0
8	8	2	.

2 Je multiplie par 6.

	2	4	
	1	4	7
×		6	0
8	8	2	0

3 Je multiplie par 10.

EXEMPLE 147 × 600

		1	4	7
×	6	0	0	
			.	.

1 Je prépare la multiplication par 6.

		2	4	
		1	4	7
×		6	0	0
8	8	2	.	.

2 Je multiplie par 6.

		2	4	
		1	4	7
×		6	0	0
8	8	2	0	0

3 Je multiplie par 100.

ENTRAINE-TOI

❶ Pose et effectue les calculs suivants :

a) 362 × 600 c) 989 × 30

b) 195 × 60 d) 755 × 400

❷ **Révision : la division**

Pose et effectue les calculs suivants :

a) 5 109 : 6 c) 585 : 6

b) 2 712 : 6

VA PLUS LOIN

❸ Dans les opérations ci-dessous, des chiffres ont été cachés. Pose et complète ces opérations.

a)

		.....	9	.....
×			6	0
2	9	7	0	0

b)

			2	.....	.....
×			6	0	0
1	4	1	6	0	0

La soustraction

Éviter les erreurs fréquentes : les retenues liées.

MISE EN ROUTE

RETIENS

▶ **Dans la soustraction, quand j'écris une retenue en haut, j'écris en même temps la retenue en bas.**

EXEMPLE 5 682 - 3 745

1 Quand j'écris la retenue 1 à la gauche du 2, j'écris en même temps 1 + à la gauche du 4.

2 Quand j'écris la retenue 1 à la gauche du 6, j'écris en même temps 1 + à la gauche du 3.

	5	1 6	8	1 2
−	1+ 3	7	1+ 4	5
	1	9	3	7

ENTRAINE-TOI

❶ Pose et effectue les calculs suivants :

a) 6 184 - 1 455

b) 4 153 - 3 447

c) 932 - 466

VA PLUS LOIN

❷ Calculs supplémentaires :

a) 4 524 - 3 165

b) 9 112 - 912

La division par un nombre à un chiffre

Prendre un ou deux chiffres pour commencer ?

MISE EN ROUTE

RETIENS

▶ **Pour commencer une division**

7	1	5	5	5

Si le premier chiffre du dividende est supérieur au diviseur, je prends un chiffre.

1	8	2	0	7

Si le premier chiffre du dividende est inférieur au diviseur, je prends deux chiffres.

Page suivante...

ENTRAINE-TOI

1 Pose et effectue les calculs suivants :

a) 8 106 : 5 c) 8 149 : 7

b) 3 741 : 7 d) 3 125 : 5

2 **Révision : la multiplication et l'addition**

Pose et effectue les calculs suivants :

a) 178 × 70 c) 258 + 4 451 + 39

b) 323 × 500 d) 25 + 408 + 7 568

VA PLUS LOIN

3 Complète les divisions suivantes.

a)

…	…	…	5
– …	…	↓	9 2
	…	…	
	– …	…	
	0	4	

b)

…	…	…	7
– …	…	↓	3 9
	…	…	
	– …	…	
	0	2	

Semaine **4B**

La soustraction *Éviter les erreurs fréquentes : le zéro dans la soustraction.*

MISE EN ROUTE

RETIENS

► **Dans une soustraction posée**

- Quand je rencontre « 0 moins un chiffre différent de 0 », je mets une retenue.
- Quand je rencontre « un chiffre moins 0 », j'écris ce chiffre pour résultat.

	5	9	10
–	3	1+7	4
	2	1	6

	5	11	0
–	1+3	7	0
	1	4	0

	4	12	4
–	1+	7	0
	3	5	4

0 - 4
J'écris une retenue pour calculer 10 - 4.

0 - 0 = 0

4 - 0 = 4

ENTRAINE-TOI

1 Pose et effectue les calculs suivants :

a) 6 080 - 2 461 c) 2 009 - 1 030

b) 808 - 570

2 Calculs supplémentaires :

a) 5 050 - 3 080 b) 7 615 - 1 570

La multiplication par un nombre à deux chiffres

Avec le multiplicateur 36.

MISE EN ROUTE

RETIENS

▶ Pour multiplier par un nombre à deux chiffres différents de 0

1 **J'effectue deux multiplications** l'une en dessous de l'autre. Ensuite, **je fais la somme des deux résultats**.

2 Le multiplicateur de la deuxième multiplication est **un multiple de 10**. Alors je pense au « décalage ».

EXEMPLE 258 × 36

Je multiplie par 6.

		4	
	2	5	8
×		3	6
			8

	3	~~4~~	
	2	5	8
×		3	6
		4	8

	~~3~~	~~4~~	
	2	5	8
×		3	6
1	5	4	8

Je multiplie par 30.

		2	
	~~3~~	~~4~~	
	2	5	8
×		3	6
1	5	4	8
		4	•

	1	~~2~~	
	~~3~~	~~4~~	
	2	5	8
×		3	6
1	5	4	8
	7	4	•

	~~1~~	~~2~~	
	~~3~~	~~4~~	
	2	5	8
×		3	6
1	5	4	8
7	7	4	•

Je fais la somme des deux résultats.

		~~1~~	~~2~~	
		~~3~~	~~4~~	
		2	5	8
×			3	6
	+1 1	5	4	8
+	7	7	4	•
	9	2	8	8

Page suivante...

ENTRAINE-TOI

1 Pose et effectue les calculs suivants :

a) 253 × 36 c) 308 × 36

b) 96 × 36

2 **Révision : la division**

Pose et effectue les calculs suivants :

a) 3 087 : 8 b) 1 975 : 8

VA PLUS LOIN

3 Dans les opérations ci-dessous, des chiffres ont été cachés. Pose et complète ces opérations.

a)

			5	.....	8
×				3	6
		3	.....	8	.....
+	.....	.....	4	.....	•
	1	9	7	2	8

b)

			.....	9	.....
×				3	6
		1	7	6	4
+		8	.....	2	•
	1	.....	5	.....	4

Semaine **5B**

L'addition de plus de trois nombres

MISE EN ROUTE

RETIENS

► **Quand l'addition comporte trois, quatre ou plus de nombres**

Le risque d'erreur est important. Alors je vérifie les calculs intermédiaires par colonne.

ENTRAINE-TOI

1 Pose et effectue les calculs suivants :

a) 954 + 3 092 + 5 678 + 67

b) 1 045 + 8 893 + 19 + 564

c) 86 + 497 + 2 228 + 590

2 Calculs supplémentaires :

a) 7 557 + 2 882 + 696 + 737

b) 381 + 4 529 + 5 075 + 68

Semaine **6A**

La division par un nombre à un chiffre

Quand le quotient se termine par 0.

MISE EN ROUTE

RETIENS

► **Pour diviser par un nombre à un chiffre**

- Tant que tous les chiffres du dividende n'ont pas été abaissés, la division n'est pas terminée.
- Lorsque j'abaisse un chiffre en traçant une flèche, si le nombre à diviser est inférieur au diviseur, j'écris un 0 au quotient.

RETIENS (SUITE)

EXEMPLE 1 263 : 7

	1	2	6	3	7		
−		7			1	8	
	0	5	6				
	−	5	6				
		0	0				

Au reste, je vois 0 mais la division n'est pas terminée.

	1	2	6	3	7		
−		7			1	8	0
	0	5	6				
	−	5	6				
		0	0	3			

J'abaisse le 3 en traçant une flèche.
3 est inférieur à 7. J'écris un 0 au quotient.
La division est terminée.
1 263 = (7 × 180) + 3

ENTRAINE-TOI

❶ Pose et effectue les calculs suivants :

a) 1 822 : 7 c) 760 : 4

b) 3 995 : 7 d) 3 520 : 4

❷ **Révision : la multiplication par 54.**

Pose et effectue les calculs suivants :

a) 178 × 54 b) 956 × 54

VA PLUS LOIN

❸ Complète les divisions suivantes.

a)

	3	.....	.....	0	5		
−	.....	5			7	3	0
		.....	.....				
		− 1	5				
			.....	0			

b)

	.....	4	8	.....	7		
−	.....	.....			6	4	0
		.....	8				
		− 2	.....				
		.....	0	4			

La soustraction *Entrainement*

RAPPELLE-TOI

Relis les parties ***RETIENS*** des semaines 1B, 3B et 4B, pages 69, 73 et 74.

MISE EN ROUTE

ENTRAINE-TOI

❶ Pose et effectue les calculs suivants :

a) 3 020 − 906 c) 1 008 − 784

b) 6 530 − 653

VA PLUS LOIN

❷ Calculs supplémentaires :

a) 6 543 − 1 987 b) 3 014 − 2 670

La division par un nombre à un chiffre *Avec un 0 intercalé au quotient.*

MISE EN ROUTE

RAPPELLE-TOI

► **Lorsque j'abaisse un chiffre en traçant une flèche, si le nombre à diviser est encore inférieur au diviseur, j'écris un 0 au quotient.**

EXEMPLE 5 641 : 8

	5	6	4	1	8		
−	5	6			7		
	0	0					

	5	6	4	1	8		
−	5	6	↓		7	0	
	0	0	4				

J'abaisse le 4.
Mais 4 est inférieur à 8,
alors j'écris 0 au quotient.

	5	6	4	1	8		
−	5	6	↓	↓	7	0	5
	0	0	4	1			
	−		4	0			
		0	0	1			

J'abaisse le 1.
Je calcule 41 divisé par 8.

ENTRAINE-TOI

1 Pose et effectue les calculs suivants :

a) 5 614 : 8
b) 7 263 : 8
c) 16 228 : 3

2 **Révision : l'addition et la soustraction**

Pose et effectue les calculs suivants :

a) 1 548 + 937 + 1 354
b) 9 410 − 941
c) 549 + 8 414 + 784 + 34

VA PLUS LOIN

3 Complète les divisions suivantes.

a)

	2	.....	3	.....	4		
−	.....	4	↓	↓	.....	0	.....
	.....	0	.....	.....			
	−		.....	2			
			0	1			

b)

	.....	5	.....	.....	.....		
−	3	.....	↓	↓	5	0	.....
	.....	0	4	.....			
	−		.....	.....			
			0	2			

La multiplication par un nombre à deux chiffres

Avec un multiplicateur quelconque.

RAPPELLE-TOI Relis la partie *RETIENS* de la semaine 5A, page 75.

ENTRAINE-TOI

❶ Pose et effectue les calculs suivants :

a) 184 × 47 b) 781 × 74

VA PLUS LOIN

❷ Calculs supplémentaires :

a) 554 × 37 b) 819 × 34

La multiplication par un nombre à trois chiffres

MISE EN ROUTE

RETIENS

▶ **Pour multiplier par un nombre à trois chiffres qui sont tous différents de 0**

1 Je fais trois multiplications.

2 Je fais la somme des trois résultats.

EXEMPLE 168 × 726

		4	4	
		1	6	8
×		7	2	6
	1	0	0	8

		~~14~~	~~14~~	
		1	6	8
×		7	2	6
	1	0	0	8
	3	3	6	.

				4 ~~14~~	5 ~~14~~	
				1	6	8
×				7	2	6
			1	0	0	8
			3	3	6	.
	1	1	7	6	.	.

1 Je multiplie par 6. Je multiplie par 20. Je multiplie par 700.

				~~414~~	~~514~~	
				1	6	8
×				7	2	6
		+1	1	0	0	8
+			3	3	6	.
+	1	1	7	6	.	.
	1	2	1	9	6	8

2 Je fais la somme des trois résultats.

Page suivante...

ENTRAINE-TOI

1 Pose et effectue les calculs suivants :

a) 526 × 317

b) 391 × 317

c) 832 × 428

2 **Révision : l'addition et la soustraction**

Pose et effectue les calculs suivants :

a) 2 048 + 7 014 + 497

b) 5 030 − 2 040

c) 656 + 8 414 + 792 + 80

VA PLUS LOIN

3 Dans les opérations ci-dessous, des chiffres ont été cachés.

Pose et complète ces opérations.

a)

			.....	.....	.....
	×		5	4	3
		2	4	8	1
	.....	.....	.....	.....	•
+ 4	1	3	5	•	•
4	4	9	0	6	1

b)

			7	8	2
	×		.....	.....	.....
		3	9	1	0
	2	3	4	6	•
+ 3	1	2	8	•	•
.....	.....	.....	.....	.....	.....

Semaine **8B**

La division par un nombre à un chiffre

Quand le quotient se termine par plusieurs 0.

MISE EN ROUTE

RAPPELLE-TOI Relis la partie *RETIENS* de la semaine 7A, page 78.

ENTRAINE-TOI

1 Pose et effectue les calculs suivants :

a) 29 400 : 7

b) 346 000 : 5

VA PLUS LOIN

2 Calculs supplémentaires :

a) 124 000 : 8

b) 31 500 : 9

Semaine **9**

La division par un nombre à un chiffre

Avec ou sans 0 au quotient.

MISE EN ROUTE

RAPPELLE-TOI Relis la partie *RETIENS* de la semaine 7A, page 78.

ENTRAINE-TOI

1 Pose et effectue les calculs suivants :

a) 38 485 : 5

b) 12 568 : 8

VA PLUS LOIN

2 Calculs supplémentaires :

a) 9 927 : 7

b) 14 044 : 9

La soustraction avec des nombres décimaux

Quand le premier terme est un nombre entier.

MISE EN ROUTE

RETIENS

► **Pour poser une soustraction dont le deuxième terme est un nombre décimal**

EXEMPLE 73 – 21,48

	7	3			
–	2	1	,	4	8

	7	3	,	0	0
–	2	1	,	4	8

	7	3	,	10	10
–	2	1+1	,	1+4	8
	5	1	,	5	2

1 J'aligne verticalement les unités des parties entières.

2 J'ajoute une virgule et le ou les 0 nécessaires au premier terme.

3 Je calcule comme s'il n'y avait pas de virgule.

4 Je place la virgule au résultat.

ENTRAINE-TOI

❶ Pose et effectue les calculs suivants :

a) 124 – 67,8
b) 517 – 182,55
c) 2 214 – 133,91
d) 130 – 114,56

❷ Révision : la division

Pose et effectue les calculs suivants :

a) 61 354 : 2
b) 17 086 : 7

VA PLUS LOIN

❸ Complète les soustractions suivantes.

a)

	8	4			
–	3	.....	,	5	2
	4	5	,	.....	.....

b)

	.....	5	0			
–		5	5	,	2	.....
	6	9	.....	,	.....	5

c)

	5	.....	1			
–	2	6	.....	,	.....	4
	2	9	9	,	5	.....

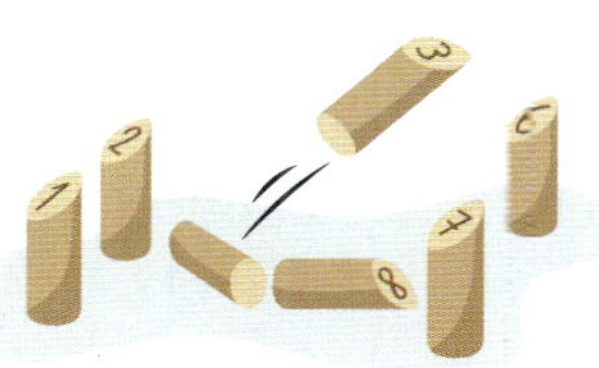

La multiplication par un nombre à trois chiffres

MISE EN ROUTE

RAPPELLE-TOI

Relis la partie *RETIENS* de la semaine 8A, page 79.

ENTRAINE-TOI

❶ Pose et effectue les calculs suivants :

a) 247 × 295 b) 738 × 295

VA PLUS LOIN

❷ Calculs supplémentaires :

a) 834 × 417 b) 576 × 417

L'addition avec des nombres décimaux

MISE EN ROUTE

RETIENS

► **Pour poser et effectuer une addition dont un terme au moins est un nombre décimal**

EXEMPLE 92,9 + 124 + 87,25

		9	2	,9	
+	1	2	4		
+		8	7	,2	5

		+2	+1	+1	
		9	2	,9	
+	1	2	4		
+		8	7	,2	5
	3	0	4	,1	5

1 J'aligne verticalement les unités des parties entières.

2 Je calcule comme s'il n'y avait pas de virgule.

3 Je place la virgule au résultat.

ENTRAINE-TOI

❶ Pose et effectue les calculs suivants :

a) 94 + 1 245,38

b) 23,5 + 267 + 4,95

c) 1,57 + 21,94

d) 27,14 + 0,5 + 1 268

❷ **Révision : la soustraction et la division**

Pose et effectue les calculs suivants :

a) 15 – 1,84 c) 250 – 114,3

b) 18 487 : 9 d) 51 013 : 3

VA PLUS LOIN

❸ Dans les opérations ci-dessous, des chiffres ont été cachés. Pose et complète ces opérations.

a)

```
    1 4 , 5 ....
+ .... .... 2 , ....
  5 9 6 , 6 3
```

b)

```
  5 0 .... 2 , ....
+   9 3 .... , 6 5
  6 .... 1 2 , 0 5
```

La multiplication par un nombre à trois chiffres

Avec un multiplicateur ayant 0 pour chiffre des dizaines.

MISE EN ROUTE

RETIENS

► **Dans une multiplication posée, je n'écris pas de ligne de calcul pour multiplier par 0**

EXEMPLE 368 × 407

		4	5	
		3	6	8
×		4	0	7
	2	5	7	6

1 Je multiplie par 7.

				2	3	
				~~4~~	~~5~~	
				3	6	8
×				4	0	7
			2	5	7	6
	1	4	7	2	•	•

2 Je multiplie par 400.

				2	1	
				~~4~~	~~5~~	
				3	6	8
×				4	0	7
			2	5	7	6
+	1	4	7	2	•	•
	1	4	9	7	7	6

3 Je fais la somme des résultats.

ENTRAINE-TOI

❶ Pose et effectue les calculs suivants :

a) 354 × 207

b) 638 × 704

VA PLUS LOIN

❷ Calculs supplémentaires :

a) 755 × 303

b) 787 × 606

La soustraction avec des nombres décimaux

Quand le deuxième terme est un nombre entier.

MISE EN ROUTE

RAPPELLE-TOI

Relis la partie *RETIENS* de la semaine 10A, page 81.

RETIENS

► **Pour effectuer une soustraction dont le deuxième terme est un nombre entier**

Je n'ai pas besoin d'écrire de 0 pour former une partie décimale.

EXEMPLE 53,25 - 28

```
   5 3 , 2 5          5 13 , 2 5
 - 2 8              - 1+2 8
 ---------          -----------
                      2 5 , 2 5
```

ENTRAINE-TOI

❶ Pose et effectue les calculs suivants :

a) **118,38 - 79**

b) **1 241,2 - 777**

c) **5 048,34 - 989**

VA PLUS LOIN

❷ Calculs supplémentaires :

a) **11 041,82 - 226**

b) **886,92 - 597**

La division d'un nombre décimal par un nombre entier à un chiffre

MISE EN ROUTE

RAPPELLE-TOI

▶ **Pendant la division d'un nombre décimal, j'écris la virgule au quotient quand je la rencontre au dividende.**

EXEMPLE 148,1 : 6

	1	4	7	,	6	6
−	1	2				2 4
	0	2	7			
	−	2	4			
		0	3			

1 Je divise la partie entière.

	1	4	7	,	6	6
−	1	2				2 4 ,
	0	2	7			
	−	2	4			
		0	3			

2 Je rencontre la virgule au dividende.
J'écris la virgule au quotient.

	1	4	7	,	6	6
−	1	2				2 4 , 6
	0	2	7			
	−	2	4			
		0	3		6	
		−	3		6	
			0		0	

3 J'abaisse le chiffre des dixièmes.
Je continue la division avec le chiffre de la partie décimale.

147,6 = (6 × 24,6) + 0
Le quotient est 24,6 et le reste est 0.

Page suivante...

ENTRAINE-TOI

❶ Pose et effectue les calculs suivants :

a) 143,4 : 6 c) 122,76 : 3

b) 111,36 : 6

❷ Révision : l'addition et la soustraction

Pose et effectue les calculs suivants :

a) 14,7 + 194 + 226,34

b) 54,73 – 38

c) 200,86 – 121

VA PLUS LOIN

❸ Complète les divisions suivantes.

a)

2	.....	..... ,	4	4
– 2	4	↓	↓	..... 1 , ...
0	0	.....		
	–	4	↓	
		0	4	
		–	.....	
			0	

b)

3	..... ,	.....	9	7
–	5	↓	↓	..... , 0 .....
0	0	.....	9	
	–	4	9	
		0	0	

Semaine **13B**

La multiplication par un nombre à trois chiffres

Avec un multiplicateur terminé par 0.

MISE EN ROUTE

RAPPELLE-TOI

► **Dans une multiplication posée, je n'écris pas de ligne de calcul pour multiplier par 0**

EXEMPLE 724 × 560

		1	2		
		7	2	4	
×		5	6	0	
4	3	4	4	.	

1 Je multiplie par 60.

		1 (barré)	2 (barré)		
		1	2		
		7	2	4	
×		5	6	0	
	4	3	4	4	.
3	6	2	0	.	.

2 Je multiplie par 500.

				1 (barré)	2 (barré)	
				1 (barré)	2 (barré)	
				7	2	4
×				5	6	0
	+1	4	3	4	4	.
+	3	6	2	0	.	.
	4	0	5	4	4	0

3 Je fais la somme des résultats.

724 × 560 = 405 440.

ENTRAINE-TOI

❶ Pose et effectue les calculs suivants :

a) 736 × 470 b) 817 × 740

VA PLUS LOIN

❷ Calculs supplémentaires :

a) 654 × 370 b) 909 × 770

La soustraction avec des nombres décimaux

MISE EN ROUTE

RETIENS

► **Dans une soustraction posée, je peux ajouter un ou plusieurs 0 à la partie décimale du premier terme.**

EXEMPLE 54,3 - 31,56

	5	4	,	3	
–	3	1	,	5	6

	5	4	,	3	0
–	3	1	,	5	6

	5	4	,	13	10
–	3	1+1	,	1+5	6
	2	2	,	7	4

1 J'aligne verticalement les unités des parties entières et les virgules.

2 J'écris un ou plusieurs 0 à la partie décimale du premier terme si c'est nécessaire.

3 Je calcule comme s'il n'y avait pas de virgule.

4 Je place la virgule au résultat sous les virgules des deux termes.

► **Dans une soustraction posée, je n'ajoute pas de 0 à la partie décimale du deuxième terme**

EXEMPLE 36,21 - 14,5

	3	6	,	2	1
–	1	4	,	5	

	3	6	,	12	1
–	1	1+4	,	5	
	2	1	,	7	1

Page suivante...

ENTRAINE-TOI

1 Pose et effectue les calculs suivants :

a) 15,8 - 7,63
b) 34,9 - 3,49
c) 66,1 - 39,84
d) 57,45 - 38,8

2 Révision : la multiplication

Pose et effectue les calculs ci-dessous. Change le sens de la multiplication chaque fois que cela permet de faire moins de lignes de calcul.

a) 250 × 368
b) 502 × 367
c) 607 × 809

VA PLUS LOIN

3 Dans les calculs ci-dessous, des chiffres ont été cachés. Pose et complète ces opérations.

a)

```
   4 ..... , 4
−    7 , ..... .....
--------------------
 ..... 5 , 7 1
```

b)

```
 ..... 0 , 1
−     9 , ..... .....
--------------------
   6 ..... , 5 4
```

c)

```
   6 ..... , 1 .....
−      7 , .....
--------------------
 ..... 6 , 3 8
```

Semaine **14B**

La division d'un nombre décimal par un nombre entier à un chiffre *Révision*

MISE EN ROUTE

RAPPELLE-TOI Relis la partie *RETIENS* de la semaine 13A, page 85.

ENTRAINE-TOI

1 Pose et effectue les calculs suivants :

a) 386,4 : 8
b) 132,96 : 8
c) 658,35 : 7

VA PLUS LOIN

2 Calculs supplémentaires :

a) 163,2 : 4
b) 2 001,6 : 4

Semaine **15**

La soustraction avec des nombres décimaux *Révision*

MISE EN ROUTE

RAPPELLE-TOI Relis la partie *RETIENS* des semaines 12 et 14A, pages 84 et 87.

ENTRAINE-TOI

1 Pose et effectue les calculs suivants :

a) 424 - 17,67
b) 91,1 - 6,94
c) 5 - 1,43

VA PLUS LOIN

2 Calculs supplémentaires :

a) 13,2 - 8,97
b) 501 - 46,14

La division d'un nombre entier par un nombre à deux chiffres

Avec un quotient inférieur à 10.

MISE EN ROUTE

RETIENS

Pour trouver le quotient d'une division par un nombre à deux chiffres

Je fais la recherche avec le multiple de 10 le plus proche du diviseur.

EXEMPLE 474 : 72 → Je fais la recherche avec 70 car c'est le multiple de 10 le plus proche de 72.

4	7	4	7	2
			•	

1 Je prends 474.

4	7	4	7	2
			•	

2 Je dis : « Dans 474, combien y a-t-il de fois 70 ? »
J'essaie : $6 \times 70 = 420$ et $7 \times 70 = 490$.

4	7	4	7	2
			6	

3 Je calcule 6×72 et 7×72.
$6 \times 72 = 432$ et $7 \times 72 = 504$
Dans 474, il y a donc 6 fois 72.

	4	7	4	7	2
−	4	3	2	6	
	0	4	2		

4 J'enlève 432. Il reste 42.

$474 = (72 \times 6) + 42$

Le quotient est 6 et le reste est 42.

ENTRAINE-TOI

1 Pose et effectue les calculs suivants :

a) 341 : 42

b) 588 : 84

c) 493 : 53

2 Révision : l'addition

Pose et effectue les calculs suivants :

a) $21\,135{,}45 + 19\,256{,}3$

b) $1\,035{,}1 + 744{,}67$

Page suivante...

VA PLUS LOIN

3 Complète les divisions suivantes.

a)

.... 7	6 5
− 4 5	7
0 1 2	

b)

..... 0 0	2 7
− 1 8	7
0 1	

La multiplication avec un nombre décimal

MISE EN ROUTE

RETIENS

► **Pour calculer une multiplication avec un nombre décimal**

EXEMPLE 725 × 3,69

	7	2	5
×	3,	6	9

1 Je pose le calcul en alignant les chiffres par la droite.
Je vois deux chiffres après la virgule.

				7	2	5
×				3,	6	9
			6	5	2	5
+		4	3	5	0	.
+	2	1	7	5	.	.
	2	6	7	5	2	5

2 Je calcule comme s'il n'y avait pas de virgule.

				7	2	5
×				3,	6	9
			6	5	2	5
+		4	3	5	0	.
+	2	1	7	5	.	.
	2	6	7	5,	2	5

3 Je place la virgule au résultat.
Il faut deux chiffres après la virgule.

ENTRAINE-TOI

1 Pose et effectue les calculs suivants :

a) 334 × 1,56

b) 228 × 25,4

c) 7,89 × 183

VA PLUS LOIN

2 Calculs supplémentaires :

a) 6,25 × 328

b) 853 × 1,2

La division d'un nombre entier par un nombre à deux chiffres *Avec un quotient inférieur à 10.*

MISE EN ROUTE

RAPPELLE-TOI

▶ Pour trouver le quotient d'une division par un nombre à deux chiffres

Je fais la recherche avec le multiple de 10 le plus proche du diviseur.

EXEMPLE 365 : 48 → Je fais la recherche avec **50** car c'est **le multiple de 10** le plus proche de **48**.

1 Je prends 365.

2 Je dis : « Dans 365, combien y a-t-il de fois **50** ? » J'essaie : 7 × 50 = 350 et 8 × 50 = 400.

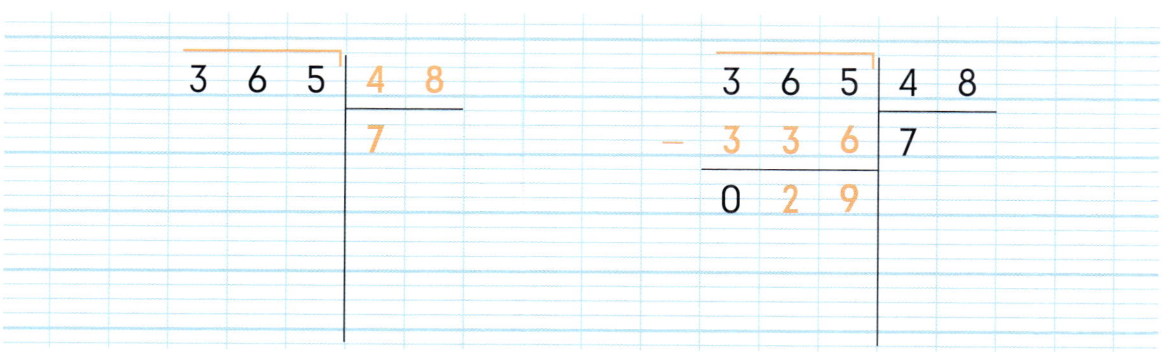

3 Je calcule 7 × 48 et 8 × 48.
7 × 48 = 336 et 8 × 48 = 384.
Dans 365, il y a donc 7 fois 48.

4 J'enlève 336. Il reste 29.

365 = (48 × 7) + 29

Le quotient est 7 et le reste est 29.

ENTRAINE-TOI

1 Pose et effectue les calculs suivants :

a) **224 : 37**

b) **490 : 59**

c) **341 : 48**

2 **Révision : l'addition et la soustraction**

Pose et effectue les calculs suivants :

a) **13,57 + 3,4 + 89,54**

b) **157 – 45,94**

Page suivante...

VA PLUS LOIN

3 Complète les divisions suivantes.

a)

	1	7	.....	.....	8
−	1	.....	.....	4	
	0	2	2		

b)

	4	9	.....	.....	6
−	.....	.....	2	7	
	0	3	2		

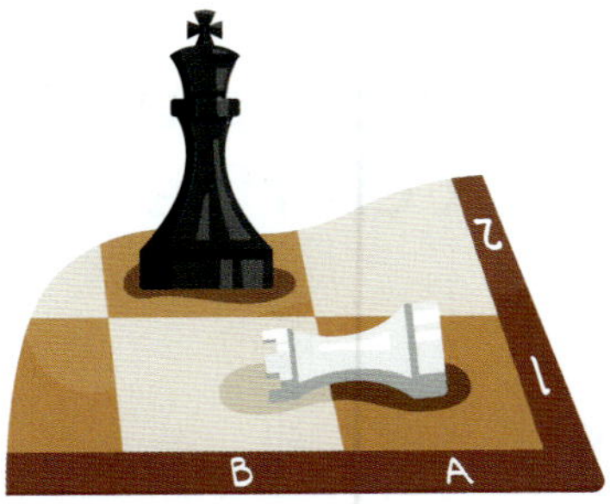

La multiplication avec des nombres décimaux *Révision.*

MISE EN ROUTE

RETIENS

► Pour calculer une multiplication avec des nombres décimaux

EXEMPLE 63,8 × 2,15

		6	3	, 8
×		2	, 1	5

1 J'aligne les chiffres par la droite sans m'occuper des virgules. En tout, je vois trois chiffres après les virgules.

			6	3	, 8	
×				2	, 1	5
			3	1	9	0
+			6	3	8	.
+	1	2	7	6	.	.
	1	3	7	1	7	0

2 Je calcule comme s'il n'y avait pas de virgule.

			6	3	, 8	
×				2	, 1	5
			3	1	9	0
+			6	3	8	.
+	1	2	7	6	.	.
	1	3	7	, 1	7	0

3 Je place la virgule au résultat. Il faut trois chiffres après la virgule.

63,8 × 2,15 = 137,17

ENTRAINE-TOI

1 Pose et effectue les calculs suivants :

a) **36,4 × 5,7** b) **8,18 × 4,7** c) **72,5 × 3,84**

VA PLUS LOIN

2 Calculs supplémentaires :

a) **65,08 × 31,5** b) **60,14 × 52**

La division d'un nombre entier par un nombre à deux chiffres *Avec un quotient inférieur à 10.*

MISE EN ROUTE

RAPPELLE-TOI

▶ Pour trouver le quotient d'une division par un nombre à deux chiffres

Je fais la recherche avec le multiple de 10 le plus proche du diviseur.

EXEMPLE 708 : 76 → Je fais la recherche avec 80 car c'est le multiple de 10 le plus proche de 76.

1 Je prends 708.

2 Je dis : « Dans 708, combien y a-t-il de fois 80 ? »
J'essaie : $8 \times 80 = 640$ et $9 \times 80 = 720$

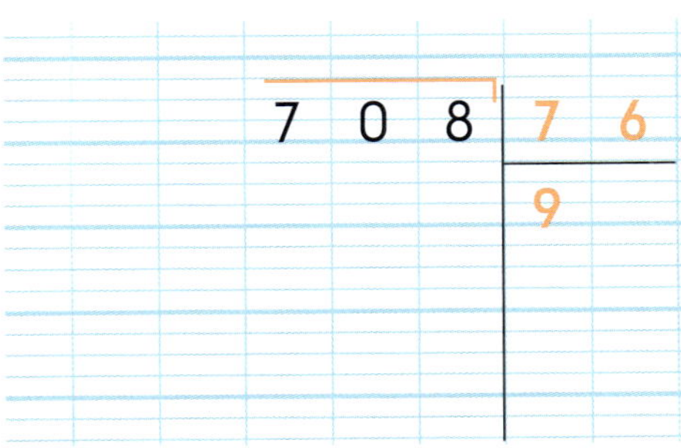

3 Je calcule 8×76 et 9×76.
$8 \times 76 = 608$ et $9 \times 76 = 684$
Dans 708, il y a donc 9 fois 76.

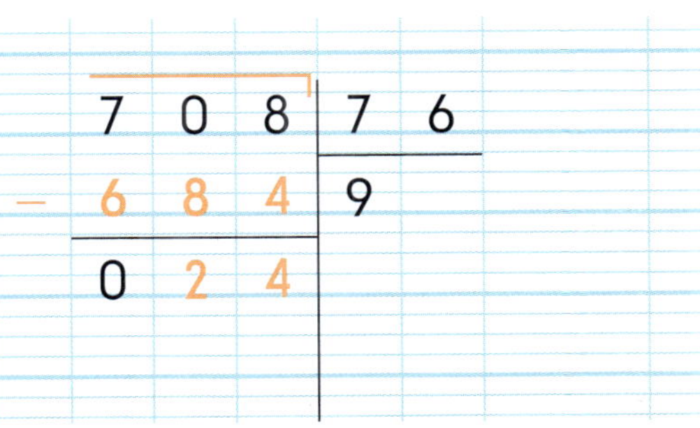

4 J'enlève 684. Il reste 24.

$708 = (76 \times 9) + 24$
Le quotient est 9 et le reste est 24.

ENTRAINE-TOI

❶ Pose et effectue les calculs suivants :
a) 365 : 41 b) 224 : 27

VA PLUS LOIN

❷ Calculs supplémentaires :
a) 372 : 62 b) 125 : 14

La division d'un nombre entier par un nombre à deux chiffres *Avec un quotient compris entre 10 et 100.*

MISE EN ROUTE

RAPPELLE-TOI

► Pour trouver le quotient d'une division par un nombre à deux chiffres

Je fais la recherche avec le multiple de 10 le plus proche du diviseur.

EXEMPLE 2 083 : 57 → Je fais la recherche avec 60 car c'est le multiple de 10 le plus proche de 57.

	2	0	8	3	5	7
−	1	7	1		3	
	0	3	7			

1 Pour diviser 208 par 57,
j'essaie $60 \times 3 = 180$ et $60 \times 4 = 240$.
Ensuite je calcule $57 \times 3 = 171$ et $57 \times 4 = 228$.
Dans 208, il y a donc 3 fois 57.

	2	0	8	3	5	7
−	1	7	1	↓	3	.
	0	3	7	3		

2 J'abaisse le chiffre des unités.

	2	0	8	3	5	7
−	1	7	1	↓	3	6
	0	3	7	3		
	−	3	4	2		
		0	3	1		

3 Pour diviser 373 par 57,
j'essaie $60 \times 6 = 360$ et $60 \times 7 = 420$.
Ensuite je calcule $57 \times 6 = 342$ et $57 \times 7 = 399$.
Dans 373, il y a 6 fois 57.

$2\,083 = (57 \times 36) + 31$

Le quotient est 36 et le reste est 31.

ENTRAINE-TOI

1 Pose et effectue les calculs suivants :

a) 1 434 : 61 b) 4 136 : 89

2 Révision : l'addition avec des décimaux

Pose et effectue les calculs suivants :

a) $496 + 905,4 + 0,74$

b) $25,01 + 39,97 + 142$

c) $64,37 + 2,4 + 36$

VA PLUS LOIN

❸ Calculs supplémentaires :

a) 2 276 : 32

b) 1 026 : 54

❹ Complète les divisions suivantes :

a)

....	4 7
− 2 8 2	6 3
0	
− 1 4 1	
0 0 3	

b)

....	7 .....
− 3 6 0	5 3
0	
− 2 1 6	
0 5 4	

Semaine **19B**

Le contrôle du résultat d'une multiplication

MISE EN ROUTE

LIS ET COMPRENDS

▶ Avant d'effectuer une multiplication posée avec deux nombres entiers

1 Je peux connaitre le chiffre des unités du résultat.

EXEMPLE 754 × 87 Le chiffre des unités du résultat sera 8 car 4 × 7 = 28.

2 Je peux aussi chercher le nombre de chiffres du résultat.

EXEMPLE 754 × 87 Le résultat aura probablement 5 chiffres car 700 × 80 = 56 000.

ENTRAINE-TOI

❶ Pose et effectue les calculs suivants :

a) 389 × 217 b) 63 × 36

VA PLUS LOIN

❷ Calculs supplémentaires :

a) 625 × 88 b) 465 × 13

Consolidons nos compétences

La soustraction. Les pyramides de calcul.

MISE EN ROUTE

RAPPELLE-TOI

▶ Le 0 dans la soustraction

- Quand je rencontre « **0 moins un chiffre différent de 0** », je mets une retenue.
- Quand je rencontre « **un chiffre moins 0** », j'écris ce chiffre pour résultat.

▶ La soustraction avec des nombres décimaux

- Quand le deuxième terme d'une soustraction est un nombre entier, je n'écris **pas de 0 pour former une partie décimale.**
- Quand le premier terme d'une soustraction est un nombre entier et le deuxième terme un nombre décimal, j'écris **un ou plusieurs 0 pour former la partie décimale du premier nombre.**

ENTRAINE-TOI

1 Pose et effectue les calculs suivants :

a) 35 410,87 – 18 819

b) 421 081 – 120 477,61

2 → *Cahier d'exercices, page 21.*

La division d'un nombre entier par un nombre à deux chiffres

Avec un quotient compris entre 10 et 100 (révision).

RAPPELLE-TOI

Relis la partie *RETIENS* de la semaine 19A, page 94.

ENTRAINE-TOI

1 Pose et effectue les calculs suivants :

a) 5 210 : 91 b) 2 652 : 34

VA PLUS LOIN

2 Calculs supplémentaires :

a) 9 433 : 97 b) 2 104 : 25

La division d'un nombre entier par un nombre à deux chiffres *Avec un quotient supérieur à 100.*

MISE EN ROUTE

RETIENS

▶ Dans une division par un nombre à deux chiffres

J'observe les essais effectués avec le multiple de 10 choisi pour la recherche.
Quand c'est utile, je réutilise les résultats de mes essais.

EXEMPLE 45 848 : 63 → J'effectue la recherche avec **60** car c'est **le multiple de 10** le plus proche de **63**.

	4	5	8	4	8	6	3	
−	4	4	1			7	.	.
	0	1	7					

1 Pour diviser 458 par 63,
j'essaie 60 × 7 = 420 et 60 × 8 = 480.
Ensuite, je calcule 63 × 7 = 441 et 63 × 8 = 504.
Dans 458, il y a donc 7 fois 63.

	4	5	8	4	8	6	3	
−	4	4	1	↓		7	2	.
	0	1	7	4				
	−	1	2	6				
		0	4	8				

2 J'abaisse le chiffre des dizaines.
Pour diviser 174 par 63,
j'essaie 60 × 2 = 120 et 60 × 3 = 180.
Comme **60 × 3 > 174**, je sais que 63 × 3
sera **trop grand**. Je calcule 63 × 2 = 126.
Dans 174, il y a donc 2 fois 63.

	4	5	8	4	8	6	3	
−	4	4	1	↓	↓	7	2	7
	0	1	7	4				
	−	1	2	6				
		0	4	8	8			
		−	4	4	1			
			0	4	7			

3 J'abaisse le chiffre des unités.
Pour diviser 488 par 63,
je sais que 63 × 7 = 441 et 63 × 8 = 504.
Dans 488, il y a donc 7 fois 63.

45 848 = (63 × 727) + 47
Le quotient est 727 et le reste est 47.

Page suivante...

ENTRAINE-TOI

1 Pose et effectue les calculs suivants :

a) 19 310 : 43 b) 34 668 : 71

VA PLUS LOIN

2 Calculs supplémentaires :

a) 17 600 : 29 b) 22 000 : 66

La division d'un nombre décimal par un nombre entier à deux chiffres

MISE EN ROUTE

RETIENS

► Pour diviser un nombre décimal par un nombre entier

- J'écris la virgule au quotient quand je la rencontre au moment d'abaisser un chiffre.
- J'écris la virgule du dividende une seule fois, lorsque je pose la division.

EXEMPLE 4 819,5 : 85

	4	8	1	9 ,	5	8	5	
−	4	2	5	↓		5	6	
	0	5	6	9				
	−	5	1	0				
		0	5	9				

1 Je commence comme la division d'un nombre entier.

	4	8	1	9 ,	5	8	5	
−	4	2	5	↓		5	6 ,	
	0	5	6	9				
	−	5	1	0				
		0	5	9				

2 Je rencontre la virgule au moment d'abaisser le 5. J'écris la virgule au quotient.

	4	8	1	9 ,	5	8	5	
−	4	2	5	↓	↓	5	6 ,	7
	0	5	6	9				
	−	5	1	0				
		0	5	9	5			
		−	5	9	5			
			0	0	0			

3 Je continue et je termine comme la division d'un nombre entier.

4 819,5 = (85 × 56,7) + 0

Le quotient est 56,7 et le reste est 0.

ENTRAINE-TOI

❶ Pose et effectue les calculs suivants :

a) 795,42 : 54

b) 537,84 : 83

❷ **Révision : la multiplication avec des décimaux**

Pose et effectue les calculs suivants :

a) $92,6 \times 2,08$

b) $135,9 \times 0,94$

VA PLUS LOIN

❸ Calculs supplémentaires :

a) 763,6 : 92   b) 2 268,6 : 38

❹ Complète les divisions suivantes.

a)

```
  3 8 3 4 .....  | 5 4
– ..... ..... 8  | 7 1 .....
  0 0 ..... 4
    – 5 .....
  0 0 0 6
```

b)

```
  1 ..... ..... 2 .....  | 2 8
– 1 4 0                  | ..... 3 6
    1 0 2
  –   ..... .....
      1 8 8
    – ..... ..... 8
          2 0
```

Semaine **22B**

Le contrôle du résultat d'une division

MISE EN ROUTE

LIS ET COMPRENDS

► **Avant d'effectuer une division posée avec deux nombres entiers**

Je peux connaitre le nombre de chiffres du quotient.

EXEMPLE 2 808 : 27 → La partie entière du quotient aura trois chiffres car je commence en faisant 28 : 27.

► **Après avoir effectué la division, je contrôle que le reste est inférieur au diviseur**

ENTRAINE-TOI

❶ Pose et effectue les calculs suivants :

a) 5 837 : 29   b) 15 771 : 4

VA PLUS LOIN

❷ Calculs supplémentaires :

a) 5 620 : 8   b) 13 042 : 41

Consolidons nos compétences *L'addition. Les pyramides de calcul.*

MISE EN ROUTE

RAPPELLE-TOI

L'addition de plusieurs nombres entiers
J'ai le droit de changer l'ordre des nombres d'une addition.

L'addition avec des nombres décimaux
Pour poser en colonnes une addition dont un terme au moins est un nombre décimal, j'aligne verticalement les unités des parties entières.

ENTRAINE-TOI

1 Pose et effectue les calculs suivants :

a) 2 684 + 3 406 938 + 789 + 1 336 724

b) 7 255 786 + 25,39 + 1,8 + 484 231

2 → *Cahier d'exercices, page 22.*

La division d'un nombre décimal par un nombre entier à deux chiffres *Avec un quotient inférieur à 1.*

MISE EN ROUTE

RETIENS

► **Quand le dividende est inférieur au diviseur, le chiffre des unités du quotient est 0.**

EXEMPLE 33,58 : 46

3	3,	5	8	4	6
				0,	

La partie entière du dividende est inférieure au diviseur (33 < 46).
J'écris 0, au quotient.

	3	3,	5	8	4	6
−	3	2	2		0,	7
	0	1	3			

Je prends 335 dixièmes pour chercher le chiffre des dixièmes du quotient.

	3	3,	5	8	4	6	
−	3	2	2	↓	0,	7	3
	0	1	3	8			
	−	1	3	8			
		0	0	0			

Je continue et je termine comme la division d'un nombre entier.

33,58 = (46 × 0,73) + 0
Le quotient est 0,73 et le reste est 0.

ENTRAINE-TOI

❶ Pose et effectue les calculs suivants :
a) 10,53 : 39 b) 21,28 : 56

VA PLUS LOIN

❷ Calculs supplémentaires :
a) 56,4 : 94 b) 13,64 : 44

Consolidons nos compétences *La multiplication.*

MISE EN ROUTE

RAPPELLE-TOI

La multiplication avec un 0 au multiplicateur

Quand j'effectue une multiplication posée, je n'écris pas de ligne de calcul pour multiplier par 0.

La multiplication avec des nombres décimaux

Quand j'effectue une multiplication avec des nombres décimaux, je compte le nombre total de chiffres situés après les virgules. Puis je place la virgule du résultat de sorte que sa partie décimale ait ce même nombre de chiffres.

ENTRAINE-TOI

❶ Pose et effectue les calculs suivants :

a) 651,12 × 507 b) 83,4 × 9,07

VA PLUS LOIN

❷ Calculs supplémentaires :

a) 18,153 × 870 b) 75,6 × 0,29

La division d'un nombre entier par un nombre entier à un chiffre

Avec un quotient décimal exact ou approché, en dixièmes.

MISE EN ROUTE

RETIENS

Si le reste de la division d'un nombre entier est différent de 0

Je peux chercher la partie décimale du quotient.

Je dois donc prévoir de la place quand je pose la division.

EXEMPLE 125 : 7

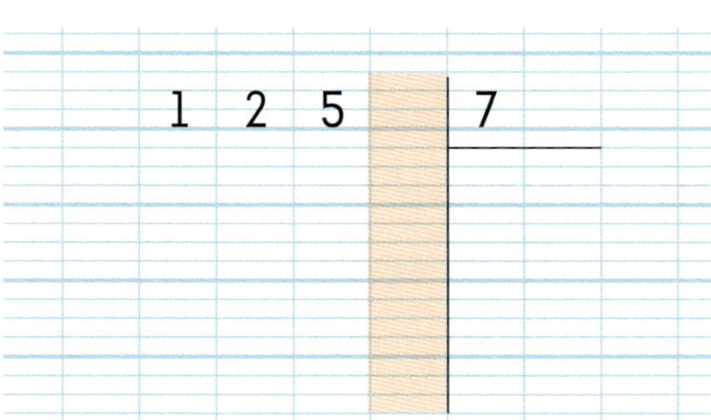

Quand je pose la division, je laisse un carreau entre le dividende et la potence.

RETIENS (SUITE)

▶ Pour trouver le quotient décimal en dixièmes

1 J'écris la virgule et un 0 comme chiffre des dixièmes au dividende, derrière le chiffre des unités.

2 J'écris la virgule au quotient, derrière le chiffre des unités.

3 J'abaisse le chiffre des dixièmes du dividende et je divise pour trouver le chiffre des dixièmes du quotient.

4 J'écris le reste avec la virgule.

REMARQUE Quand je divise les dixièmes, le reste est un nombre décimal en dixièmes.

EXEMPLE 125 : 7

	1	2	5		7
–		7			1 7
	0	5	5		
	–	4	9		
		0	6		

Je calcule la partie entière du quotient.

	1	2	5	, 0	7
–		7			1 7 ,
	0	5	5		
	–	4	9		
		0	6		

1 J'écris la virgule et 0 dixième au dividende.

2 J'écris une virgule au quotient.

	1	2	5	, 0	7
–		7			1 7 , 8
	0	5	5		
	–	4	9		
		0	6	0	
		–	5	6	
			0	4	

3 J'abaisse le chiffre des dixièmes. Je divise 60 dixièmes par 7.

4 J'écris le reste avec la virgule.

→ **Reste : 0,4**

$125 = (7 \times 17,8) + 0,4$

Le quotient est 17,8 et le reste est 0,4.

Page suivante...

ENTRAINE-TOI

❶ Pose puis calcule le quotient en dixièmes et le reste des divisions suivantes :

a) **1 023 : 7** c) **291 : 9**

b) **843 : 5** d) **4 702 : 3**

❷ **Révision : la soustraction avec des décimaux**

Pose et effectue les calculs suivants :

a) **238,4 - 191,752**

b) **30 - 7,408**

VA PLUS LOIN

❸ Complète les divisions suivantes.

a)

	1	.....	.....	.....	.....	....
−	1	4	6	↓	↓	2 ....
	0	0	4	.....	.....	
		−	4	.....	.....	
			0	0	0	

b)

	6	.....	.....	.....	.....	....
−	5	9	4	↓		9 ....
	0	4	.....	.....		
	−	4	.....	.....	↓	
		0	0	0	0	

Semaine **25B**

Le contrôle du résultat d'une multiplication

MISE EN ROUTE

LIS ET COMPRENDS

► **Avant d'effectuer une multiplication posée avec des nombres décimaux**

Je peux chercher le nombre de chiffres de la partie entière du résultat.

EXEMPLE 25,11 × 4,2 → La partie entière du résultat aura probablement trois chiffres car 25 × 4 = 100 pour la partie entière.

ENTRAINE-TOI

❶ Pose et effectue les calculs suivants :

a) **15,15 × 3,36** b) **50,6 × 4,05**

VA PLUS LOIN

❷ Calculs supplémentaires :

a) **80,05 × 7,08** b) **0,42 × 0,45**

Semaine **26A**

Consolidons nos compétences

La soustraction. Les pyramides de calcul.

RAPPELLE-TOI

Relis la partie RAPPELLE-TOI de la semaine 20A, page 96.

ENTRAINE-TOI

❶ Pose et effectue les calculs suivants :

a) **1 080,5 - 792,354**

b) **905 000 - 47 555,2**

❷ → *Cahier d'exercices, page 22.*

La division d'un nombre entier par un nombre entier à un chiffre

Avec un quotient décimal exact ou approché en centièmes.

MISE EN ROUTE

RETIENS

Pour trouver le quotient décimal en centièmes

1 J'écris un 0 comme chiffre des centièmes au dividende.

2 J'abaisse le chiffre des centièmes du dividende et je divise les centièmes pour trouver le chiffre des centièmes du quotient.

3 J'écris le reste en centièmes avec la virgule.

Attention ! Quand je divise les centièmes, le reste est un nombre décimal en centièmes.

EXEMPLE 125 : 7

	1	2	5 ,	0	7
−		7			1 7 , 8
	0	5	5		
	−	4	9		
		0	6	0	
		−	5	6	
			0	4	

1 Je calcule la partie entière du quotient.
J'écris la virgule et 0 dixième au dividende.
J'écris une virgule au quotient.
Je divise 60 dixièmes par 7.

	1	2	5 ,	0	0	7
−		7				1 7 , 8 5
	0	5	5			
	−	4	9			
		0	6	0		
		−	5	6		
			0	4	0	
			−	3	5	
				0	5	

2 J'écris et j'abaisse le chiffre des centièmes.
Je divise 40 centièmes par 7.

3 J'écris le reste en centièmes avec la virgule.

→ **Reste : 0,05**

125 = (7 × 17,85) + 0,05

Le quotient est 17,85 et le reste est 0,05.

Page suivante...

ENTRAINE-TOI

1 Pose puis calcule le quotient en centièmes et le reste des divisions suivantes :

a) 3 275 : 8 b) 1 095 : 7

VA PLUS LOIN

2 Calculs supplémentaires :

a) 5 483 : 4 b) 4 187 : 9

La division d'un nombre entier par un nombre entier à un chiffre *Avec un quotient exact ou approché inférieur à 1.*

MISE EN ROUTE

RETIENS

▶ Quand le dividende est inférieur au diviseur, le quotient est inférieur à 1.

Je commence la division en écrivant 0 comme partie entière du quotient.

EXEMPLE 3 : 7

1 Je vois que le dividende est inférieur au diviseur. J'écris 0 au quotient.

2 J'écris la virgule et 0 comme chiffre des dixièmes au dividende. J'écris une virgule au quotient.

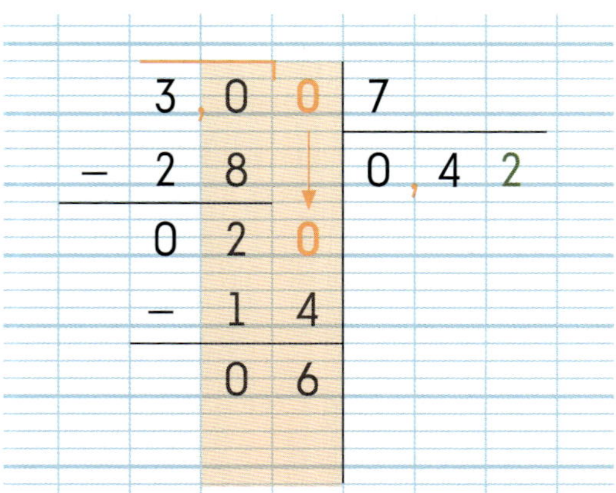

3 J'effectue la division sans m'occuper de la virgule.

4 J'écris le reste en centièmes avec la virgule.

→ Reste : 0,06

$3 = (7 \times 0{,}42) + 0{,}06$

Le quotient est 0,42 et le reste est 0,06.

ENTRAINE-TOI

❶ Pose puis calcule le quotient en centièmes et le reste des divisions suivantes :

a) **5 : 6** b) **2 : 8**

VA PLUS LOIN

❷ Calculs supplémentaires :

a) **7 : 9** b) **3 : 8**

Semaine **28A**

La division d'un nombre entier par un nombre entier à deux chiffres

Avec un quotient décimal exact ou approché en dixièmes.

MISE EN ROUTE

RAPPELLE-TOI

Relis la partie ***RETIENS*** de la semaine 25A, pages 102 et 103.

EXEMPLE 319 : 32

	3	1	9		3	2
−	2	8	8		9	
	0	3	1			

	3	1	9	, 0	3	2	
−	2	8	8	↓	9	, 9	
	0	3	1	0			
		− 2	8	8			
		0	2	2			→ Reste : 2,2

1 Je divise 319 unités par 32. J'écris le chiffre des **unités du quotient**.

2 J'écris la virgule et 0 comme chiffre des dixièmes au dividende. J'écris **la virgule au quotient**. J'abaisse le chiffre des dixièmes et je divise **310 dixièmes** par 32.

3 J'écris **le reste en dixièmes avec la virgule**.

319 = (32 × 9,9) + 2,2

Le quotient est 9,9 et le reste est 2,2.

ENTRAINE-TOI

❶ Pose puis calcule le quotient en dixièmes et le reste des divisions suivantes :

a) **790 : 34** b) **1 165 : 26** c) **6 258 : 35**

❷ **Révision : la multiplication avec des décimaux**

Pose et effectue les calculs suivants :

a) **62,29 × 7,4** b) **7,356 × 70,5**

Page suivante...

VA PLUS LOIN

3 Complète les divisions suivantes.

a)

```
  ..... 2  7  ..... ..... | 8  .....
– 4  ..... .....  ↓       |-----------
-----------------         | ..... 3  .....
  0  ..... 7  2           |
  – 2  4  .....           |
  ---------------         |
    0  ..... 2  .....     |
    – ..... ..... 0       |
    -------------------   |
      0  0  0             |
```

b)

```
  9  ..... 0  0  | 9  .....
– ..... 5  5  ↓  |----------
---------------- | ..... 6
  0  6  ..... 0  |
  – ..... 7 ..... |
  --------------- |
       ..... 0    |
```


Le contrôle du résultat d'une division

MISE EN ROUTE

LIS ET COMPRENDS

► **Avant d'effectuer la division posée d'un nombre décimal par un nombre entier**

Je peux connaitre le nombre de chiffres de la partie entière du quotient.

EXEMPLE 757,14 : 38 → La partie entière du quotient aura deux chiffres car je commence en faisant 75 : 38.

► **Après avoir effectué la division, je contrôle que le reste est inférieur au diviseur**

ENTRAINE-TOI

1 Pose et effectue les calculs suivants :

a) **515,64 : 28** b) **231,13 : 65**

VA PLUS LOIN

2 Calculs supplémentaires :

a) **710,82 : 41** b) **300,58 : 54**

Consolidons nos compétences *L'addition. Les pyramides de calcul.*

RAPPELLE-TOI

Relis la partie *RETIENS* de la semaine 23A, page 100.

ENTRAINE-TOI

1 Pose et effectue les calculs suivants :

a) **135 887 + 3 947 681 + 65 741**

b) **356,4 + 58 + 12,96 + 8,84**

2 → *Cahier d'exercices, page 24.*

La division d'un nombre entier par un nombre entier à deux chiffres *Avec un quotient décimal exact ou approché en centièmes.*

MISE EN ROUTE

RAPPELLE-TOI

Relis la partie ***RETIENS*** de la semaine 25A, pages 102 et 103.

EXEMPLE 319 : 32

	3	1	9		3	2
−	2	8	8		9	
	0	3	1			

1 Je divise 319 unités par 32.
J'écris le chiffre des unités du quotient.

	3	1	9,	0	3	2
−	2	8	8	↓	9,	9
	0	3	1	0		
	−	2	8	8		
		0	2	2		

2 J'écris la virgule et 0 comme chiffre des dixièmes au dividende.
J'écris la virgule au quotient.
J'abaisse le chiffre des dixièmes et je divise 310 dixièmes par 32.

	3	1	9,	0	0	3	2	
−	2	8	8	↓	↓	9,	9	6
	0	3	1	0				
	−	2	8	8				
		0	2	2	0			
		−	1	9	2			
			0	2	8			

3 J'écris et j'abaisse le chiffre des centièmes.
Je divise 220 centièmes par 32.
4 J'écris le reste en centièmes avec la virgule.

→ **Reste : 0,28**

319 = (32 × 9,96) + 0,28
Le quotient est 9,96 et le reste est 0,28.

Page suivante...

ENTRAINE-TOI

❶ Pose puis calcule le quotient en centièmes et le reste des divisions suivantes :

a) 792 : 46 b) 1 242 : 81

VA PLUS LOIN

❷ Calculs supplémentaires :

a) 1 377 : 68 b) 991 : 53

Consolidons nos compétences *La multiplication.*

RAPPELLE-TOI

Relis la partie *RETIENS* de la semaine 24, page 102.

ENTRAINE-TOI

❶ Pose et effectue les calculs suivants :

a) $657 \times 7{,}56$ b) $37{,}94 \times 7{,}05$

VA PLUS LOIN

❷ Calculs supplémentaires :

a) $2{,}42 \times 60{,}8$ b) $829 \times 0{,}254$

ESPACE ET GÉOMÉTRIE GRANDEURS ET MESURE

Pour réussir en géométrie Instruments, actions, vocabulaire.

MISE EN ROUTE

RETIENS

▶ Le vocabulaire géométrique

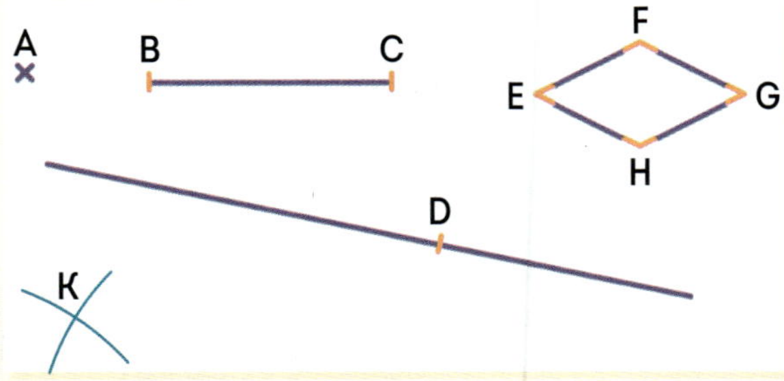

Le point : c'est l'intersection de deux lignes.
En géométrie, le point peut se noter de différentes façons comme dans les exemples ci-contre.

REMARQUE On ne le représente jamais par un point.

La droite : c'est une ligne rectiligne sans limite.

Le segment : c'est une ligne rectiligne délimitée à ses deux extrémités.

Le milieu d'un segment : c'est un point qui appartient au segment et qui est à égale distance de ses extrémités. Il est **équidistant** des deux extrémités.

Un alignement : c'est un ensemble de points qui appartiennent à la même droite.

▶ Les instruments

Un crayon à papier : il doit être d'une longueur suffisante, taillé mais pas pointu. Quand on s'en sert, il faut exercer une pression nette, mais pas trop forte.

Une gomme : elle doit être propre. Il faut utiliser le côté rose s'il s'agit d'une gomme à deux couleurs.

Une règle : elle doit être plate et longue d'au moins 20 centimètres. Quand elle est en place, on la maintient en la tenant par le milieu ou en deux endroits différents. Pour cela, il faut exercer une pression suffisante.

▶ Les actions importantes

Tracer Je trace en traversant de la gauche vers la droite (pour un droitier) et de la droite vers la gauche (pour un gaucher).

Mesurer

1 Je fais coïncider le zéro de la règle avec une des extrémités du segment.

2 Je parcours le segment en comptant les centimètres, puis j'ajoute les millimètres restants pour arriver à l'autre extrémité du segment.

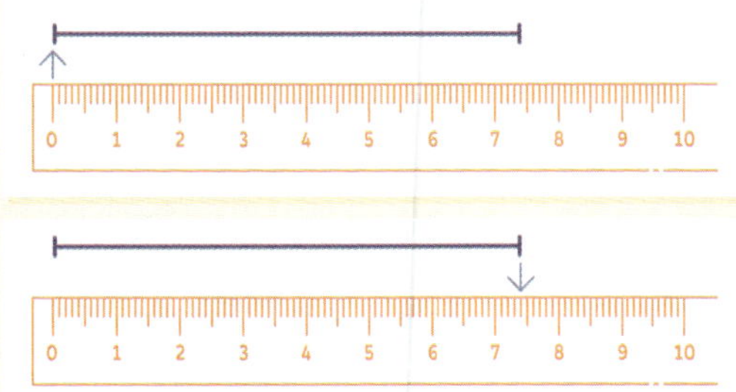

Le segment mesure 7 cm 4 mm.

Tracer un segment

1 Je marque une extrémité du segment par un trait placé au niveau du zéro de la règle.

2 Je marque l'autre extrémité du segment après avoir compté les centimètres et les millimètres sur la règle.

3 Je trace le segment.

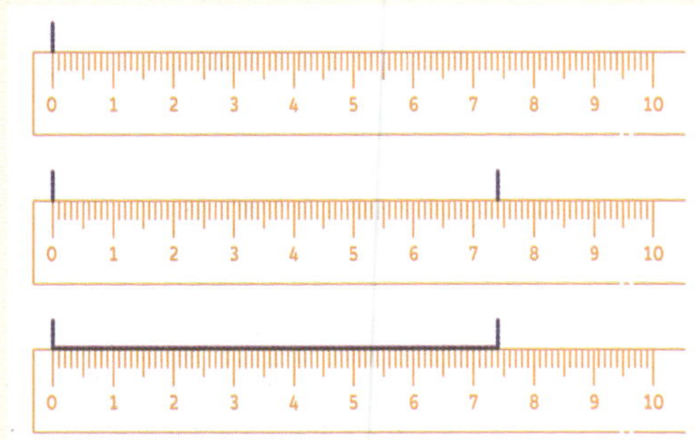

RETIENS (SUITE)

Prolonger :

1 Je place la règle juste sous la ligne à prolonger.
2 Je trace en repassant sur la ligne à prolonger.

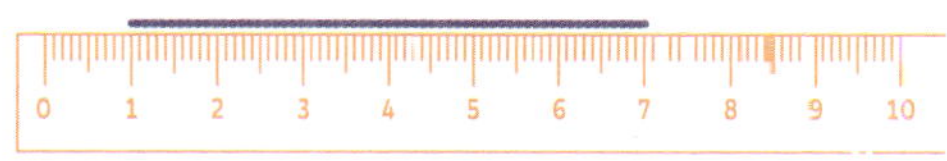

Placer le milieu d'un segment

1 Je mesure la longueur du segment.
2 Je calcule la moitié de la mesure.
3 Je place le point en mesurant.

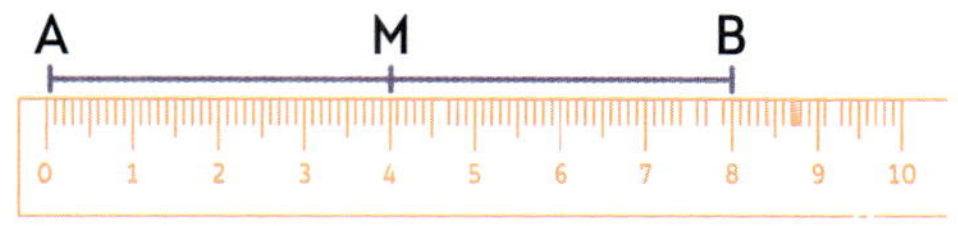

ENTRAINE-TOI ❶ et ❷ → *Cahier d'exercices, page 25.*

Semaine **2**

Pour réussir en géométrie *Instruments, actions, vocabulaire.*

MISE EN ROUTE

RETIENS

▶ Les instruments

L'équerre

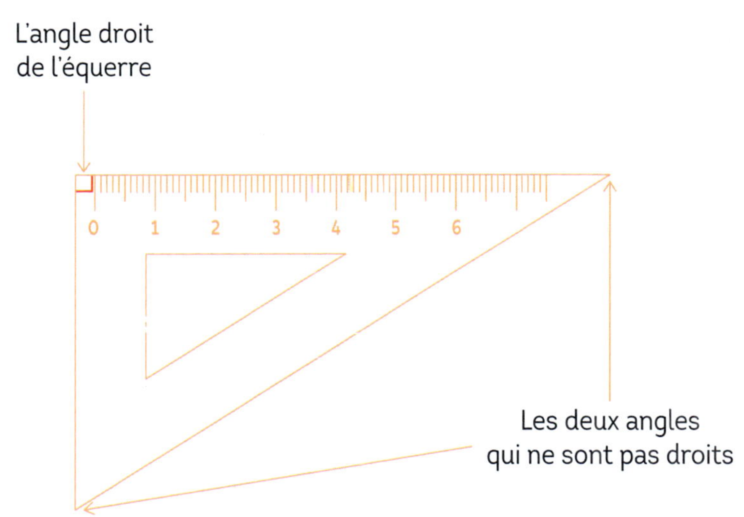

Comment utiliser l'équerre ?

L'équerre permet de vérifier qu'un angle est droit et de tracer des droites perpendiculaires.
Elle ne sert ni à mesurer ni à prolonger.
Pour placer l'équerre, je la guide avec la main qui écrit.
Quand elle est en place, je la bloque avec l'autre main.
Pendant le tracé, mes deux mains ne se croisent jamais.

Page suivante...

RETIENS (SUITE)

▶ Les actions importantes

Tracer une droite perpendiculaire à une droite en passant par un point donné

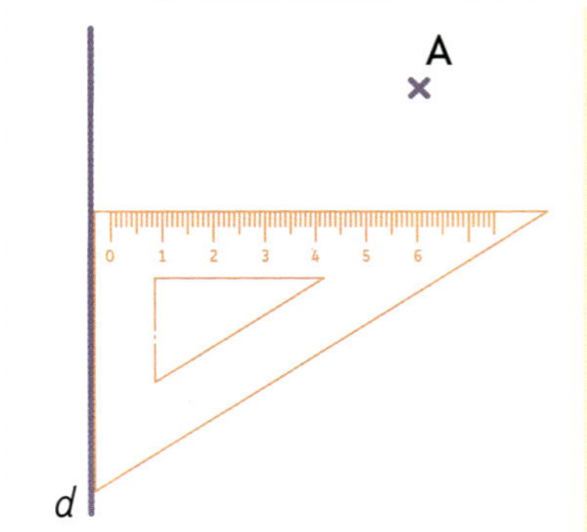

1 Je place un côté de l'angle droit de l'équerre sur la droite *d*.

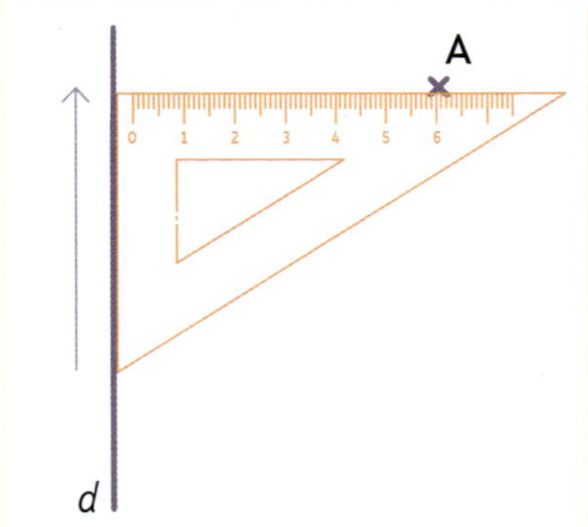

2 Si besoin, je fais glisser l'équerre le long de la droite *d* jusqu'au point A.

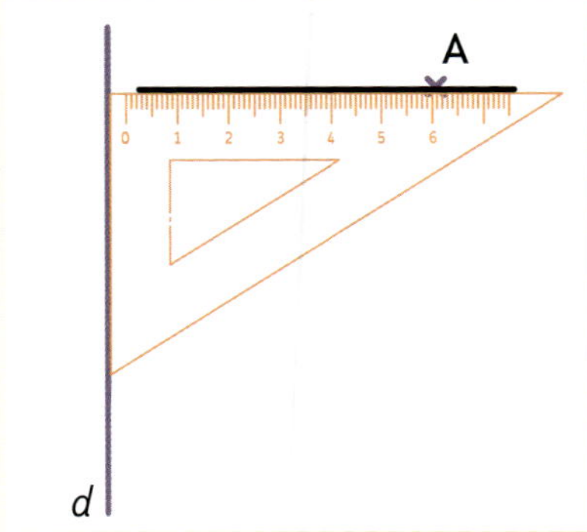

3 Je trace la droite perpendiculaire à *d*.
Conseil : Je m'arrête avant l'angle droit de l'équerre.

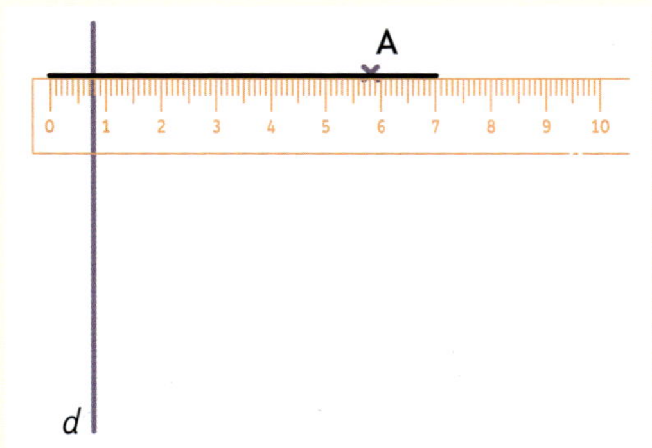

4 Je prolonge la droite avec la règle.

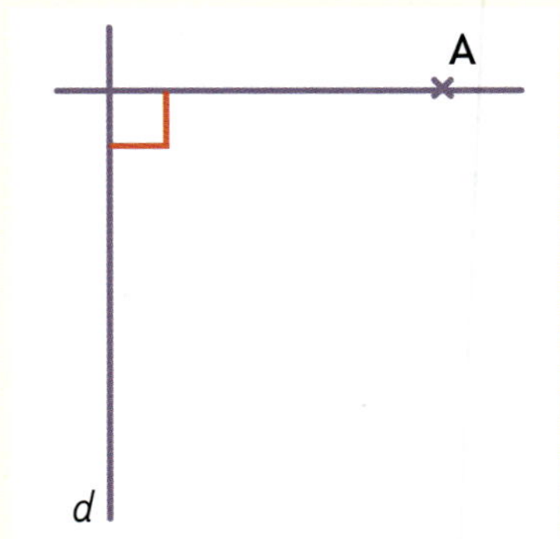

5 Je marque l'angle droit.

Exécuter un programme de construction

1 Je commence par lire l'énoncé en entier pour repérer les actions à effectuer.
2 Je construis la figure, étape par étape, en utilisant les outils géométriques.

▶ Le vocabulaire géométrique

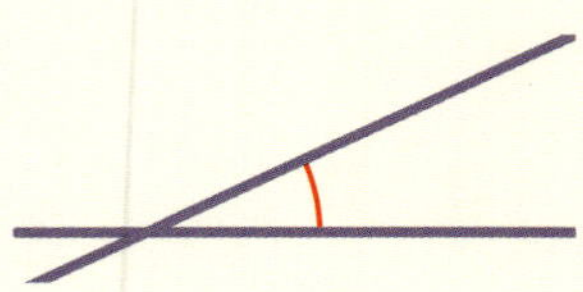

Un angle : c'est une des quatre surfaces délimitées par deux droites sécantes.

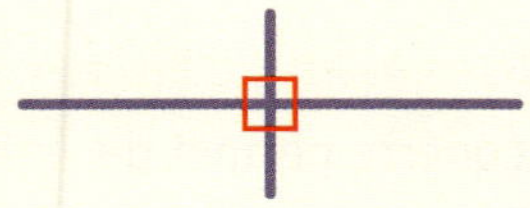

Un angle droit : lorsque les quatre angles définis par deux droites sécantes sont égaux, chacun forme un angle droit.

Deux droites perpendiculaires sont deux droites qui se coupent en formant quatre angles droits.

RETIENS (SUITE)

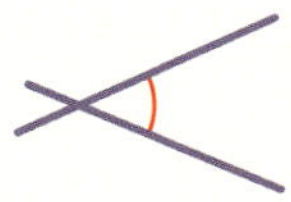

Un angle inférieur à l'angle droit est un angle aigu.

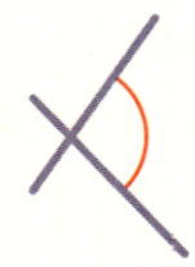

Un angle supérieur à l'angle droit est un angle obtus.

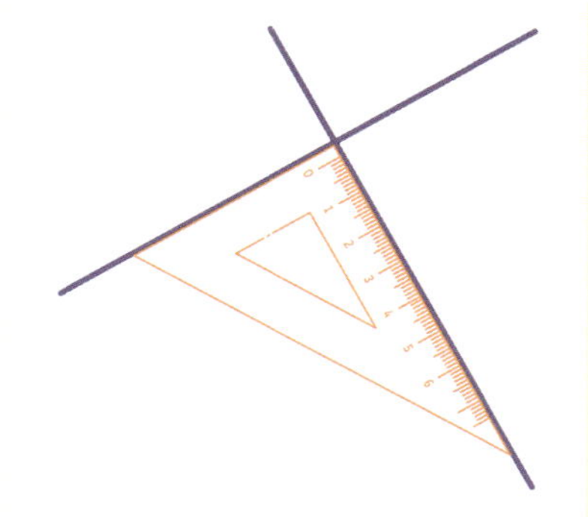

L'angle est un angle droit.

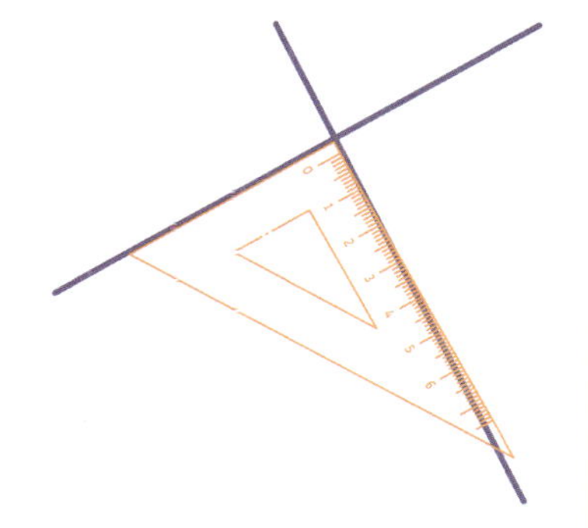

L'angle est un angle aigu.

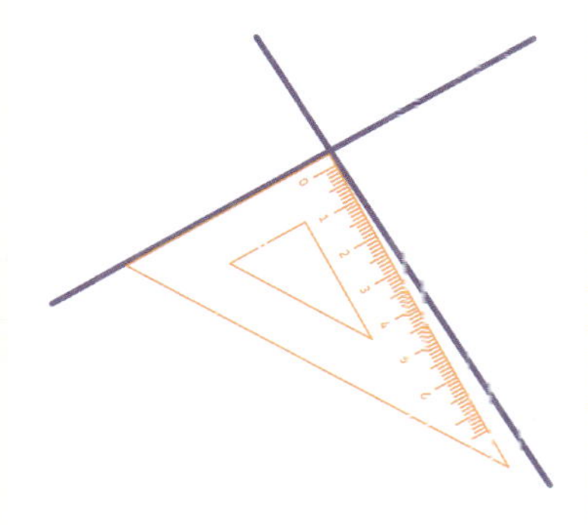

L'angle est un angle obtus.

ENTRAINE-TOI ❶ à ❸ → *Cahier d'exercices, pages 26 et 27.*

Pour réussir en géométrie *Instruments, actions, vocabulaire.*

MISE EN ROUTE

RETIENS

▶ **Les instruments**

Le compas

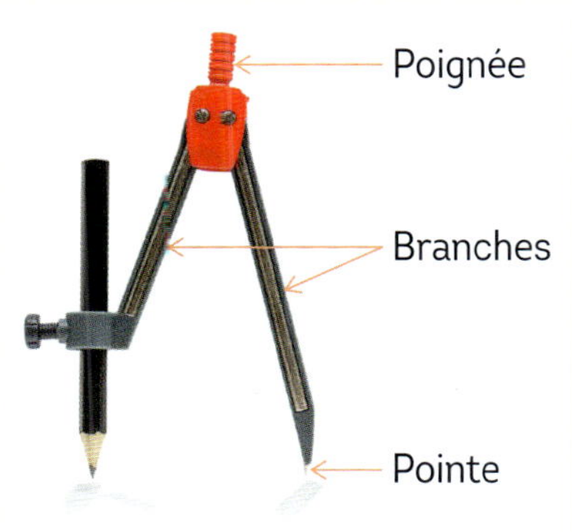

Comment utiliser le compas ?

Pour placer la pointe sur la feuille, je tiens le compas par la branche.
Pour tracer, je tiens le compas par la poignée.
Si l'écartement des branches est faible, je fais plus ressortir le crayon.

Page suivante...

RETIENS (SUITE)

▶ Les actions importantes

Prendre une longueur à reporter

EXEMPLE Prendre la distance entre deux points :

1 Je place la pointe du compas à l'un des points.
2 J'écarte la deuxième branche pour amener la mine du crayon au deuxième point.
3 Je lève le compas sans modifier l'écartement des branches.

Reporter une longueur

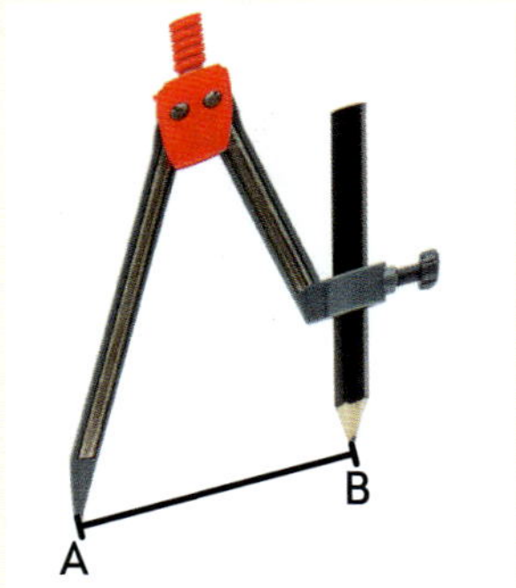

1 Je prends la longueur à reporter avec le compas.

2 Je marque un point.

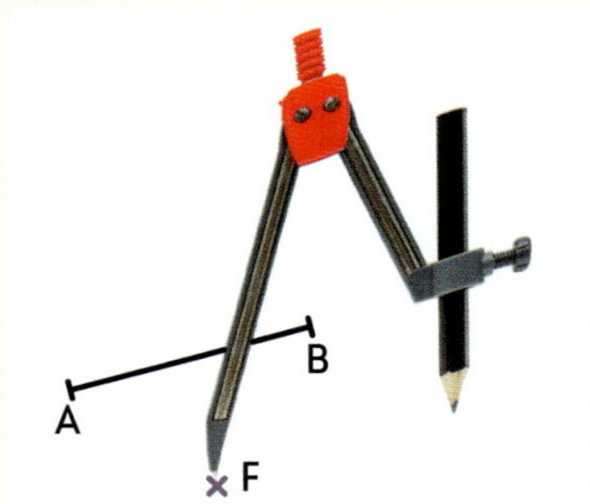

3 Je place la pointe du compas à ce point.

4 Je marque le second point à l'aide du crayon du compas en traçant un arc de cercle.

REMARQUE Tous les points de l'arc de cercle sont à la même distance du point F.

Ces deux actions permettent de comparer des longueurs et de tracer un segment de même longueur.

ENTRAINE-TOI

❶ à ❸ → *Cahier d'exercices, pages 28 et 29.*

VA PLUS LOIN

❹ → *Cahier d'exercices, page 30.*

L'heure et les durées

Lecture, calculs de durées, sommes et produits à partir des durées.

MISE EN ROUTE

RETIENS

▶ La lecture de l'heure

Pour lire l'heure sur une horloge à aiguilles, le cadran est partagé en deux parties.
Quand la grande aiguille est dans la partie gauche, on utilise toujours le mot « moins ».
Il faut connaitre onze positions de la grande aiguille :
- les trois « expressions » : **et quart**, et demie et **moins le quart** ;
- les huit positions « chiffrées » : 5, 10, 20, 25, - 25, - 20, - 10 et - 5.

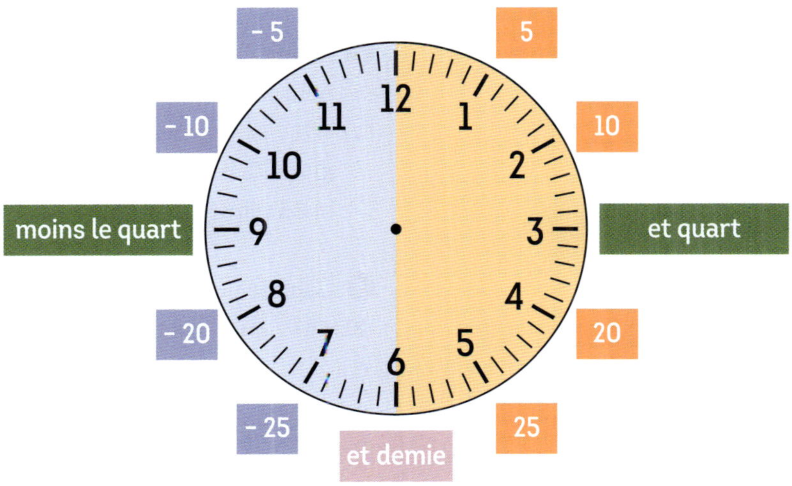

EXEMPLES

La petite aiguille est plus proche de 8.
La grande aiguille indique le 4.
Je lis : « Il est 8 heures 20. »

La petite aiguille est plus proche de 9.
La grande aiguille indique le 8.
Je lis : « Il est 9 heures moins 20. »

▶ Calculer une somme ou un produit avec des heures et des minutes

Je calcule séparément avec les heures, puis avec les minutes.
Quand le nombre de minutes du résultat atteint ou dépasse 60, je convertis des minutes pour faire une ou plusieurs heures supplémentaires.

EXEMPLE 1

4 h 40 min + 1 h 10 min = 5 h 50 min
4 h 40 min + 1 h 30 min = 5 h 70 min
5 h 70 min, c'est 6 h 10 min.

EXEMPLE 2

1 h 10 min × 5 = 5 h 50 min
1 h 40 min × 5 = 5 h 200 min
200 min, c'est 3 h 20 min.
5 h 200 min, c'est 8 h 20 min.

Page suivante...

LIS ET COMPRENDS

▶ Calculer une durée à partir des heures de début et de fin

1 Je vais à l'heure suivante la plus proche.
2 Je vais à l'heure de fin.
3 Je fais la somme des deux durées.

EXEMPLE Quelle durée y a-t-il de 10 h 45 à 15 h 20 ?
Je vais de 10 h 45 à 11 h. Il y a 15 min.
Je vais de 11 h à 15 h 20. Il y a 4 h 20 min.
15 min + 4 h 20 min = 4 h 35 min
De 10 h 45 à 15 h 20, il y a 4 h 35 min.

ENTRAINE-TOI

1 Lis l'heure sur chaque pendule et écris-la

a) 

b) 

c) 

d) 

e) 

f) 

2 Réécris les durées suivantes en prenant 60 min pour faire une heure supplémentaire.

EXEMPLE 3 h 70 min = 4 h 10 min

a) **2 h 75 min**
b) **85 min**

3 Calcule puis convertis le résultat.

EXEMPLE 2 h 40 min + 3 h 40 min
J'écris 2 h 40 min + 3 h 40 min = 5 h 80 min
= 6 h 20 min

a) **3 h 50 min + 1 h 50 min**
b) **1 h 40 min × 3**

4 Calcule les durées comme dans l'exemple de la partie *LIS ET COMPRENDS*.

a) **De 3 h 50 à 7 h 25**
b) **De 8 h 30 à 11 h 15**

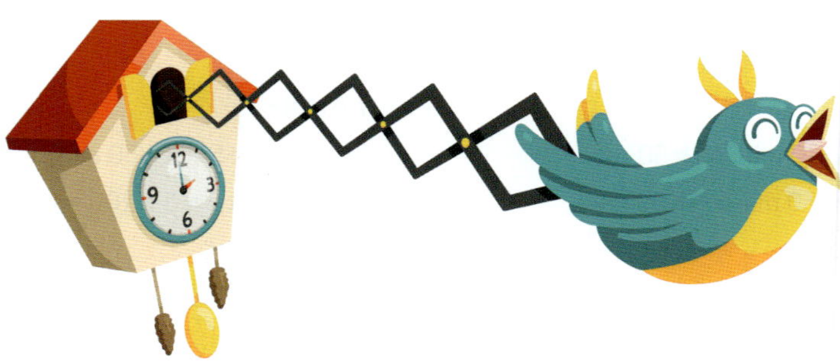

L'heure et les durées

Lecture, calculs de durées (avec changement de jour), différences avec des durées.

MISE EN ROUTE

RETIENS

▶ La lecture de l'heure

Quand la grande aiguille n'est pas exactement sur un des nombres de 1 à 12, on lit une heure approchée.

EXEMPLES - **Des heures proches de 10 heures 20**

La grande aiguille est presque arrivée sur le 4.

Il est presque 10 heures 20.

Il est 10 heures 20.

La grande aiguille a légèrement dépassé le 4.

Il est 10 heures 20 passé.

- **Des heures proches de 11 heures moins 20**

La grande aiguille est presque arrivée sur le 8.

Il est presque 11 heures moins 20.

Il est 11 heures moins 20.

La grande aiguille a légèrement dépassé le 8.

Il est 11 heures moins 20 passé.

▶ Calculer une différence avec des heures et des minutes

Je fais séparément la différence des minutes, puis celle des heures.

EXEMPLE 7 h 45 min - 1 h 10 min = 6 h 35 min

Quand le nombre de minutes du premier nombre est inférieur à celui du deuxième nombre, je transforme une heure du premier nombre en 60 minutes pour pouvoir calculer la différence.

EXEMPLE 4 h 20 min - 1 h 50 min

4 h 20 min, c'est 3 h 80 min.

3 h 80 min - 1 h 50 min = 2 h 30 min

Page suivante...

LIS ET COMPRENDS

▶ Calculer une durée à partir des heures de début et de fin

24 h, c'est l'heure du changement de jour.

Quand je calcule une durée avec un changement de jour, je fais une étape à 24 h et je repars de 0.

EXEMPLE Quelle durée y a-t-il de 18 h 30 à 5 h 15 ?

1. Je vais de 18 h 30 à 19 h. Il y a 30 min
2. Je vais de 19 h à 24 h. Il y a 5 h
3. Je vais de 0 h à 5 h 15. Il y a 5 h 15 min
4. 30 min + 5 h + 5 h 15 min = 10 h 45 min

De 18 h 30 à 5 h 15, il y a 10 h 45 min.

ENTRAINE-TOI

1 Lis et écris les heures approchées en utilisant les mots **presque** ou **passé**.

a) 

b) 

c) 

d) 

e) 

f) 

2 Transforme une heure en 60 minutes comme dans l'exemple.

EXEMPLE 2 h 20 min = 1 h 80 min

a) **3 h 15 min**

b) **4 h 05 min**

3 Calcule les différences.

EXEMPLE 1 h 15 min - 55 min

J'écris 1 h 15 min = 60 min + 15 min = 75 min

75 min - 55 min = 20 min

a) **3 h 30 min - 1 h 50 min**

b) **5 h 20 min - 1 h 30 min**

4 Calcule les durées, comme dans l'exemple de la partie *LIS ET COMPRENDS*.

a) **De 22 h 20 à 6 h 10**

b) **De 21 h 30 à 4 h 25**

L'heure et les durées

Horloges à aiguilles et à affichage numérique. Calculs de durées, divisions avec des durées.

MISE EN ROUTE

RETIENS

▶ Les correspondances entre les heures affichées sur un cadran numérique et sur une horloge à aiguilles

Sur un cadran à affichage numérique, le matin	Sur un cadran à affichage numérique, l'après-midi		Sur une horloge à aiguilles
10 : 00	22 : 00	→	Il est 10 heures.
10 : 05	22 : 05	→	Il est 10 heures 5.
10 : 15	22 : 15	→	Il est 10 heures et quart.
10 : 30	22 : 30	→	Il est 10 heures et demie.
10 : 40	22 : 40	→	Il est 11 heures moins 20.
10 : 45	22 : 45	→	Il est 11 heures moins le quart.

REMARQUE Sur une horloge à aiguilles, les heures de l'après-midi sont identiques à celles du matin.
Sur un cadran à affichage numérique, j'ajoute 12 h à l'heure du matin pour trouver l'heure de l'après-midi.

LIS ET COMPRENDS

▶ Calculer un partage avec des heures et des minutes

Pour partager une durée, je la convertis en minutes. Puis je divise le nombre de minutes.

EXEMPLE 3 heures 20 minutes : 4

3 h 20 min = 180 min + 20 min = 200 min

200 : 4 = 50

3 heures 20 minutes : 4 = 50 min

RAPPELLE-TOI

▶ Calculer une durée à partir des heures de début et de fin

Relis les parties *RETIENS* des semaines 4 et 5, pages 117 et 119.

ENTRAINE-TOI

1 Écris la correspondance sur une horloge à aiguilles.

EXEMPLE 02 h 50 → Il est 3 heures moins 10.

a) **06 : 50** b) **09 : 50** c) **01 : 50**

2 Écris la correspondance sur une horloge à aiguilles.

EXEMPLE 15 h 45 → Il est 4 heures moins le quart.

a) **19 : 45** b) **21 : 45** c) **13 : 45**

VA PLUS LOIN

3 Calcule les divisions.

EXEMPLE 3 h 40 min : 4

J'écris 3 h 40 min = 180 min + 40 min = 220 min

220 min : 4 = 55 min

a) **2 h 30 min : 3** b) **4 h 10 min : 5**

4 Calcule les durées.

a) **De 15 h 50 à 1 h 30** b) **De 7 h 40 à 22 h 10**

Pour réussir en géométrie Analyser et reproduire une figure.

MISE EN ROUTE

RETIENS

▶ Les actions importantes

Analyser une figure pour en repérer les propriétés

1 Je nomme les points de la figure.

2 Je recherche les propriétés et je les note sur la figure :
- j'utilise la règle pour **vérifier un alignement** ;
- j'utilise l'équerre pour **vérifier qu'un angle est droit** ;
- j'utilise le compas pour **vérifier une égalité de longueurs**.

Utiliser un codage

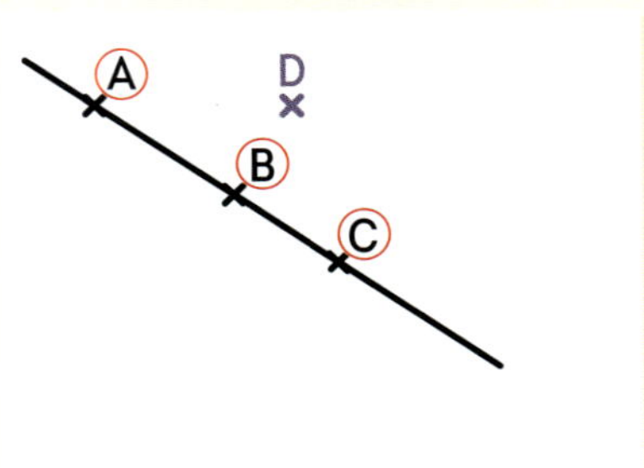

1 J'entoure d'une même couleur **les points alignés**.

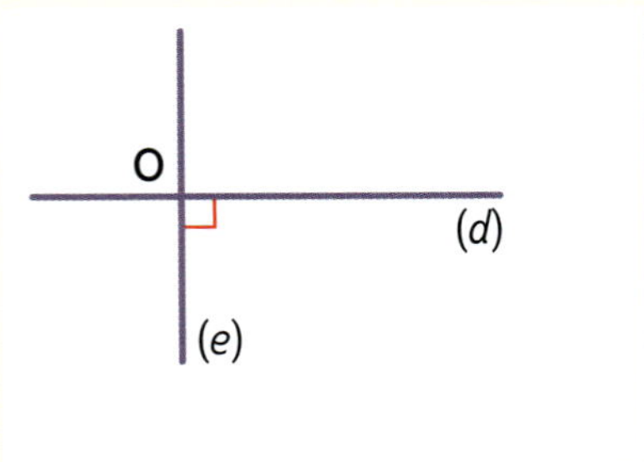

2 Je trace un carré rouge pour marquer **l'angle droit**.

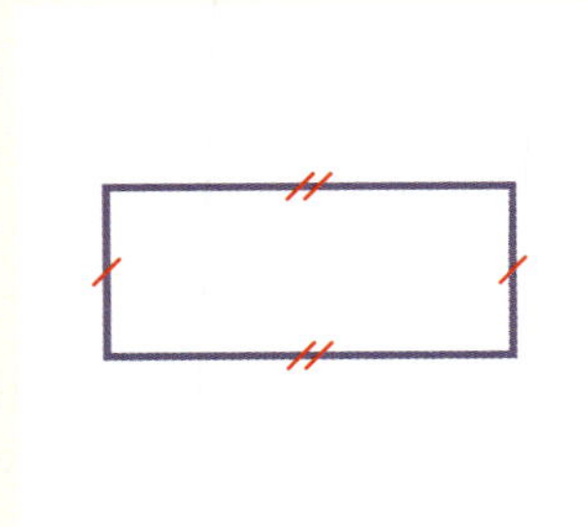

3 J'utilise un même codage pour marquer des **segments de même longueur**.

▶ Les actions importantes

Reproduire une figure

Quand je dois reproduire une figure, je commence par l'analyser pour en repérer les propriétés. J'identifie les actions nécessaires à la reproduction et l'ordre pour les effectuer.

EXEMPLE Reproduire le triangle ABC.

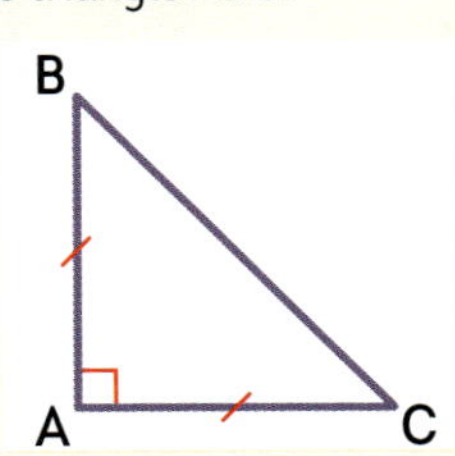

1 J'analyse la figure pour en repérer les propriétés.

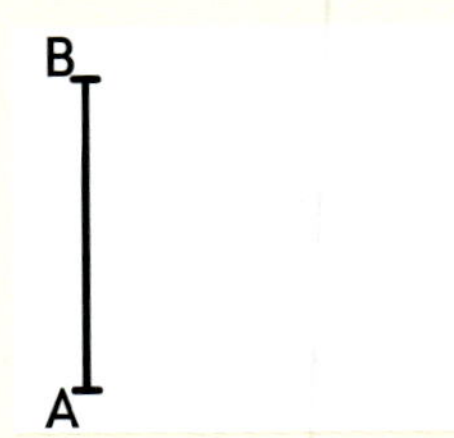

2 Je prends puis je reporte la longueur du segment AB et je le trace.

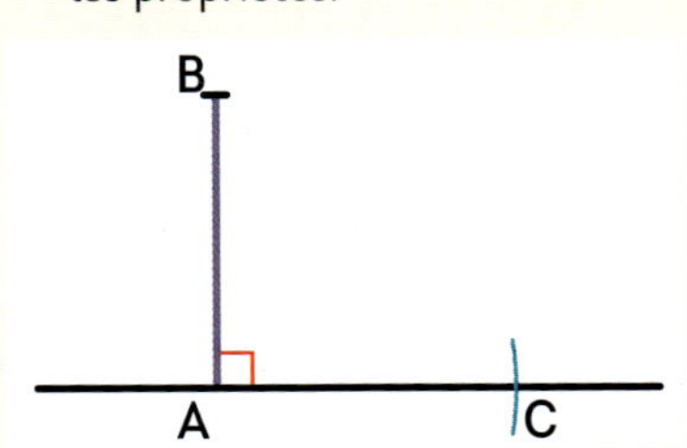

3 Je trace une droite perpendiculaire au segment AB passant par le point A.

4 Je reporte la longueur du segment AC sur cette droite.

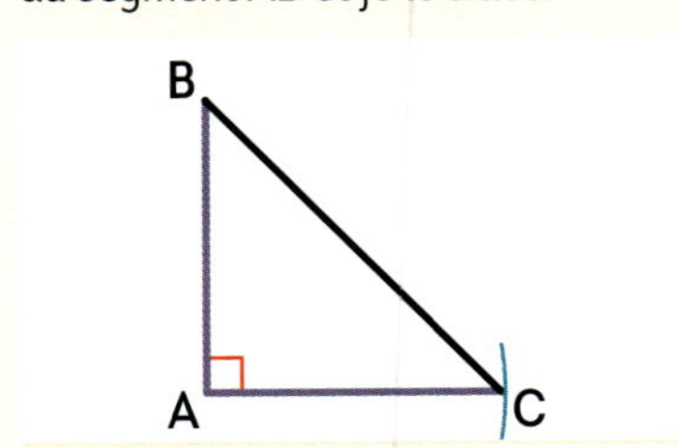

5 Je trace le segment BC.

ENTRAINE-TOI

❶ et ❷ → *Cahier d'exercices, pages 30 et 31.*

Semaine **8**

Pour réussir en géométrie *Analyser et reproduire une figure.*

MISE EN ROUTE

RELIS Relis la partie *RETIENS* de la semaine 7, page 122.

ENTRAINE-TOI

❶ et ❷ → *Cahier d'exercices, pages 32 et 33.*

VA PLUS LOIN

❸ → *Cahier d'exercices, pages 34 et 35.*

Semaine **9A**

Le cercle *Vocabulaire et tracés.*

MISE EN ROUTE

RETIENS

▶ Le vocabulaire géométrique

Le cercle est un ensemble de points tous équidistants d'un point appelé **centre** du cercle. On appelle généralement ce point O.

Le rayon est un segment qui relie le centre à un point du cercle. Tous les rayons d'un cercle ont la même longueur.

Le diamètre est un segment qui relie 2 points du cercle en passant par le centre. La mesure du rayon est la moitié de celle du diamètre.

Un arc de cercle est une partie d'un cercle.

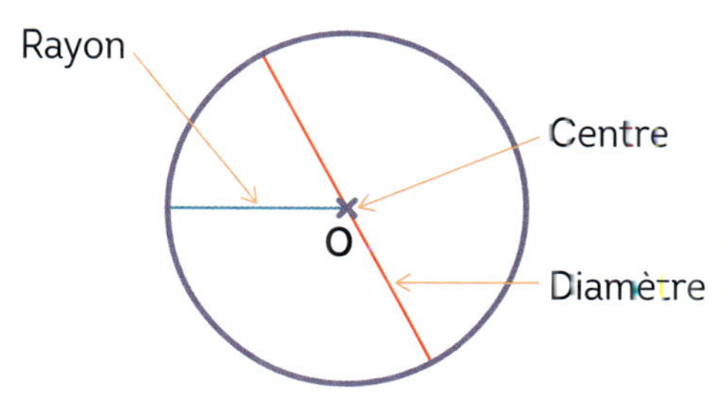

▶ Les actions importantes

Tracer un cercle

EXEMPLE Tracer un cercle de centre O et de rayon 5 cm.

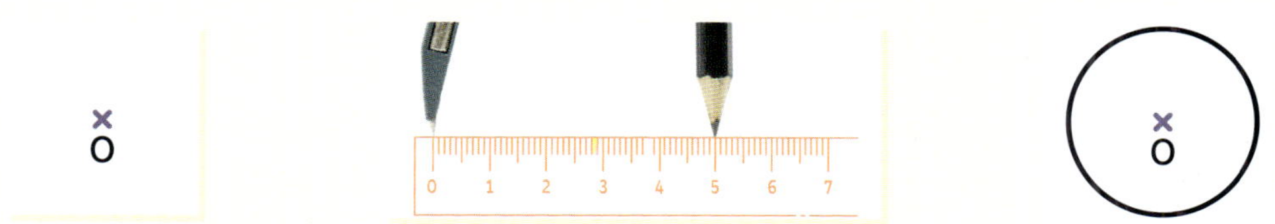

1 Je place le point O.

2 Je prends la mesure du rayon avec mon compas.

3 Je trace le cercle de centre O.

REMARQUE Si on me donne la mesure du diamètre, je dois la diviser par 2 pour obtenir la mesure du rayon.

ENTRAINE-TOI

❶ et ❷ → *Cahier d'exercices, pages 36 et 37.*

Les droites parallèles *Vérifier et tracer.*

MISE EN ROUTE

RETIENS

▶ Le vocabulaire géométrique

Une droite *d'* est parallèle à la droite *d* si tous ses points sont à la même distance de la droite *d*.

▶ Les actions importantes

Tracer une droite parallèle à une autre droite

EXEMPLE 1 Tracer la droite *d'*, parallèle à la droite *d* et distante de 6 cm.

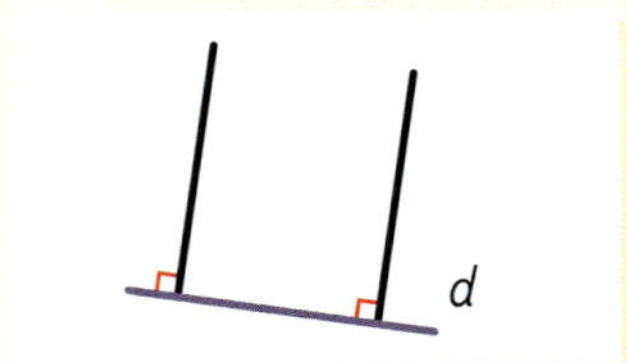

1 Je trace deux perpendiculaires à la droite *d*.

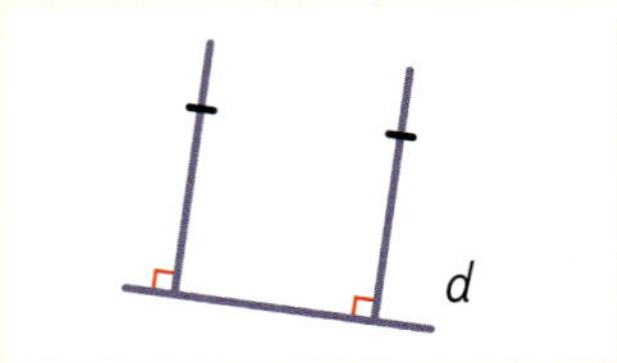

2 Je place sur chaque perpendiculaire un point distant de 6 cm de la droite *d*.

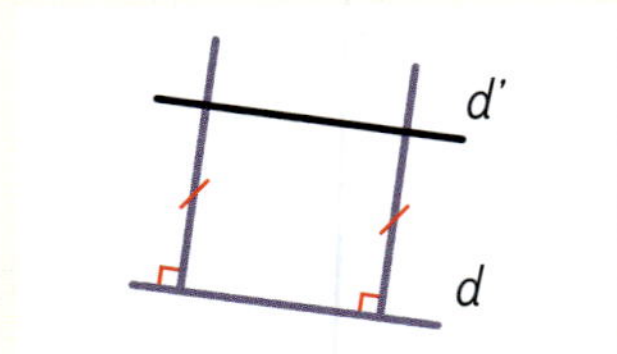

3 Je trace la droite *d'* qui passe par les deux points.

EXEMPLE 2 Tracer la droite *d'*, parallèle à la droite *d*, passant par le point A.

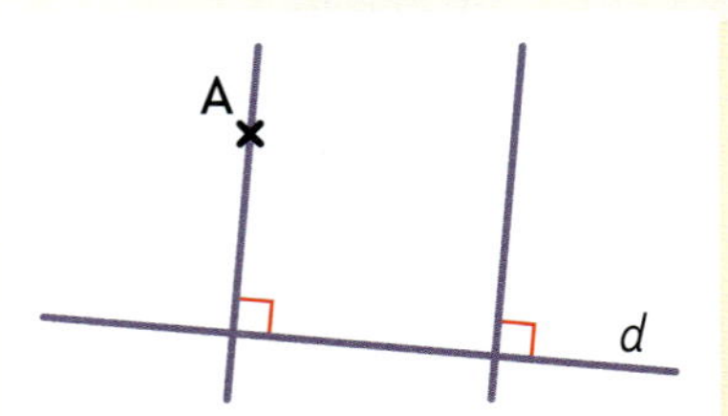

1 Je trace deux droites perpendiculaires à la droite *d*, la première passant par le point A. Je prends la distance de la droite *d* au point A.

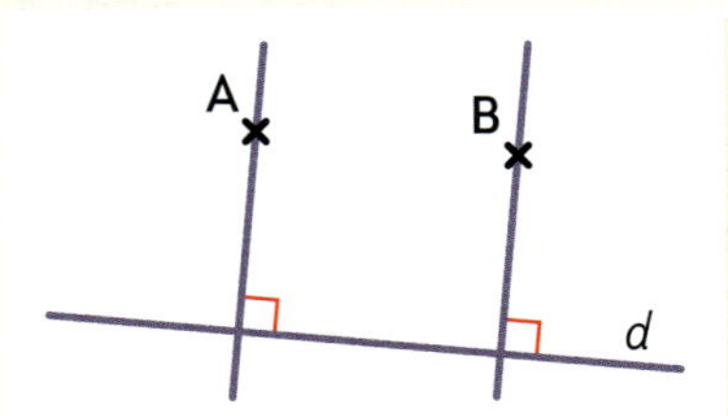

2 Je place un point (B par exemple) sur la deuxième droite perpendiculaire à *d*, à la même distance de la droite *d* que le point A.

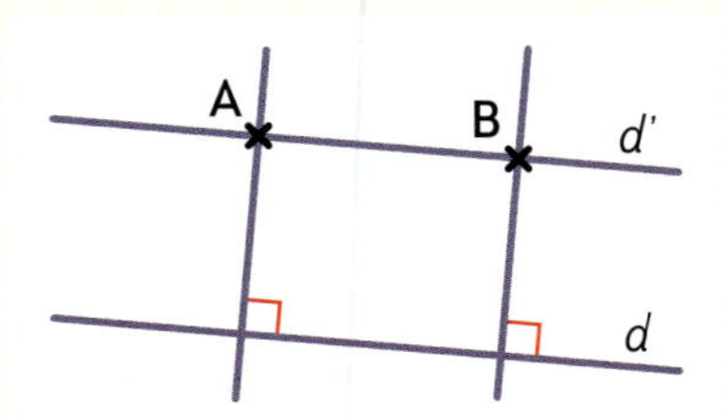

3 Je trace la droite *d'* qui passe par les points A et B.

Vérifier qu'une droite est parallèle à une autre droite

EXEMPLE Vérifier que la droite *d'* est parallèle à la droite *d*.

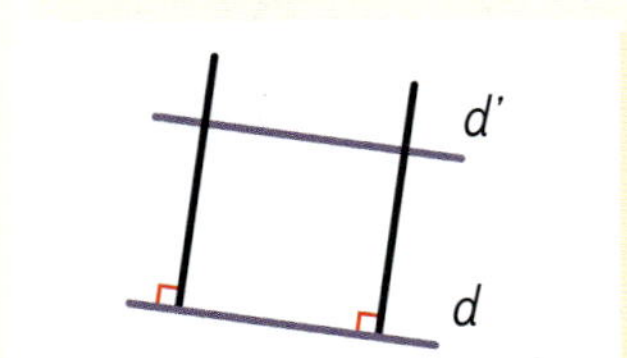

1 Je trace deux perpendiculaires à la droite *d*.

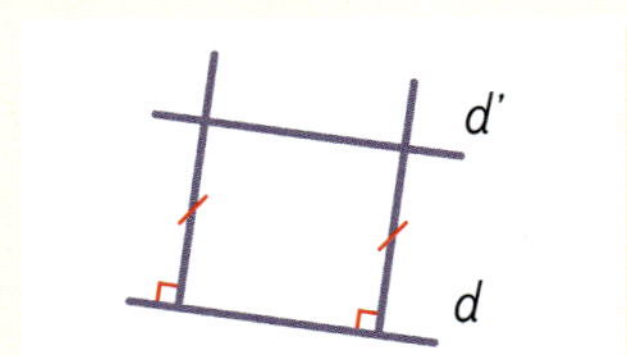

2 Je mesure les distances entre la droite *d* et la droite *d'*.

Si les mesures sont égales, alors la droite *d'* est parallèle à la droite *d*.

RETIENS (SUITE)

ATTENTION ! Je vérifie lorsque je crois que la droite *d'* est parallèle à la droite *d*.
Je ne vérifie pas quand je constate à l'œil nu que la droite *d'* n'est pas parallèle à la droite *d*.

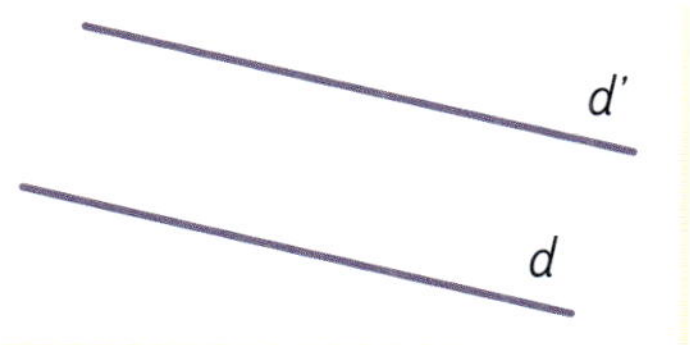

1er cas : je vérifie.

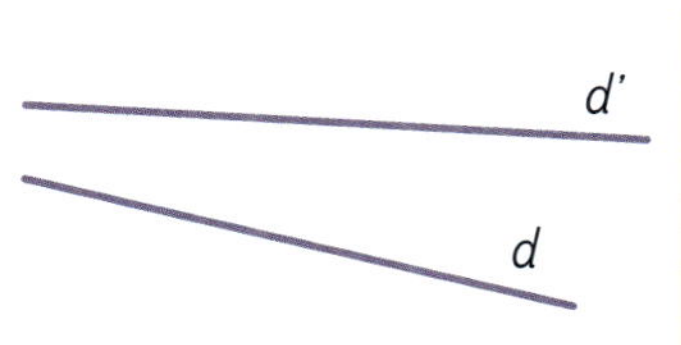

2nd cas : je ne vérifie pas.

► **Pour vérifier que deux droites sont parallèles, je commence par les prolonger.**

ENTRAINE-TOI

❶ à ❹ → *Cahier d'exercices, pages 38 et 39.*

Longueurs, masses et contenances

Les unités, placement et comparaison de mesures dans le tableau.

MISE EN ROUTE

RETIENS

Les longueurs, les masses et les contenances sont des grandeurs.

► **Les unités de mesure**

longueurs	masses	contenances
le **kilo**mètre (km)	le **kilo**gramme (kg)	–
l'**hecto**mètre (hm)	l'**hecto**gramme (hg)	l'**hecto**litre (hL)
le **déca**mètre (dam)	le **déca**gramme (dag)	le **déca**litre (daL)
le mètre (m)	le gramme (g)	le litre (L)
le **déci**mètre (dm)	le **déci**gramme (dg)	le **déci**litre (dL)
le **centi**mètre (cm)	le **centi**gramme (cg)	le **centi**litre (cL)
le **milli**mètre (mm)	le **milli**gramme (mg)	le **milli**litre (mL)

► **Les tableaux des unités de mesure**

Longueurs	km	hm	dam	m	dm	cm	mm
Masses	kg	hg	dag	g	dg	cg	mg
Contenances		hL	daL	L	dL	cl	mL

Pour mesurer les grandes masses, on utilise :

La tonne, qu'on note t.
1 t = 1 000 kg

Le quintal, qu'on note q.
1 q = 100 kg

Page suivante...

RETIENS (SUITE)

▶ Placer une mesure dans le tableau des unités

Je place en premier le chiffre de l'unité exprimée.
Ensuite je place les autres chiffres pour reformer le nombre.

EXEMPLE 237 dg

	kg	hg	dag	g	dg	cg	mg
			2	3	7		

▶ Comparer des mesures en utilisant le tableau des unités

– Deux mesures sont égales si elles ont le même chiffre de chaque unité.

EXEMPLE 47 m, 4 700 dm et 47 000 mm sont-elles des mesures égales ou différentes ?

	km	hm	dam	m	dm	cm	mm
			4	7			
		4	7	0	0		
			4	7	0	0	0

J'écris : 47 m = 47 000 mm 47 m ≠ 4 700 dm 4 700 dm ≠ 47 000 mm

– Je compare les chiffres de l'unité la plus grande.
S'ils sont identiques, je compare ceux de l'unité inférieure.

EXEMPLE Je compare 570 dL, 5 700 mL et 56 L.

		hL	daL	L	dL	cL	mL
			5	7	0		
				5	7	0	0
			5	6			

J'écris : 5 700 mL < 570 dL 56 L < 570 dL 5 700 mL < 56 L

ENTRAINE-TOI

1 Place les mesures dans le tableau de grandeur qui convient pour pouvoir compléter par = ou ≠.

a) **2 t 56 kg ... 2 560 hg**
b) **31 hL ... 3 100 L**
c) **2 km 74 m ... 274 m**
d) **12 L 5 cL ... 12 050 mL**

2 Place les mesures dans le tableau de grandeur qui convient pour pouvoir compléter par < ou >.

a) **31 L ... 12 daL**
b) **49 dag 5 g ... 5 hg**
c) **14 725 cm ... 21 dam**
d) **5 t ... 895 kg**

VA PLUS LOIN

3 Place les mesures dans le tableau de grandeur qui convient pour pouvoir compléter ci-dessous par = ou ≠.

a) **261 000 cg ... 261 hg**
b) **2 610 g ... 261 hg**
c) **261 000 cg ... 2 610 g**

4 Place les mesures dans le tableau de grandeur qui convient pour pouvoir compléter ci-dessous par = ou ≠.

a) **3 105 m ... 31 hm 5 m**
b) **3 105 m ... 3 km 15 m**
c) **31 hm 5 m ... 3 km 15 m**

Longueurs, masses et contenances

Les unités. Lecture de mesures dans un tableau. Écriture de mesures égales.

MISE EN ROUTE

RETIENS

▶ Les relations entre les unités de mesure

– Le préfixe déca signifie 10 fois plus.

EXEMPLE Un décagramme, c'est dix fois plus qu'un gramme.

1 dam = 10 m **1 daL = 10 L** **1 dag = 10 g**

– Le préfixe déci signifie 10 fois moins.

EXEMPLE Un décimètre, c'est dix fois moins qu'un mètre.

1 m = 10 dm **1 L = 10 dL** **1 g = 10 dg**

▶ Pour lire une mesure exprimée par un nombre entier et placée dans le tableau

– Je lis le nombre suivi de l'unité dans laquelle est placé le chiffre de droite.

EXEMPLE 346 dL

		hL	daL	L	dL	cL	mL
			3	4	6		

Je lis 346 décilitres.

– Si le nombre se termine par un 0, je peux le supprimer pour lire la mesure.

EXEMPLE 340 dam

	km	hm	dam	m	dm	cm	mm
	3	4	0				

Je peux lire 340 décamètres ou 34 hectomètres.

▶ Écrire des mesures égales à une mesure donnée

1 Je place le nombre dans le tableau.
2 Je peux placer des 0 dans les colonnes qui ne sont pas occupées.
3 Je lis les mesures égales dans les unités que je choisis.

EXEMPLE Je veux écrire des mesures égales à 180 dag.

	kg	hg	dag	g	dg	cg	mg
	1	8	0	0	0		

Je peux lire la mesure en hg. Je lis 18 hg.
Je peux lire la mesure en g. Je lis 1 800 g.
Je peux lire la mesure en dg. Je lis 18 000 dg.

J'écris : 180 dag = 18 hg = 1 800 g = 18 000 dg

ENTRAINE-TOI

❶ Écris trois mesures égales à **12 700 cL**.

❷ Écris trois mesures égales à **510 000 m**.

❸ Écris trois mesures égales à **12 t**.

❹ Écris trois mesures égales à **11 dam 5 dm**.

VA PLUS LOIN

❺ Recopie les mesures qui sont égales à **102 000 g**.

a) **1 020 kg** c) **10 200 dag**
b) **1 020 hg** d) **102 kg**

❻ Recopie les mesures qui sont égales à **14 hL**.

a) **140 L** c) **140 000 cL**
b) **140 daL** d) **1 400 L**

Longueurs, masses et contenances

Les relations entre les unités. Conversions et rangement de mesures.

MISE EN ROUTE

RETIENS

▶ Les relations entre les unités de mesure

– Le préfixe hecto signifie 100 fois plus.

EXEMPLE Un hectogramme, c'est cent fois plus qu'un gramme.

1 hg = 100 g **1 hm = 100 m** **1 hL = 100 L**

– Le préfixe centi signifie 100 fois moins.

EXEMPLE Un centimètre, c'est cent fois moins qu'un mètre.

1 m = 100 cm **1 L = 100 cL** **1 g = 100 cg**

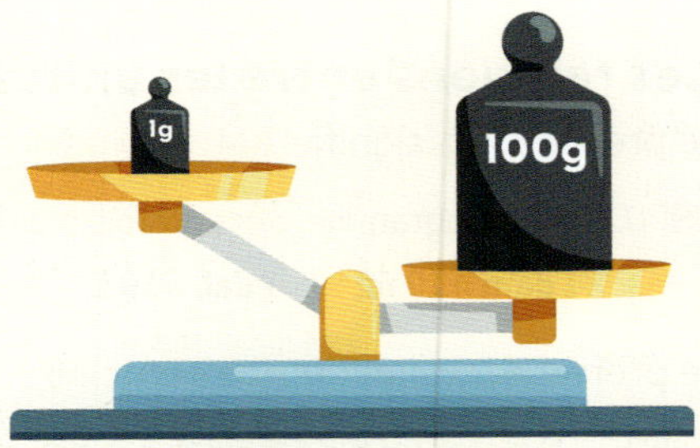

▶ Convertir une mesure

Convertir une mesure, c'est changer l'unité, et donc le nombre, tout en conservant la même valeur.
Pour convertir une mesure, je la place dans le tableau puis je la lis avec la nouvelle unité.

EXEMPLES Je convertis 102 L en mL. → 102 L = ... mL

		hL	daL	L	dL	cL	mL
		1	0	2	0	0	0

J'écris : **102 L = 102 000 mL**

Je convertis 305 000 dg en hg. → 305 000 dg = ... hg

	kg	hg	dag	g	dg	cg	mg
3	0	5	0	0	0		

J'écris : 305 000 dg = 305 hg

▶ Pour ranger des mesures dans l'ordre croissant ou décroissant

J'effectue les conversions nécessaires pour exprimer toutes les mesures dans la même unité.

EXEMPLE Range les mesures suivantes dans l'ordre croissant : 310 dag ; 4 kg ; 1 700 g ; 6 500 g ; 22 hg.

1 Je choisis d'exprimer toutes les mesures en grammes.

2 Je convertis les autres mesures en grammes : 310 dag = 3 100 g
4 kg = 4 000 g
22 hg = 2 200 g

3 Je range les mesures exprimées en grammes.
1 700 g < 2 200 g < 3 100 g < 4 000 g < 6 500 g

ENTRAINE-TOI

1 Convertis les mesures comme dans l'exemple.

EXEMPLE 12 000 L en hL
Sur le cahier, j'écris : 12 000 L = 120 hL

a) **735 g en cg**
b) **36 000 m en hm**
c) **1 hL 5 L en dL**
d) **72 dam 1 cm en mm**

2 Range les mesures dans l'ordre croissant :
126 hm ; 334 dam ; 1 700 m ; 9 km ; 800 000 cm.

3 Range les mesures dans l'ordre décroissant :
4 L 6 cL ; 595 cL ; 62 dL ; 1 hL.

VA PLUS LOIN

4 Complète les égalités.

a) **6 kg 3 dag = ... g**
b) **7 006 cm = ... m ... mm**
c) **304 hL = ... cL**
d) **33 m 50 mm = ... cm**

5 Complète chaque égalité avec une des quatre mesures suivantes :
66 020 cg ; 662 dg ; 6 620 dg ; 62 000 mg.

a) **66 200 mg = ...**
b) **62 g = ...**
c) **66 dag 2 dg = ...**
d) **662 g = ...**

Longueurs, masses et contenances

Les relations entre les unités. Calculs avec les mesures. Choix de l'unité pour exprimer une mesure.

MISE EN ROUTE

RETIENS

▶ Les relations entre les unités de mesure

- Le préfixe kilo signifie 1 000 fois plus.

EXEMPLE Un kilogramme, c'est mille fois plus qu'un gramme.

1 kg = 1 000 g **1 km = 1 000 m**

- Le préfixe milli signifie 1 000 fois moins.

EXEMPLE Un millimètre, c'est mille fois moins qu'un mètre.

1 m = 1 000 mm **1 L = 1 000 mL** **1 g = 1 000 mg**

▶ Pour calculer avec les mesures

J'effectue les conversions nécessaires pour exprimer toutes les mesures dans la même unité.

EXEMPLE Je ne peux pas calculer 11 m - 850 cm.

Je veux calculer en cm, alors j'écris : 11 m = 1 100 cm.

Je peux maintenant calculer 1 100 cm - 850 cm, alors j'écris : 1 100 - 850 = 250

11 m - 850 cm = 250 cm

▶ Choisir l'unité pour exprimer une mesure

Je dois parfois changer l'unité pour mieux comprendre ce que représente une mesure.

EXEMPLE Je ne me représente pas bien ce que font 8 000 000 cm.

Je place la mesure dans le tableau et je vois que je peux l'exprimer en km.

J'écris : 8 000 000 cm = 80 km.

ENTRAINE-TOI

1 Calcule les sommes comme dans l'exemple.

EXEMPLE 12 L + 83 dL

Sur le cahier, j'écris : 12 L = 120 dL ;

120 + 83 = 203 ;

12 L + 83 dL = 203 dL

a) **124 hg + 800 g**

b) **18 m + 18 dm**

c) **45 L + 32 dL + 23 mL**

2 Calcule les différences comme dans l'exemple.

EXEMPLE 17 L - 125 dL

Sur le cahier, j'écris : 17 L = 170 dL ;

170 - 125 = 45 ;

17 L - 125 dL = 45 dL

a) **4 km - 736 m**

b) **120 dag - 650 g**

c) **75 dal - 10 500 cL**

3 Calcule les divisions comme dans l'exemple.

EXEMPLE 2 hg : 5 g (pour savoir combien il y a de bonbons de 5 g dans une boite de 2 hg).

Sur le cahier, j'écris : 2 hg = 200 g ;

200 : 5 = 40 ;

2 hg : 5 g = 40 g

a) **2 L : 8 cL**

b) **42 km : 6 hm**

4 Choisis l'unité appropriée pour exprimer chaque mesure, comme dans l'exemple.

EXEMPLE 80 000 kg

Je choisis la tonne. Sur le cahier, j'écris : 80 000 kg = 80 t

a) **12 500 cL**

b) **700 000 dm**

c) **4 000 000 mg**

d) **600 000 m**

Les triangles

Définitions et procédure de tracé. Exécuter un programme de construction : le tracé à main levée.

MISE EN ROUTE

RETIENS

▶ Le vocabulaire géométrique

Un triangle est un polygone à trois côtés et trois sommets.

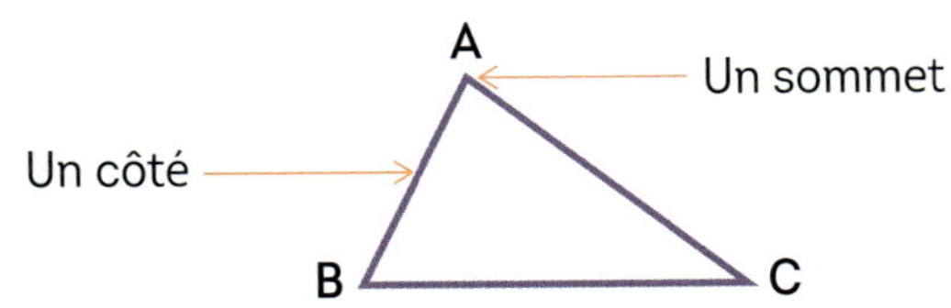

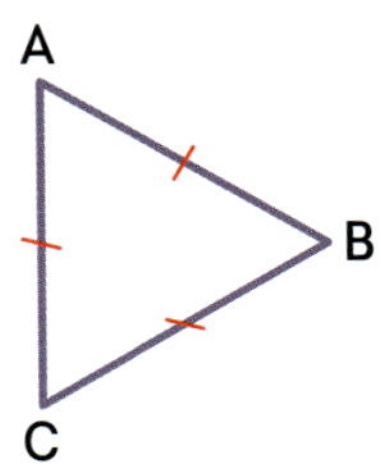

Le triangle équilatéral a trois côtés de même longueur.

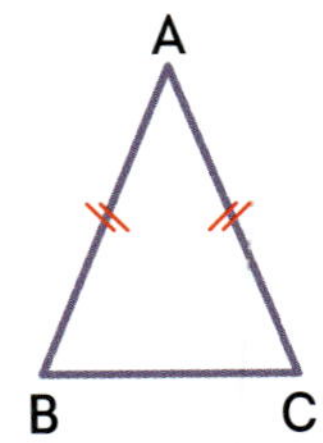

Le triangle isocèle a deux côtés de même longueur.

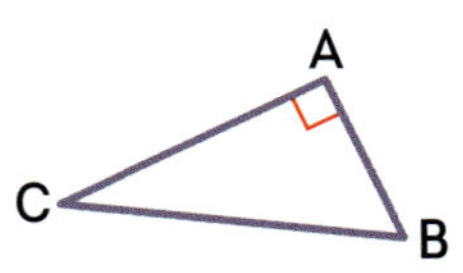

Le triangle rectangle a un angle droit.

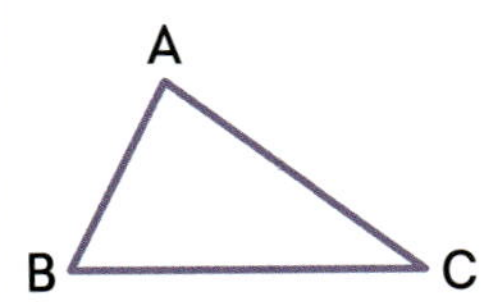

Un triangle qui n'a pas de propriété particulière est un triangle quelconque.

▶ Les actions importantes

Tracer un triangle dont on connait les longueurs des côtés

EXEMPLE Tracer le triangle ABC dont les côtés mesurent respectivement 7 cm, 4 cm et 5 cm.

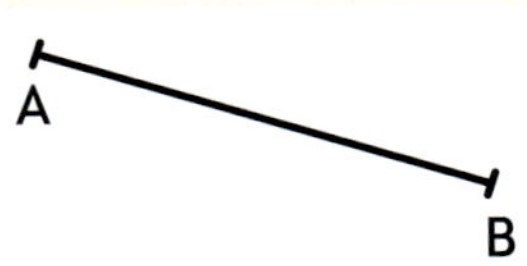

1 Je trace un segment AB de 7 cm.

2 Je trace à main levée avec le doigt les deux autres côtés du triangle pour repérer la région de la feuille où sera placé le point C.

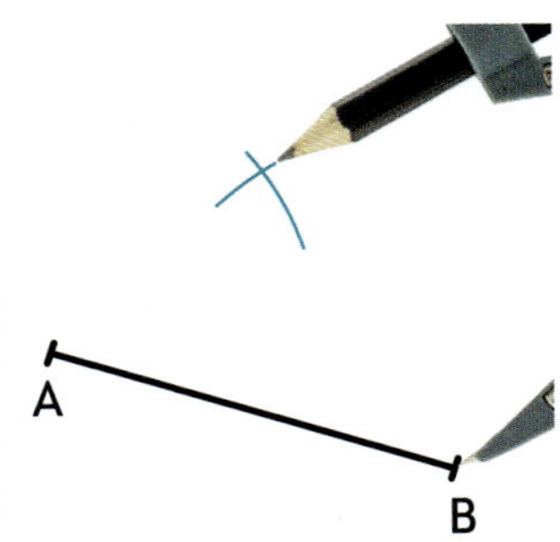

3 Avec le compas, je place le point C en reportant une longueur de 4 cm depuis le point A et une longueur de 5 cm depuis le point B.

RETIENS (SUITE)

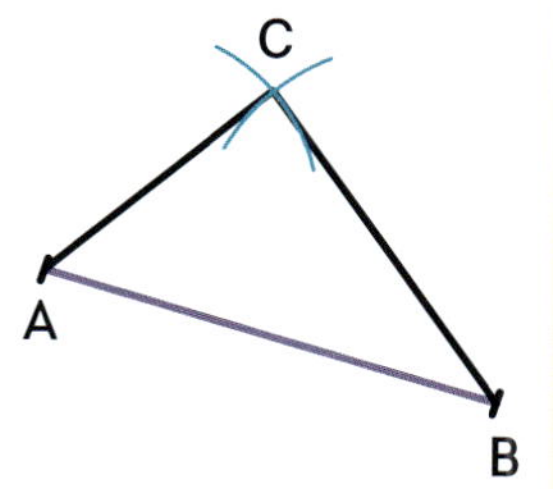

4 Je relie les points pour former le triangle ABC.

REMARQUE C'est le compas qui permet de tracer un triangle dont on connait les mesures des côtés.

Exécuter un programme de construction : le tracé à main levée

Quand je dois exécuter un programme de construction, je construis la figure à main levée, étape par étape, avant de la réaliser avec les instruments.

Le tracé à main levée permet d'avoir une image de la figure à réaliser.

ENTRAINE-TOI

❶ à ❸ → *Cahier d'exercices, pages 40 et 41.*

Semaine **14**

Les hauteurs d'un triangle *Définition et tracés.*

MISE EN ROUTE

RETIENS

▶ Le vocabulaire géométrique

Une hauteur d'un triangle est une droite perpendiculaire à un côté du triangle et qui passe par le troisième sommet.

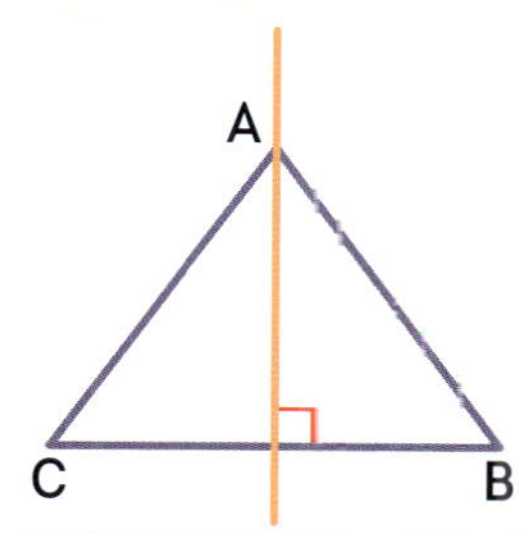

Il y a trois hauteurs dans un triangle.

Ici, les trois hauteurs du triangle ABC se croisent au point H.

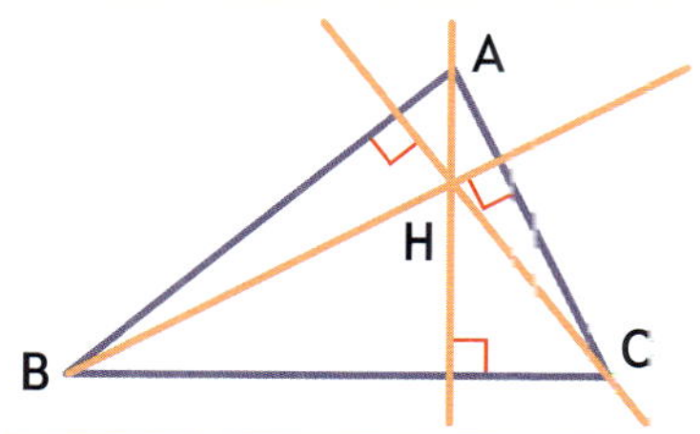

CAS PARTICULIER Dans un triangle rectangle, deux des hauteurs sont confondues avec des côtés.

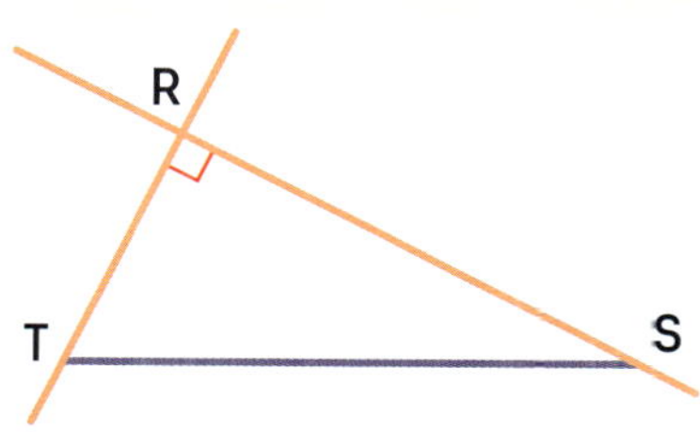

ENTRAINE-TOI

❶ et ❷ → *Cahier d'exercices, pages 42 et 43.*

Le carré et le rectangle *Les procédures de tracé.*

MISE EN ROUTE

RETIENS

► Le vocabulaire géométrique

Le carré

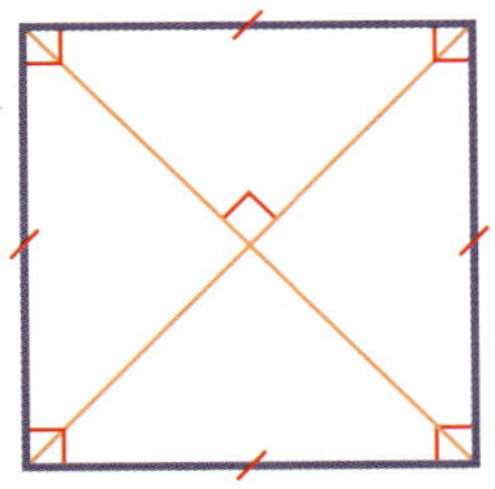

Le **carré** est un polygone qui a quatre côtés de même longueur.
Les côtés opposés du carré sont de même longueur et parallèles.
Ses quatre angles sont droits.

Le rectangle

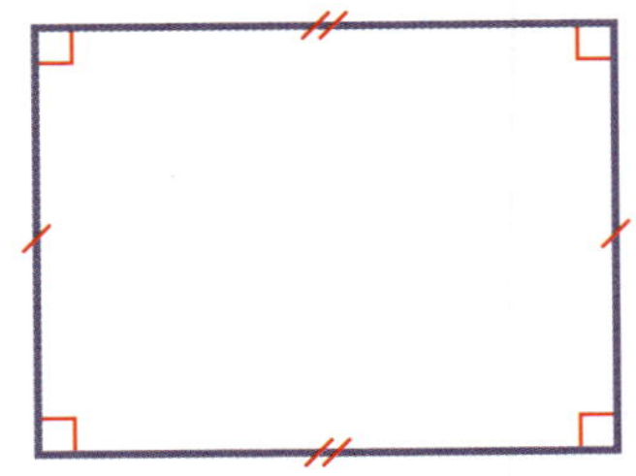

Le **rectangle** est un polygone qui a quatre côtés.
Les côtés opposés du rectangle sont de même longueur et parallèles.
Ses quatre angles sont droits.

REMARQUE On appelle « longueurs » (L) les côtés les plus longs et « largeurs » (l) les côtés les plus courts d'un rectangle.

► Les actions importantes

Tracer un rectangle avec la règle et l'équerre

EXEMPLE

1 Je trace le segment AB.

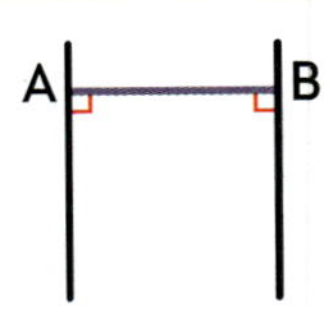

2 Je trace une perpendiculaire passant par le point A et une perpendiculaire passant par le point B.

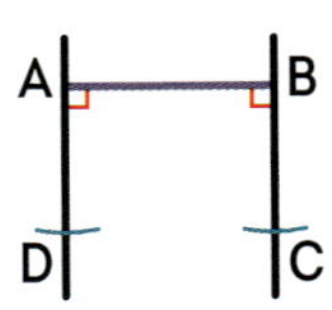

3 Je place les points C et D du rectangle ABCD.

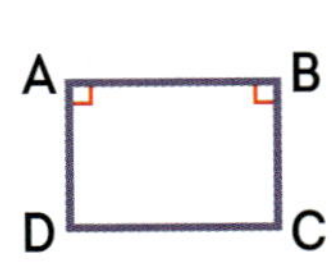

4 Je relie les points C et D pour former le rectangle ABCD.

REMARQUE Cette procédure peut aussi être utilisée pour tracer un carré. Il faut alors que les deux premiers côtés tracés soient de même longueur.

RAPPELLE-TOI

Relis la partie ***RETIENS*** de la semaine 13, page 130.

ENTRAINE-TOI

❶ et ❷ → *Cahier d'exercices, pages 43 et 44.*

Le carré, le rectangle et le losange

Les procédures de tracé.

MISE EN ROUTE

RETIENS

▶ Le vocabulaire géométrique

Le losange est un polygone qui a quatre côtés de même longueur.
Les côtés opposés du losange sont de même longueur et parallèles.

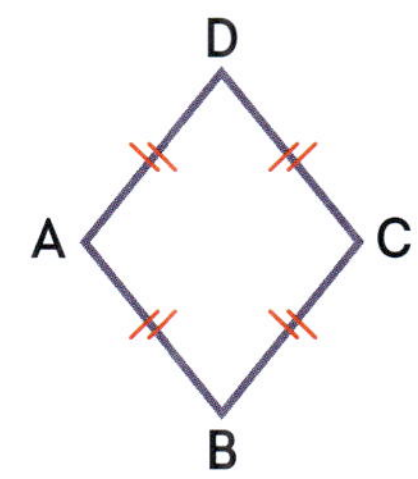

▶ Les actions importantes

Tracer un losange en utilisant le compas

EXEMPLE Tracer le losange ABCD de côté 5 cm.

1 Je trace un côté AB de 5 cm.

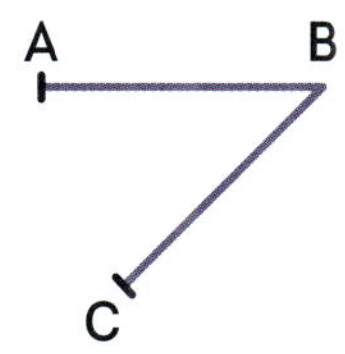

2 Je trace un côté BC de 5 cm.

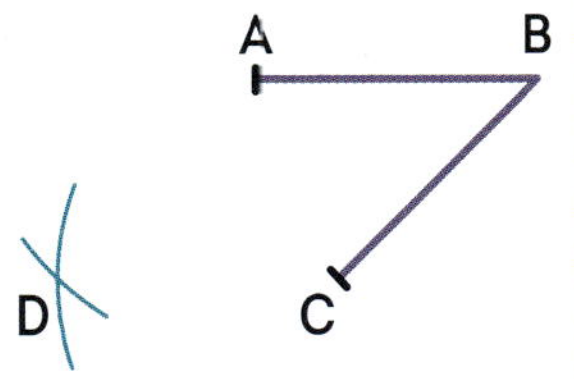

3 Avec le compas, je reporte la mesure d'un côté pour placer le quatrième sommet.

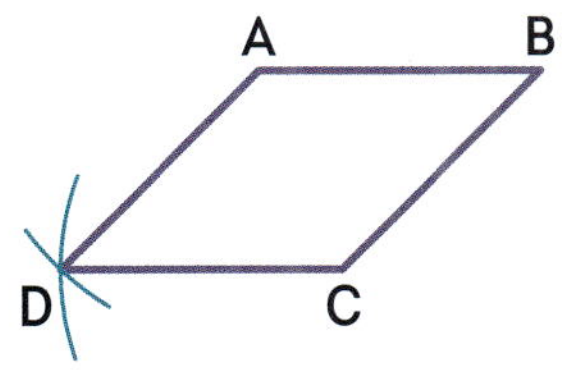

4 Je trace les côtés CD et AD.

REMARQUE Cette procédure peut aussi être utilisée pour tracer un rectangle ou un carré. Il faut alors que les deux premiers côtés tracés soient perpendiculaires.

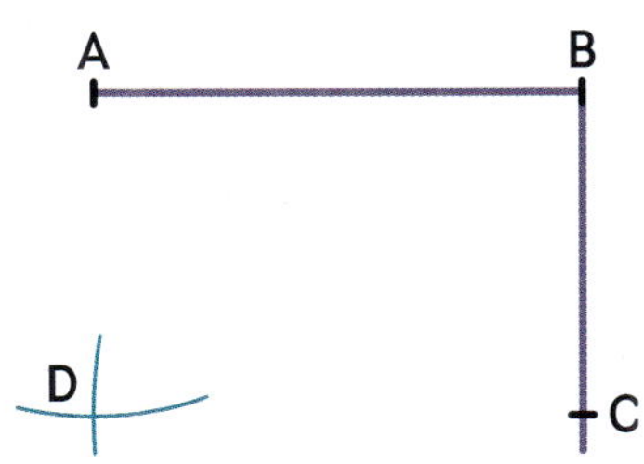

ENTRAINE-TOI

❶ à ❸ → *Cahier d'exercices, pages 45, 46, 47 et 48.*

Les aires

Les unités de mesure d'aires. Mesurer une aire avec les unités usuelles. Placer une mesure dans le tableau.

MISE EN ROUTE

RETIENS

▶ L'aire d'une figure, c'est la place qu'elle occupe

Les unités d'aires

L'unité principale de mesure d'aire est le mètre carré noté m^2.

Un carré de 1 mètre de côté a une aire de 1 mètre carré.

Les autres unités sont :

Le kilomètre carré noté km^2 — $1\ km^2 = 1\ 000\ 000\ m^2$

L'hectomètre carré noté hm^2 — $1\ hm^2 = 10\ 000\ m^2$

Le décamètre carré noté dam^2 — $1\ dam^2 = 100\ m^2$

Le décimètre carré noté dm^2 — $1\ m^2 = 100\ dm^2$

Le centimètre carré noté cm^2 — $1\ m^2 = 10\ 000\ cm^2$

Le millimètre carré noté mm^2 — $1\ m^2 = 1\ 000\ 000\ mm^2$

▶ Le tableau des unités d'aires

Chaque unité compte deux colonnes :

km^2		hm^2		dam^2		m^2		dm^2		cm^2		mm^2	

Pour mesurer un terrain, on utilise également l'are qu'on note a, à la place du décamètre carré.
et l'hectare qu'on note ha, à la place de l'hectomètre carré.

1 a = 1 dam^2 1 ha = 1 hm^2

▶ Les relations à connaitre

$1\ m^2 = 100\ dm^2$ **$1\ dm^2 = 100\ cm^2$** **$1\ cm^2 = 100\ mm^2$**

$1\ km^2 = 100\ hm^2$ **$1\ hm^2 = 100\ dam^2$** **$1\ dam^2 = 100\ m^2$**

▶ Pour placer une mesure dans le tableau des unités

1 Je place en premier les deux chiffres de l'unité exprimée.

2 Je place les autres chiffres pour reformer le nombre.

EXEMPLE 237 m^2

km^2		hm^2		dam^2		m^2		dm^2		cm^2		mm^2	
					2	3	7						

RETIENS (SUITE)

– Si le nombre est formé d'un seul chiffre, je le place dans la colonne de droite de l'unité exprimée.

EXEMPLE 8 dam²

km²		hm²		dam²		m²		dm²		cm²		mm²	
					8								

– Si la mesure est exprimée avec deux nombres, je complète par un ou des 0 les colonnes vides entre les deux.

EXEMPLE 6 dm² 12 mm²

km²		hm²		dam²		m²		dm²		cm²		mm²	
									6	0	0	1	2

ENTRAINE-TOI

❶ et ❷ → *Cahier d'exercices, pages 48 et 49.*

Les aires

Comparaison de mesures avec le tableau. Écriture de mesures égales à une mesure donnée.

MISE EN ROUTE

RETIENS

► Comparer des mesures en utilisant le tableau des unités

1 Deux mesures sont égales si dans chaque colonne du tableau de mesure, elles ont des chiffres identiques.

EXEMPLE 1 304 cm², 13 dm² 400 mm² et 1 304 dm²

km²		hm²		dam²		m²		dm²		cm²		mm²	
								1	3	0	4		
								1	3	0	4	0	0
						1	3	0	4				

J'écris : 1 304 cm² = 13 dm² 400 mm² 1 304 cm² ≠ 1 304 dm² 1 304 dm² ≠ 13 dm² 400 mm²

2 Pour comparer des mesures placées dans le tableau, je compare leurs chiffres de l'unité la plus grande. S'ils sont identiques, je compare ceux de l'unité inférieure.

EXEMPLE 7 500 m², 31 dam² et 315 800 dm²

km²		hm²		dam²		m²		dm²		cm²		mm²	
				7	5	0	0						
				3	1								
				3	1	5	8	0	0				

J'écris : 7 500 m² > 31 dam² 7 500 m² > 315 800 dm² 31 dam² < 315 800 dm²

Page suivante...

RETIENS (SUITE)

▶ **Pour écrire des mesures égales à une mesure donnée**

1 Je place le nombre dans le tableau.
2 Je peux placer des 0 dans les colonnes qui ne sont pas occupées.
3 Je lis les mesures égales dans les unités que je choisis.

ATTENTION ! Pour lire une mesure d'aire dans une unité donnée, il faut que la colonne de droite de cette unité contienne un chiffre.

EXEMPLE Je veux écrire des mesures égales à 13 800 m^2.
Je peux lire la mesure en dam^2. Je lis 138 dam^2.
Je peux lire la mesure en dm^2. Je lis 1 380 000 dm^2.
Je peux lire la mesure en cm^2. Je lis 138 000 000 cm^2.
Je peux lire la mesure en hm^2 et dam^2. Je lis 1 hm^2 38 dam^2.

km^2	hm^2	dam^2	m^2	dm^2	cm^2	mm^2
	1	3 8	0 0	0 0	0 0	

ENTRAINE-TOI

1 Place les mesures dans le tableau, puis complète par <, > ou =.
a) **4 km^2** ... **36 hm^2 2 dam^2**
b) **826 cm^2** ... **82 cm^2 6 mm^2**
c) **161 m^2** ... **1 dam^2 61 m^2**
d) **142 dam^2** ... **2 hm^2 1 dam^2**

2 Écris trois mesures égales à **90 000 dm^2**.

3 Écris trois mesures égales à **3 km^2**.

4 Écris trois mesures égales à **11 dam^2 2 m^2**.

Longueurs, masses et contenances exprimées avec des décimaux

Placement et comparaison de mesures avec le tableau. Mesures égales à une mesure donnée.

MISE EN ROUTE

RETIENS

▶ **Pour placer une mesure exprimée avec un nombre décimal dans le tableau des unités de mesure**

1 Je place en premier le chiffre de l'unité exprimée.
2 Je place les autres chiffres pour reformer le nombre.

ATTENTION ! Je ne place pas la virgule dans le tableau.

EXEMPLE 18,6 dg

kg	hg	dag	g	dg	cg	mg
			1	8	6	

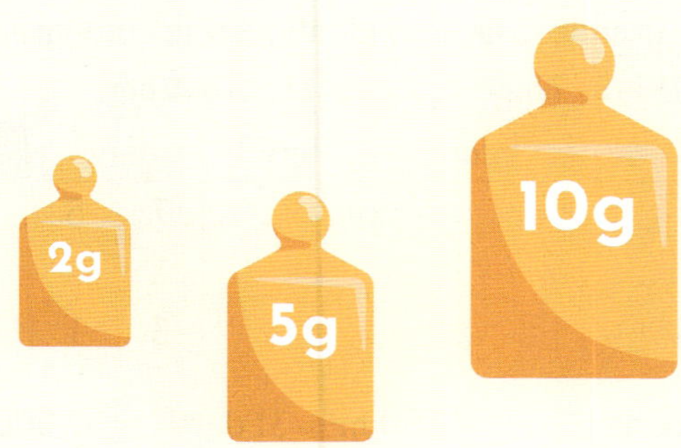

RETIENS (SUITE)

▶ Comparer des mesures avec le tableau des unités

1 Deux mesures sont égales si, dans chaque colonne, je vois le même chiffre pour les deux mesures.

2 Pour comparer des mesures placées dans le tableau, je compare leurs chiffres de l'unité la plus grande. S'ils sont identiques, je compare ceux de l'unité inférieure.

EXEMPLE Je compare 47,1 m ; 4,71 hm ; 4 710 cm.

Je place les trois nombres dans le tableau sans placer les virgules.

	kg	hm	dam	m	dm	cm	m
			4	7	1		
		4	7	1			
			4	7	1	0	

J'écris : 47,1 m < 4,71 hm
47,1 m = 4 710 cm
4,71 hm > 4 710 cm

▶ Pour écrire des mesures égales à une mesure donnée avec un nombre décimal

1 Je place la mesure dans le tableau.

2 Je place si besoin des 0 dans les colonnes qui ne sont pas occupées.

3 J'écris chaque mesure en mettant si besoin la virgule à l'unité que je choisis.

EXEMPLE Je veux écrire des mesures égales à 84,6 dL.

Je place 84,6 dL dans le tableau. (Attention ! Je ne place pas la virgule dans le tableau.)

Ensuite je peux placer un ou des 0.

- Si je veux lire la mesure en L, il y a une virgule après le 8. Je lis 84,6 dL = 8,46 L.
- Si je veux lire la mesure en cL, il n'y a pas de virgule. Je lis 84,6 dL = 846 cL.
- Si je veux lire la mesure en mL, il n'y a pas de virgule. Je lis 84,6 dL = 8 460 mL.

	hL	daL	L	dL	cL	mL
			8	4	6	0

J'écris : 84,6 dL = 8,46 L = 846 cL = 8 460 mL.

ENTRAINE-TOI

❶ Place les mesures de contenances dans le tableau, puis complète par <, > ou =.

a) **5 900 dL ... 4,9 hL**

b) **0,14 daL ... 140 cL**

c) **24,15 L ... 2 415 mL**

❷ Place les mesures de longueurs dans le tableau, puis complète par <, > ou =.

a) **4 080 m ... 40,80 km**

b) **15,7 dam ... 1,57 hm**

c) **12 480 cm ... 12,48 hm**

❸ Écris trois mesures égales à **2,15 hg**.

❹ Écris trois mesures égales à **16 350 g**.

VA PLUS LOIN

❺ Recopie les mesures qui sont égales à **63,6 dL**.

6,36 daL	6,36 L	6 360 mL	636 cL

❻ Recopie les mesures qui sont égales à **8,9 g**.

0,89 dag	89 cg	0,89 kg	8 900 mg

❼ Recopie les mesures qui sont égales à **4,2 hm**.

420 m	420 000 mm	0,42 km	42 dam

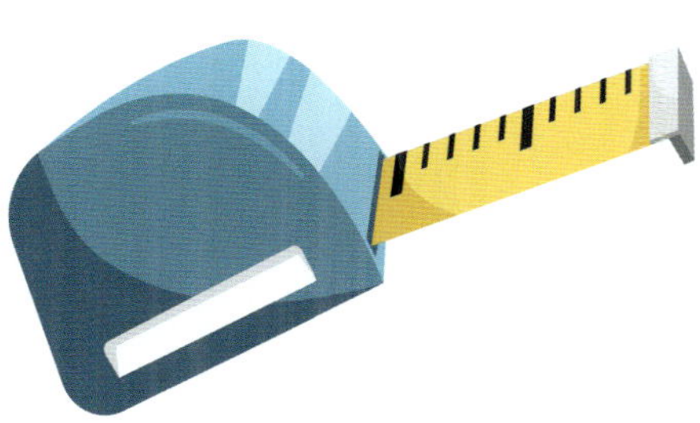

Longueurs, masses et contenances exprimées avec des décimaux *Mesures égales à une mesure donnée. Conversions.*

MISE EN ROUTE

RETIENS

▸ Pour écrire des mesures de longueur égales à une mesure donnée (suite)

Si je place un nombre entier dans le tableau, je peux écrire des mesures égales avec des nombres décimaux.

EXEMPLE Je veux écrire des mesures égales à 53 dag.

Je place 53 dag dans le tableau. Ensuite je peux placer un ou des 0.

- Si je veux lire la mesure en hg, il y a une virgule après le 5. Je lis 53 dag = 5,3 hg.
- Si je veux lire la mesure en kg, il y a une virgule après le 0 écrit dans la colonne kg. Je lis 53 dag = 0,53 kg.

	kg	hg	dag	g	dg	cg	mg
	0	5	3				

J'écris : 53 dag = 5,3 hg = 0,53 kg.

▸ Pour convertir une mesure

Je place cette mesure dans le tableau des unités, puis je l'écris dans l'unité demandée.

▸ Écrire une mesure dans l'unité demandée

Je place la mesure dans le tableau.
Je place des 0 dans les colonnes qui ne sont pas occupées si c'est nécessaire.
Je recopie le nombre qui est dans le tableau et je place la virgule à la droite du chiffre de l'unité demandée quand c'est nécessaire.

EXEMPLES 51,6 dm = ... m

Je lis la mesure en m en plaçant la virgule après le 5 écrit dans la colonne des m.

	km	hm	dam	m	dm	cm	mm
				5	1	6	

J'écris : 51,6 dm = 5,16 m.

308 cL = ... L

Je lis la mesure en L en plaçant la virgule après le 3 écrit dans la colonne des L.

		hL	daL	L	dL	cL	mL
				3	0	8	

J'écris : 308 cL = 3,08 L.

18,5 g = ... mg

Je veux lire la mesure en mg, j'écris donc des 0 dans les colonnes cg et mg.

Je n'ai pas besoin d'écrire une virgule.

	kg	hg	dag	g	dg	cg	mg
			1	8	5	0	0

J'écris : 18,5 g = 18 500 mg.

ENTRAINE-TOI

1 Écris deux mesures égales à 21 mg.

2 Écris deux mesures égales à 9 mL.

3 Complète les égalités.

a) 5 400 dm = ... hm
b) 0,84 dm = ... mm
c) 73,9 hm = ... dam
d) 19 dam = ... km

4 Complète les égalités.

a) 0,79 g = ... mg
b) 805 g = ... hg
c) 11 dag = ... kg
d) 65,1 kg = ... g

VA PLUS LOIN

5 Complète les égalités puis recopie les trois mesures dans l'ordre croissant.

a) 515 dm = ... m
b) 6,12 dam = ... m
c) 59 000 mm = ... m

6 Complète les égalités puis recopie les trois mesures dans l'ordre croissant.

a) 375,4 dL = ... L
b) 0,4 hL = ... L
c) 2,04 daL = ... L

Agrandissement d'une figure

Construire un agrandissement.

MISE EN ROUTE

RETIENS

Le vocabulaire géométrique

Un agrandissement d'une figure est une figure qui a des mesures plus grandes et toutes les propriétés de la figure de départ.

EXEMPLE La figure DEF a des mesures plus grandes que la figure ABC.
La figure DEF a les mêmes propriétés que la figure ABC.
La figure ABC a trois côtés ; elle a deux côtés de même longueur ; elle a un angle droit en A.
La figure DEF a trois côtés ; elle a deux côtés de même longueur ; elle a un angle droit en D.
La figure DEF est donc un agrandissement de la figure ABC.

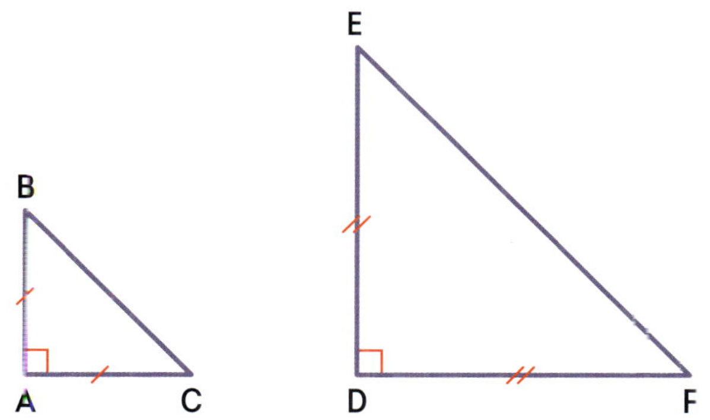

Les actions importantes

Pour construire un agrandissement d'une figure

1 J'analyse la figure à reproduire.
2 Je commence l'agrandissement en traçant le côté ou les deux côtés agrandis dont je connais la mesure.
3 Je termine l'agrandissement en reproduisant les propriétés de la figure à agrandir.

ENTRAINE-TOI

1 et **2** → *Cahier d'exercices, pages 49, 50 et 51.*

Agrandissement d'une figure

Construire un agrandissement.

MISE EN ROUTE

RAPPELLE-TOI

Relis la partie ***RETIENS*** de la semaine 19, page 139.

ENTRAINE-TOI

❶ → *Cahier d'exercices, page 52.*

VA PLUS LOIN

❷ → *Cahier d'exercices, page 53.*

Agrandissement d'une figure

Construire un agrandissement en utilisant la proportionnalité. Rédiger un programme de construction.

MISE EN ROUTE

RETIENS

▶ **Les actions importantes**

Construire un agrandissement d'une figure en utilisant la proportionnalité

1 Je mesure les longueurs de tous les côtés.

2 J'utilise la règle de proportionnalité donnée dans la consigne pour calculer les longueurs des côtés de la figure agrandie.

EXEMPLE Construis un agrandissement de la figure ABCD tel que le côté AB de longueur 3 cm mesure 9 cm sur la figure agrandie.

La figure ABCD ci-dessous n'a ni angle droit ni égalité de longueurs.

J'utilise la règle de proportionnalité présente dans la consigne. Cette règle dit qu'il faut multiplier chaque dimension par 3.

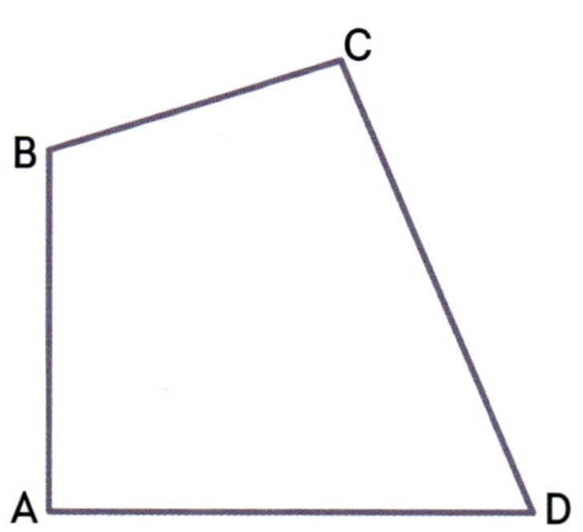

La figure ABCD	devient	la figure ABCD agrandie
AB = 3 cm	devient	AB = 9 cm
AD = 4 cm	devient	AD = 12 cm
BC = ... cm	devient	BC = ... cm
CD = ... cm	devient	CD = ... cm

RETIENS (SUITE)

Rédiger un programme de construction

1 J'analyse la figure pour connaitre ses propriétés et ses mesures.
2 J'identifie les étapes du tracé.
3 Je rédige le programme en utilisant le vocabulaire précis.

1 **J'analyse la figure.**
- La figure ABCD a 4 angles droits.
- Les côtés AB et CD mesurent 4 cm. Les côtés BC et AD mesurent 3 cm.
- La figure ABCD est donc un rectangle de longueur 4 cm et de largeur 3 cm.
- Les diagonales du rectangle se coupent en O.
- O est le centre d'un cercle de rayon OA.

2 **J'identifie l'ordre des étapes du tracé.**

a) Tracer le rectangle.
b) Tracer les diagonales.
c) Nommer O le point d'intersection des diagonales qui sera le centre du cercle.
d) Tracer le cercle.

EXEMPLE

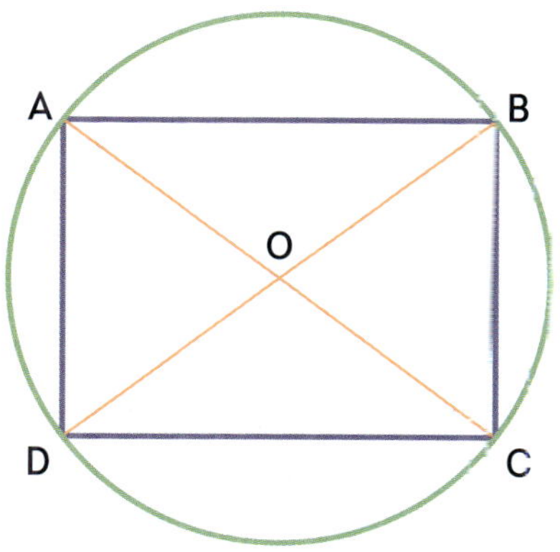

3 **Je rédige le programme en utilisant le vocabulaire précis.**

a) Trace un rectangle ABCD de longueur 4 cm et de largeur 3 cm.
b) Trace les diagonales du rectangle ABCD.
c) Nomme O le point d'intersection des diagonales.
d) Trace le cercle de centre O et de rayon OA.

ENTRAINE-TOI

❶ et ❷ → *Cahier d'exercices, pages 54 et 55.*

Agrandissement d'une figure

Construire un agrandissement.

MISE EN ROUTE

RAPPELLE-TOI

Relis les parties ***RETIENS*** des semaines 19 et 21A, pages 139 et 140.

ENTRAINE-TOI

❶ et ❷ → *Cahier d'exercices, pages 56 et 57.*

VA PLUS LOIN

❸ → *Cahier d'exercices, page 58.*

Les aires

Mesures exprimées par un décimal. Placement d'une mesure dans le tableau.
Comparaison de mesures avec le tableau.
Écriture de mesures égales à une mesure donnée.

MISE EN ROUTE

RETIENS

▶ Placer dans le tableau une mesure d'aire exprimée par un nombre décimal

1 Je place en premier les deux chiffres de l'unité exprimée.
2 Je place les autres chiffres pour reformer le nombre.

Si la partie entière est formée d'un seul chiffre, je le place dans la colonne de droite de l'unité exprimée.

ATTENTION ! Je n'écris pas la virgule dans le tableau.

EXEMPLES 156,75 dm² et 8,19 dam²

km²		hm²		dam²		m²		dm²		cm²		mm²	
							1	5	6	7	5		
					8	1	9						

▶ Comparer des mesures d'aires avec le tableau des unités

1 Deux mesures sont égales si, dans chaque colonne, je vois le même chiffre pour les deux mesures.
2 Pour comparer des mesures placées dans le tableau, je compare leurs chiffres de l'unité la plus grande. S'ils sont identiques, je compare ceux de l'unité inférieure.

EXEMPLE Je compare 38,45 m² ; 3,9 dam² ; 384 500 cm².

km²		hm²		dam²		m²		dm²		cm²		mm²	
						3	8	4	5				
					3	9	0						
						3	8	4	5	0	0		

J'écris : 38,45 m² < 3,9 dam²   38,45 m² = 384 500 cm²   384 500 cm² < 3,9 dam²

▶ Écrire des mesures égales à une mesure donnée avec un nombre décimal

1 Je place la mesure dans le tableau.
2 Je place si besoin des 0 dans les colonnes qui ne sont pas occupées.
3 J'écris chaque mesure en mettant si besoin la virgule à l'unité que je choisis.

EXEMPLE Je veux écrire des mesures égales à 6 874,5 m².
Je place 6 874,5 m² dans le tableau, sans écrire la virgule.
Ensuite je peux placer un ou des 0.

km²		hm²		dam²		m²		dm²		cm²		mm²	
				6	8	7	4	5	0				

Si je veux lire la mesure en dam², il y a une virgule après le 8. Je lis 68,745 dam².
Si je veux lire la mesure en dm², il n'y a pas de virgule. Je lis 687 450 dm².
J'écris : 6 874,5 m² = 68,745 dam² = 687 450 dm².

ENTRAINE-TOI

❶ et ❷ → *Cahier d'exercices, page 59.*

❸ Écris deux mesures égales à **135 cm²**.

❹ Écris deux mesures égales à **3,8 km²**.

❺ Écris deux mesures égales à **0,74 dam²**.

VA PLUS LOIN

❻ Recopie la ou les mesures égales à **36,7 m²**.

0,367 dam²	0,367 hm²	3 670 dm²

❼ Recopie la ou les mesures égales à **700 500 m²**

70,05 km²	0,7005 km²	70,05 hm²

Les aires

Mesures exprimées par un entier ou un décimal.
Conversion d'une mesure d'aire.
Les formules de calcul de l'aire du rectangle et du carré.

MISE EN ROUTE

RETIENS

▶ Pour convertir une mesure dans une unité demandée

1. Je place la mesure dans le tableau.
2. J'écris un ou plusieurs 0 dans le tableau si c'est nécessaire.
3. Je lis la mesure dans la nouvelle unité, en plaçant si c'est nécessaire une virgule à la droite du chiffre de l'unité demandée.
4. Je complète l'égalité.

EXEMPLES 2,14 dam² = ... dm² 5 755 mm² = ... cm² 900 cm² = ... m²

km²		hm²		dam²		m²		dm²		cm²		mm²	
					2	1	4	0	0				
										5	7	5	5
							0	0	9	0	0		

J'écris : 2,14 dam² = 21 400 dm².
5 755 mm² = 57,55 cm².
900 cm² = 0,09 m².

▶ Pour calculer l'aire d'un rectangle

Je multiplie la mesure de sa longueur par la mesure de sa largeur.

Aire du rectangle → L × l
avec L, mesure de la longueur
et l, mesure de la largeur

EXEMPLE Quelle est l'aire d'un rectangle de 8 cm de longueur et de 2 cm de largeur ?
8 cm × 2 cm = 16 cm²
L'aire de ce rectangle est 16 cm².

▶ Pour calculer l'aire d'un carré

Je multiplie la mesure de son côté par elle-même.

Aire du carré → C × C
avec C, mesure du côté

EXEMPLE Quelle est l'aire d'un carré de 5 cm de côté ?
5 cm × 5 cm = 25 cm²
L'aire de ce carré est 25 cm².

Page suivante...

ENTRAINE-TOI

1 Convertis les mesures comme dans l'exemple.

EXEMPLE Convertis 125,2 dm² en m².

Sur le cahier, j'écris : 125,2 dm² = 1,252 m².

a) **14 dm² en m²**
b) **76,2 m² en cm²**
c) **9 464 hm² en km²**

2 Complète les égalités.

a) **529 mm² = … cm²**
b) **120 000 m² = … km²**
c) **4,889 m² = … dam²**

3 Réponds aux questions comme dans l'exemple :

EXEMPLE Quelle est l'aire d'un carré de 8 cm de côté ?

Sur le cahier, j'écris : 8 cm × 8 cm = 64 cm²
L'aire d'un carré de 8 cm de côté est 64 cm².

a) Quelle est l'aire d'un carré de **8,5 cm** de côté ?
b) Quelle est l'aire d'un carré de **8,51 cm** de côté ?
c) Quelle est l'aire d'un rectangle de **8 m** de longueur et **6 m** de largeur ?
d) Quelle est l'aire d'un rectangle de **10,5 m** de longueur et **8 m** de largeur ?
e) Quelle est l'aire d'un rectangle de **10,5 dm** de longueur et **8 cm** de largeur ?

Aires et périmètres *Fiche d'identité d'une figure.*

MISE EN ROUTE

RAPPELLE-TOI

▶ Le périmètre est une mesure de longueur

Il est exprimé avec une unité de longueur (exemples : m, km).

▶ L'aire est la mesure de la surface occupée

Elle est exprimée avec une unité d'aire (exemples : m², km²).

	Rectangle de longueur L et de largeur l	Carré de côté C
Périmètre	(L + l) × 2	C × 4
Aire	L × l	C × C

EXEMPLES Voici le rectangle A :

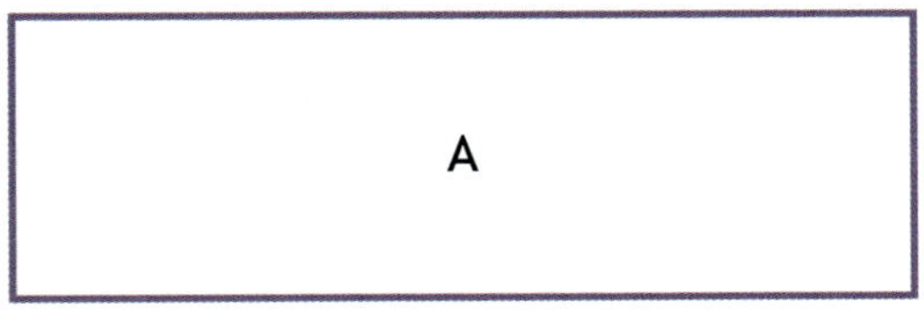

Fiche d'identité du rectangle A

Longueur L : 6 cm
Largeur l : 2,2 cm
Périmètre : (L + l) × 2 = (6 + 2,2) × 2
= 8,2 × 2 = 16,4
Le périmètre de ce rectangle est 16,4 cm.
Aire : L × l = 6 × 2,2 = 13,2
L'aire de ce rectangle est 13,2 cm².

Voici le carré B :

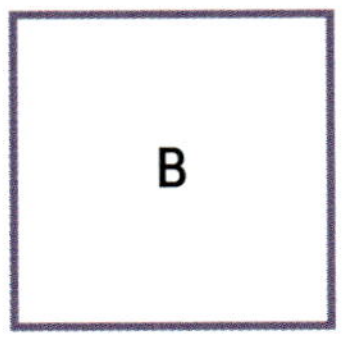

Fiche d'identité du carré B

Côté : 2,5 cm
Périmètre : C × 4 = 2,5 × 4 = 10
Le périmètre de ce carré est 10 cm.
Aire : C × C = 2,5 × 2,5 = 6,25
L'aire de ce carré est 6,25 cm².

ENTRAINE-TOI

1 à **3** → *Cahier d'exercices, pages 60 et 61.*

VA PLUS LOIN

4 Qui suis-je ?

- Je suis une figure géométrique à six côtés.
- Je suis composée de deux carrés accolés mais différents.
- Le premier s'appelle **Carré H** et chacun de ses côtés mesure 6 cm.
- Le second s'appelle **Carré I** et il a une aire de 25 cm^2.

a) Quelle est mon aire totale ?

b) Quel est mon périmètre ?

c) Trace-moi sur ton cahier.

Le carré, le rectangle et le losange *Les diagonales.*

MISE EN ROUTE

RETIENS

▶ Le vocabulaire géométrique

Une diagonale est une droite ou un segment de droite qui relie deux sommets opposés d'un polygone.

EXEMPLE Les diagonales du losange ABCD sont les segments AC et BD.

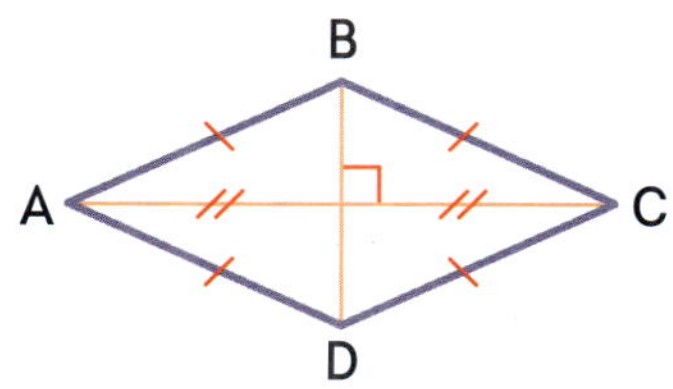

ENTRAINE-TOI

1 à **3** → *Cahier d'exercices, pages 61, 62 et 63.*

Les solides *Vocabulaire. Reproduction en perspective cavalière.*

MISE EN ROUTE

RETIENS

▶ Le vocabulaire géométrique

Le solide

C'est un objet géométrique à trois dimensions, c'est-à-dire un objet qui a une hauteur, une longueur et une profondeur.

Il occupe un volume dans l'espace.

On distingue deux catégories de solides : les polyèdres et les non polyèdres.

Un polyèdre est un solide délimité par des faces qui sont toutes des polygones.

Page suivante...

RETIENS (SUITE)

▶ Les polyèdres

Le pavé droit

C'est un polyèdre qui a 6 faces rectangulaires, 12 arêtes et 8 sommets.

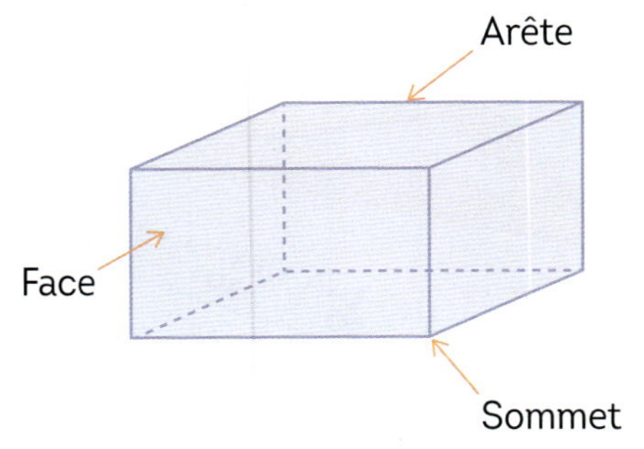

REMARQUES

- Dans un pavé droit, toutes les faces qui ont une arête commune sont perpendiculaires entre elles.
- Les faces opposées d'un pavé droit sont parallèles et identiques.

Le cube

C'est un polyèdre qui a 6 faces carrées identiques, 12 arêtes et 8 sommets.

REMARQUE C'est un pavé droit particulier dont toutes les faces sont carrées.

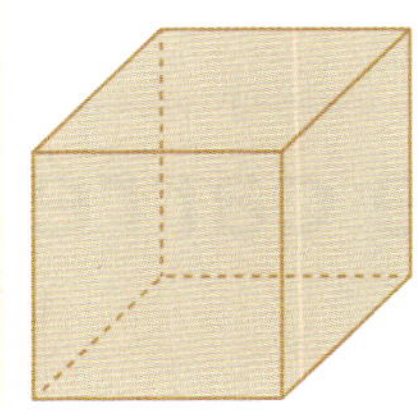

La pyramide

C'est un polyèdre ayant une face appelée base qui est un polygone.
Ses faces latérales sont triangulaires et ont un sommet commun.

EXEMPLES

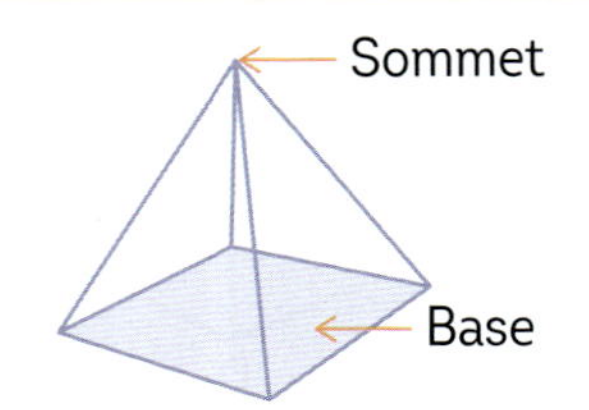

Une pyramide régulière à base carrée possède :
- 1 face carrée et 4 faces triangulaires, isocèles et identiques ;
- 8 arêtes ;
- 5 sommets.

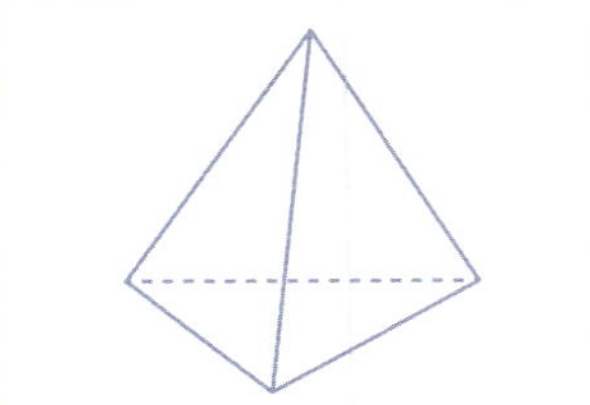

Une pyramide régulière à base triangulaire possède :
- 4 faces triangulaires, équilatérales et identiques ;
- 6 arêtes ;
- 4 sommets.

Le prisme droit

Il a 2 faces appelées bases qui sont des polygones identiques et parallèles entre eux.
Ses faces latérales sont rectangulaires et perpendiculaires aux bases.

EXEMPLES

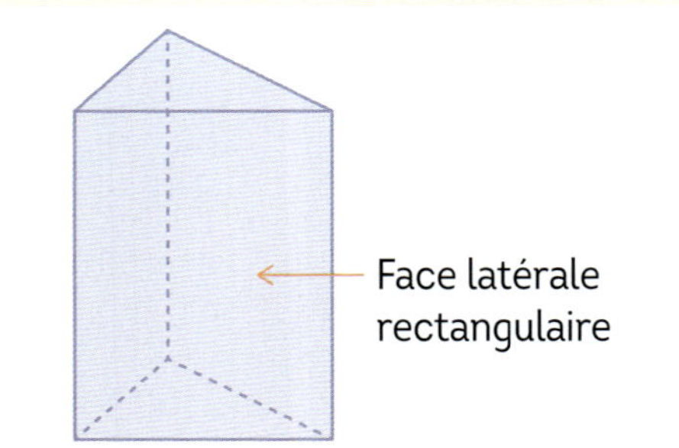

Un prisme droit à base triangulaire possède :
- 2 bases triangulaires ;
- 3 faces latérales rectangulaires.

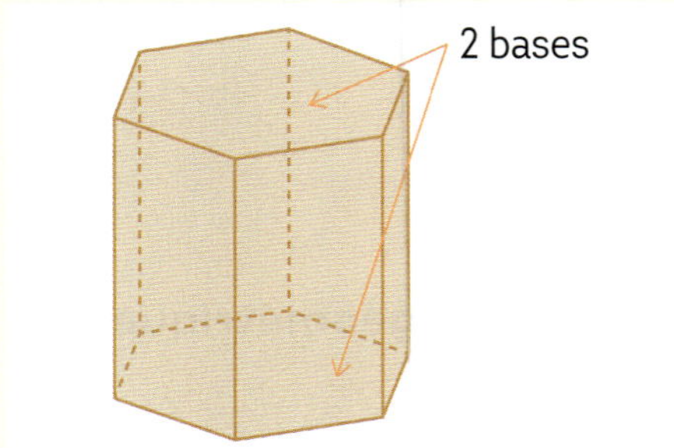

Un prisme droit à base hexagonale possède :
- 2 bases hexagonales ;
- 6 faces latérales rectangulaires.

RETIENS (SUITE)

▶ La représentation à plat d'un solide

Elle permet d'obtenir le solide par pliage et s'appelle un patron.

EXEMPLES

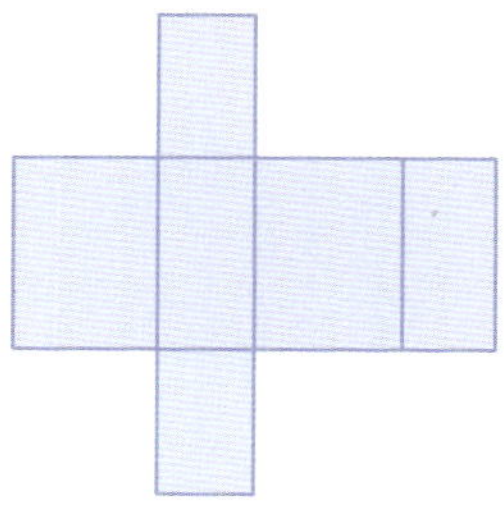

Un patron d'un pavé droit base carrée

Un patron d'un cube

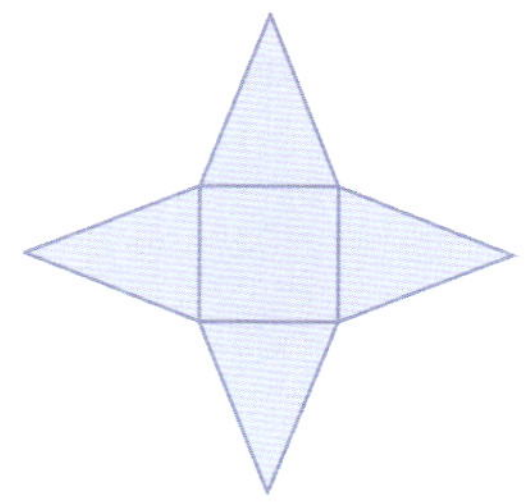

Un patron d'une pyramide à base carrée

▶ Les actions importantes

Reproduire un cube représenté en perspective cavalière (les faces visibles)

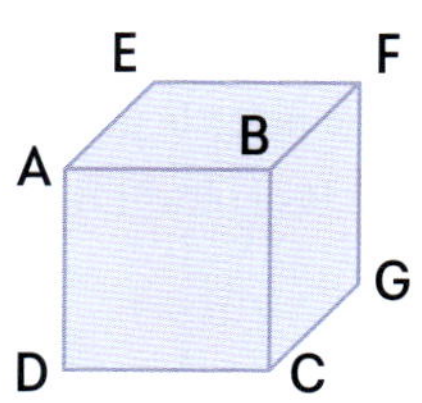

EXEMPLE Pour reproduire ce cube :

1. Je reproduis le carré ABCD.
2. Avec mon compas, je place le point E, puis je trace l'arête AE.
3. Avec mon compas, je place le point F, puis je trace la figure AEFB.
4. Avec mon compas, je place le point G, puis je trace la figure BFGC.

ENTRAINE-TOI

→ *Cahier d'exercices, page 64.*

Les solides

Vocabulaire. Reproduction en perspective cavalière.

MISE EN ROUTE

RETIENS

▶ Le vocabulaire géométrique

On appelle « non-polyèdre » un solide qui possède au moins une face courbe.

EXEMPLES

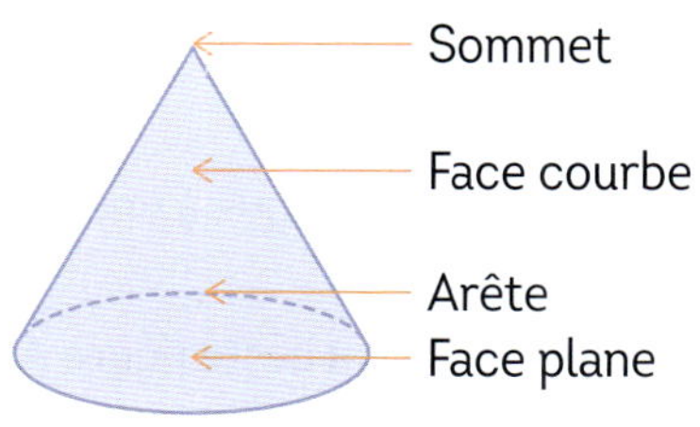

Le cône possède :

- 1 face courbe ;
- 1 face plane qui est un disque ;
- 1 arête et 1 sommet.

Le cylindre possède :

- 1 face courbe ;
- 2 faces planes qui sont des disques identiques ;
- 2 arêtes mais aucun sommet.

Page suivante...

RETIENS (SUITE)

La **boule** ou la **sphère** ne possède aucune face plane.

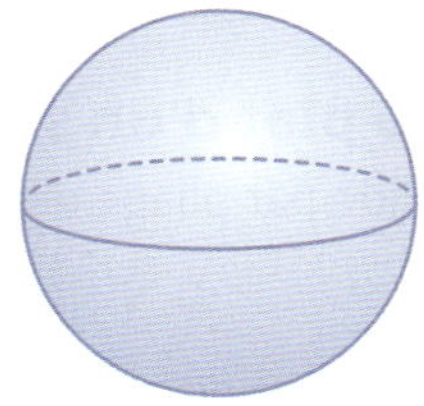

EXEMPLES de patrons de non-polyèdres.

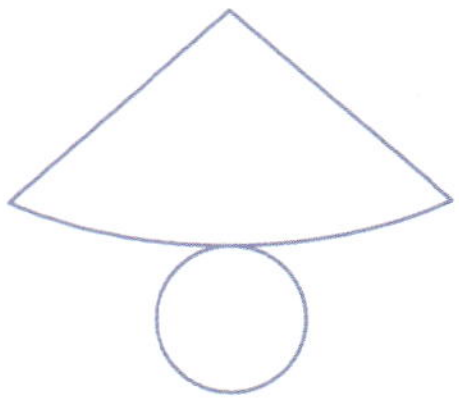

un patron d'un cône

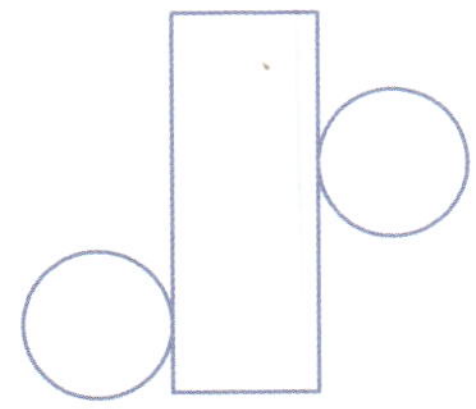

un patron d'un cylindre

▶ Les actions importantes

Reproduire un pavé droit représenté en perspective cavalière (toutes les faces)

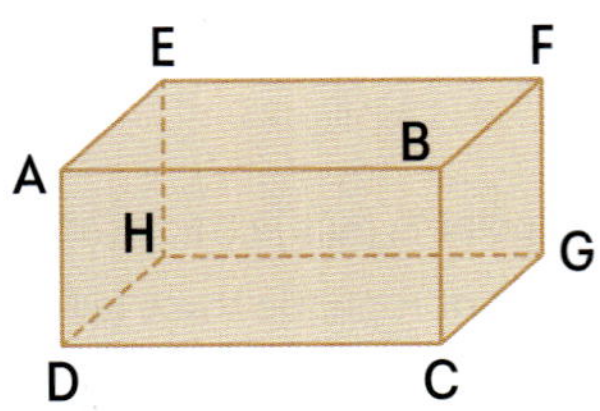

EXEMPLE Pour reproduire le pavé droit représenté ci-contre :

1. Je reproduis les faces visibles.
2. Avec mon compas, je place le point H.
3. Je trace en pointillé les arêtes EH, DH et HG.

ENTRAINE-TOI

→ *Cahier d'exercices, page 65.*

Symétrie par rapport à un axe

Tracer une figure symétrique à une autre par rapport à un axe.

MISE EN ROUTE

RETIENS

▶ Le vocabulaire géométrique

La symétrie

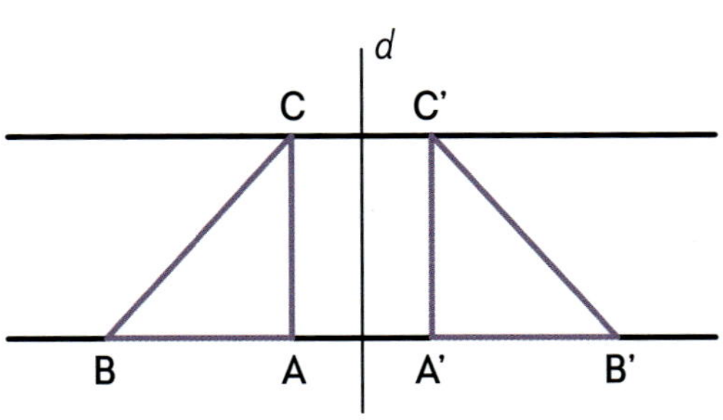

Une figure A'C'B' est symétrique à une figure ABC par rapport à un axe *d* :
- si elle est superposable à cette figure A'B'C' ;
- si elle est à la même distance de l'axe *d* ;
- si elle a la même inclinaison ;
- si elle est retournée par rapport à cette figure A'B'C'.

REMARQUE La distance d'un sommet de la figure à l'axe *d* peut être égale à 0.

RETIENS (SUITE)

► Les actions importantes

Tracer une figure symétrique à une autre

EXEMPLE Tracer la figure A'B'C', symétrique à la figure ABC par rapport à l'axe *d*.
Avant de commencer, je nomme les sommets de la figure.

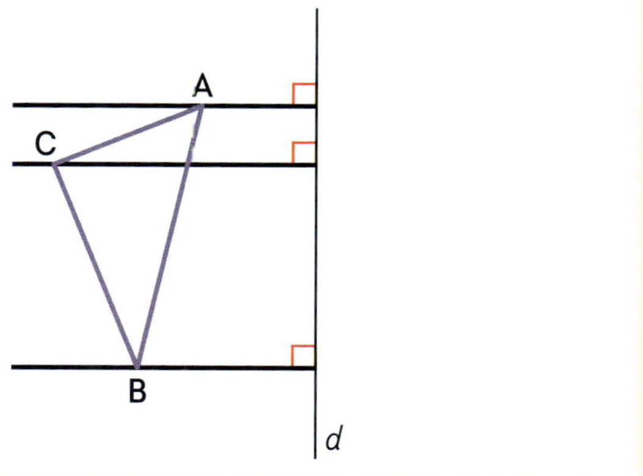

1 Je trace une perpendiculaire à l'axe passant par des sommets de la figure..

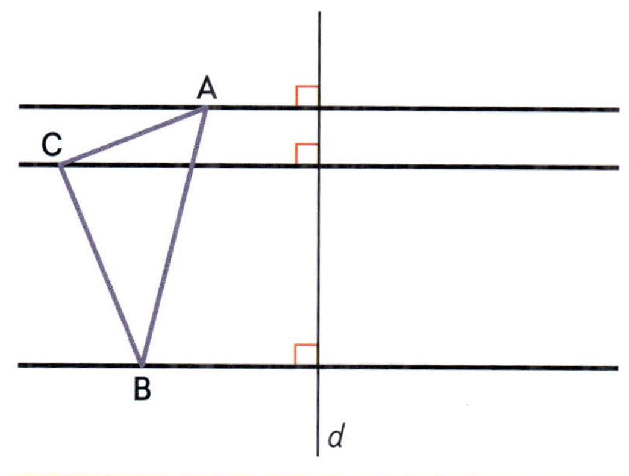

2 Je prolonge les perpendiculaires de l'autre côté de l'axe.

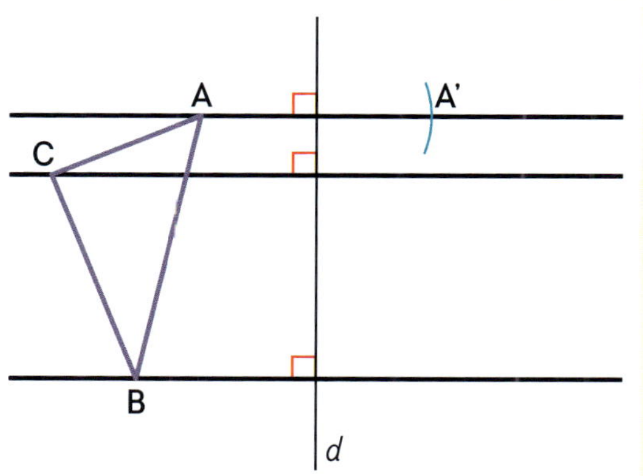

3 Je reporte la distance d'un sommet à l'axe pour placer son symétrique sur la perpendiculaire à la même distance de l'axe.

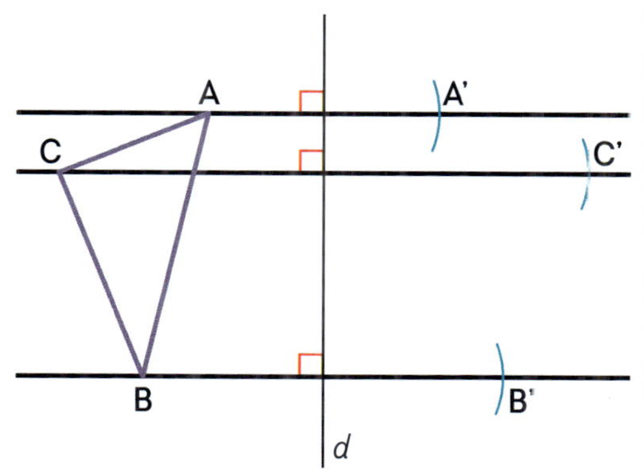

4 Je fais de même pour les autres sommets.

5 Si nécessaire, je relie les points.

ENTRAINE-TOI

1 à **3** → *Cahier d'exercices, pages 66 et 67.*

Semaine **27B**

Symétrie par rapport à un axe

Tracer une figure symétrique à une autre par rapport à un axe.

RAPPELLE-TOI Relis la partie **RETIENS** de la semaine 27A, page 148.

ENTRAINE-TOI **1** à **3** → *Cahier d'exercices, pages 68 et 69.*

La programmation avec Géotortue

L'ouverture du logiciel et des fichiers. L'utilisation des commandes préenregistrées. La saisie des commandes.

MISE EN ROUTE

RETIENS

▶ Ouvrir le logiciel Géotortue

Je clique sur son icône.

▶ Ouvrir un fichier

Je clique sur l'onglet Fichiers situé en haut à gauche.
Je clique sur le mot Ouvrir.

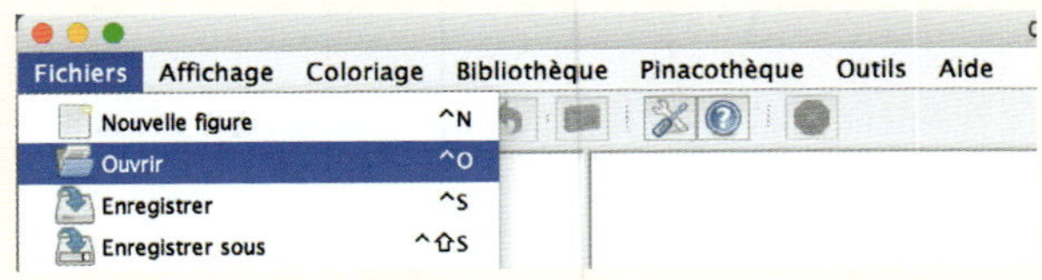

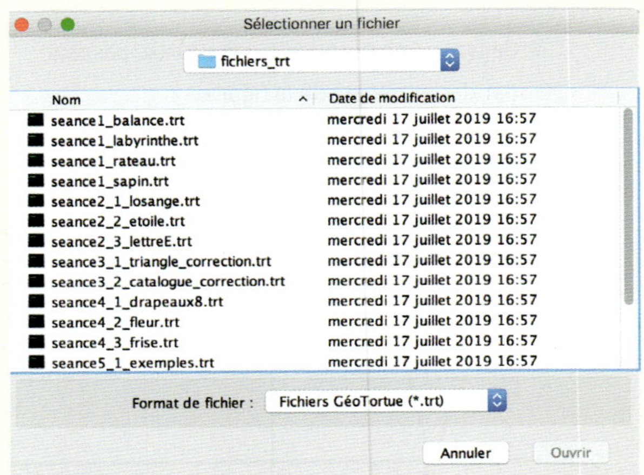

Un menu intitulé Sélectionner un fichier apparait.
Je clique sur le nom du fichier que je veux ouvrir.
Enfin, je clique sur le mot Ouvrir situé sous le menu.

▶ Les commandes pour déplacer la tortue

av pour avancer	tg pour tourner à gauche
re pour reculer	td pour tourner à droite

- Pour choisir la longueur du déplacement de la tortue, je tape les deux lettres de la commande, une espace et la longueur du déplacement.

EXEMPLE av 185

- Pour saisir plusieurs commandes sur la même ligne, je sépare deux commandes par une espace puis un point-virgule et une seconde espace.

EXEMPLE av 185 ; td 40 ; lc ; av 30

▶ Les autres commandes

lc pour lever le crayon	bc pour baisser le crayon
ct pour cacher la tortue	mt pour montrer la tortue
gomme pour effacer la dernière action	
vg pour vider l'écran	

La programmation avec Géotortue

La rédaction et la saisie d'une procédure. L'enregistrement d'une procédure.

MISE EN ROUTE

RETIENS

Une procédure, c'est la suite des commandes qu'on utilise pour réaliser une figure.
Une procédure doit être enregistrée avec son nom.

▶ Écrire une procédure

EXEMPLE

```
Procédures
1 > pour losange150
2 > av 150 ; td 45 ; av 150 ; td 135
3 > av 150 ; td 45 ; av 150 ; td 135
4 > fin
```

▶ Saisir une procédure

1 Je clique sur l'onglet Pupitre.
2 Puis je vais dans la partie Procédures située à droite de l'écran.
3 À la première ligne, j'écris le mot pour, suivi d'une espace et du nom de la procédure.
4 À la dernière ligne, j'écris le mot fin.
5 Entre les deux, j'écris la suite des commandes.

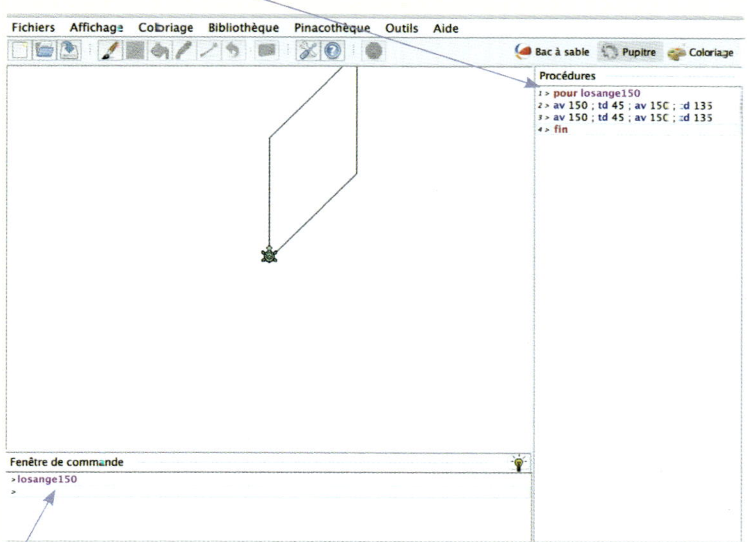

▶ Exécuter une procédure

Pour que la tortue trace la figure, j'écris le nom de la procédure dans la partie Fenêtre de commande, située en bas de l'écran.

EXEMPLE

```
Fenêtre de commande
>losange150
>
```

▶ Enregistrer une procédure dans un fichier

1 Je clique sur l'onglet Fichiers situé en haut à gauche.
2 Je clique sur Enregistrer sous.
3 Le menu intitulé Sélectionner un fichier apparait.
4 Dans le bandeau Enregistrer sous, je fais apparaitre le dossier dans lequel je veux enregistrer.
5 Dans le bandeau Nom du fichier, je tape le nom du fichier.

EXEMPLE Seance2_losange

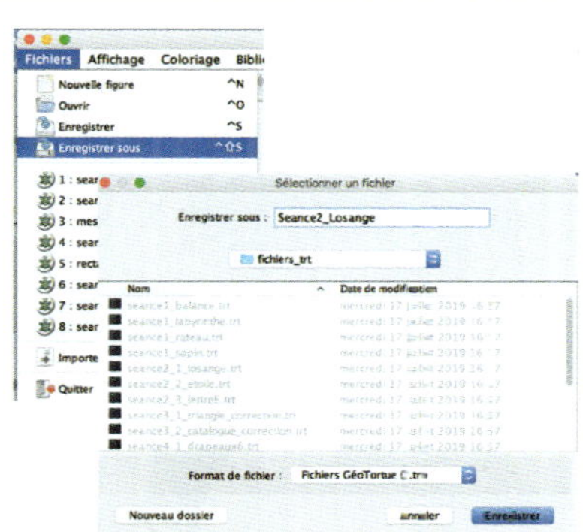

Semaine 29A

La programmation avec Géotortue

L'utilisation de la fonction rep. Les procédures de polygones réguliers.

MISE EN ROUTE

RETIENS

► La commande rep permet de répéter une série d'actions

EXEMPLE rep 4 [av 150 ; td 90]

↑↑ ↑ ↑↑ ↑

Penser aux espaces !

1 J'écris rep et le nombre de fois que je veux répéter la série d'actions.

2 Je saisis [en appuyant à la fois sur les touches **Ctrl + Alt + 5**. L'ordinateur affiche les crochets [ ].

3 Je saisis les actions à l'intérieur des crochets.

ATTENTION ! Entre deux actions, je tape un point-virgule ;.

Semaine 29B

La programmation avec Géotortue

L'écriture d'une procédure contenant une ou plusieurs procédures existantes.

MISE EN ROUTE

RETIENS

► Je peux utiliser le nom d'une procédure existante dans une nouvelle procédure

EXEMPLE Je crée la procédure rectangle pour tracer un rectangle de 40 de largeur et 80 de longueur.

Procédures

```
pour rectangle
rep 2  [ av 40 ; td 90 ; av 80 ; td 90 ]
fin
```

Je crée la procédure drapeau dans laquelle j'écris le nom de la procédure rectangle.

```
pour drapeau
av 100
rectangle
re 100
fin
```

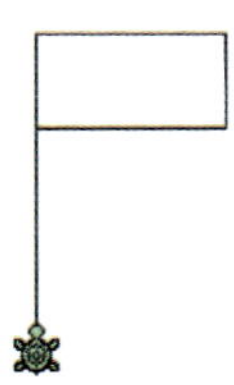

Je crée la procédure drapeaux8 dans laquelle j'écris le nom de la procédure drapeau.

```
pour drapeaux8
rep 8  [ drapeau ; td 45 ]
fin
```

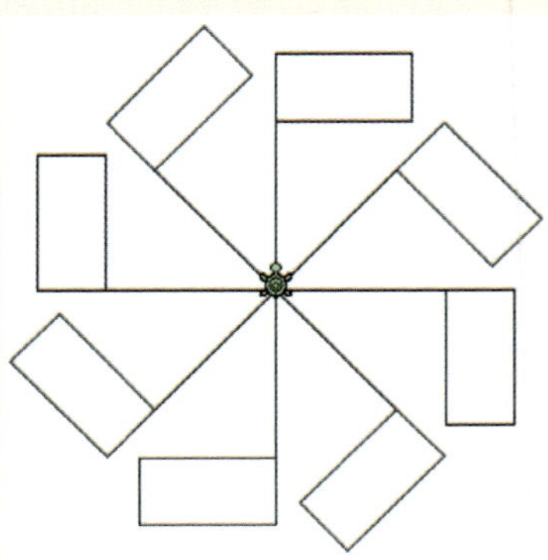

La programmation avec Géotortue

L'écriture d'une procédure permettant de choisir les dimensions (avec une variable).

MISE EN ROUTE

RETIENS

▶ Choisir les dimensions d'un carré

Je peux écrire une procédure qui me permettra de choisir les dimensions du carré.
Pour cela, j'écris une lettre après le nom de la procédure.
Puis j'écris cette même lettre après la commande av.

EXEMPLE J'écris la procédure carré ab pour pouvoir choisir les dimensions du carré.
Si je tape carré 100 dans la fenêtre de commande, la tortue tracera un carré de 100 de côté.
Si je tape carré 150 dans la fenêtre de commande, la tortue tracera un carré de 150 de côté.

Procédures
```
1 > pour carré a
2 > rep 4 [ av a ; td 90 ]
3 > fin
4 >
```

Fenêtre de commande
```
>vg
>carré 100
>
```

▶ Choisir les dimensions d'un rectangle

Après le nom de la procédure, je laisse une espace et j'écris deux lettres que je sépare aussi par une espace. Les deux lettres seront la longueur et la largeur du rectangle.
Puis j'écris cette même lettre après la commande av.

EXEMPLE J'écris la procédure rectangle a b pour pouvoir choisir les dimensions du rectangle.
Si je tape rectangle 100 50 dans la fenêtre de commande, la tortue tracera un rectangle de 100 de longueur et de 50 de largeur.

Procédures
```
1 > pour rectangle a b
2 > rep 2 [ av a ; td 90 ; av b ; td 90 ]
3 > fin
```

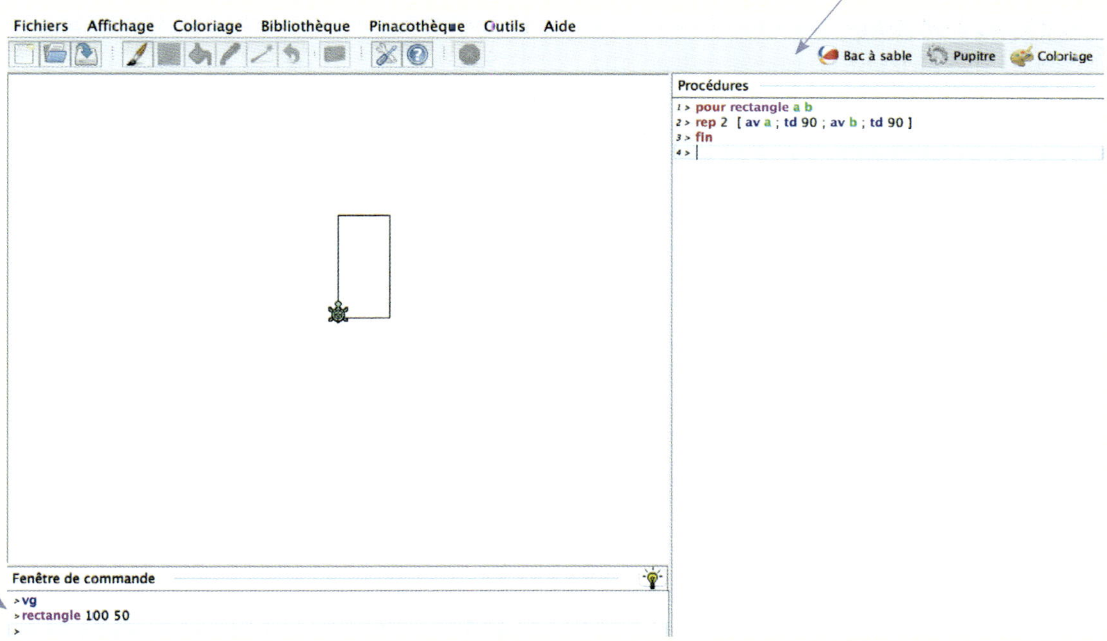

La programmation avec Géotortue *La reproduction d'une frise.*

MISE EN ROUTE

RETIENS

▶ Reproduire une frise dans Géotortue

EXEMPLE

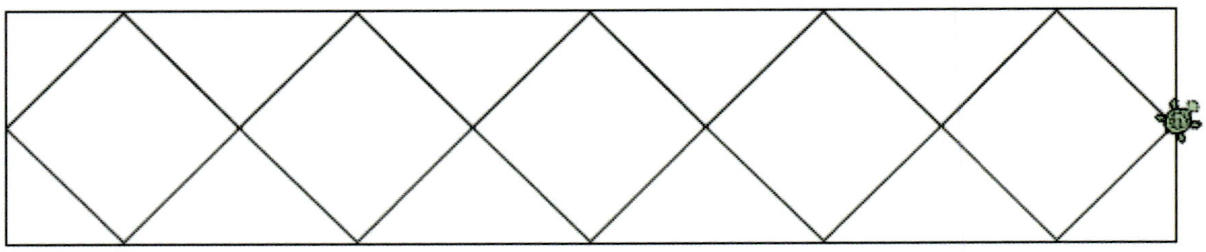

Les informations qui me sont données

Pour amener la tortue en position de tracer le cadre, il faut la déplacer de 285 vers la gauche et de 40 vers le bas.
Le cadre est un rectangle de 116 de largeur sur 567 de longueur.
Tous les carrés de la frise font 80 de côté. Le point de départ du premier carré est le milieu de la largeur du cadre.

Les étapes de la reproduction

Pour commencer, je rédige une procédure carré pour tracer un carré de 80 de côté :

```
Procédures
pour carré
rep 4  [ av 80 ; td 90 ]
fin
```

Ensuite, je rédige une procédure que j'appelle frise_carrés.
Je la rédige et je la teste étape par étape :

1. Je déplace la tortue en bas à gauche du rectangle cadre : lc ; tg 90 ; av 285 ; td 90 ; re 40 ; bc.
2. Je trace le cadre : rep 2 [av 116 ; td 90 ; av 567 ; td 90].
3. Je déplace la tortue jusqu'au milieu de la largeur du cadre et je fais tourner la tortue de 45 pour préparer le tracé du premier carré : av 58 ; td 45.

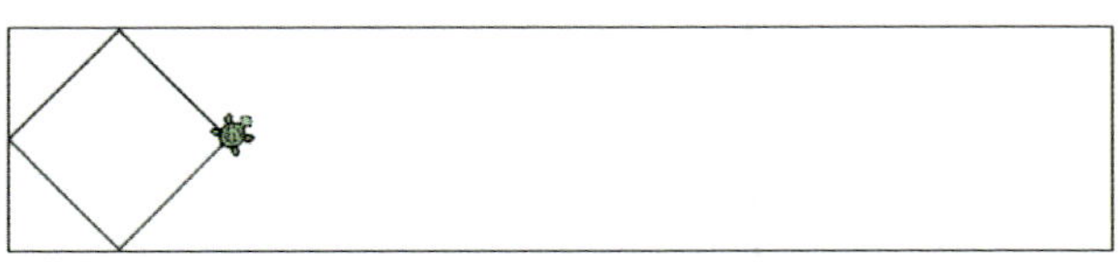

4. Je trace la frise. Pour cela, je répète 5 fois le tracé du carré suivi du déplacement pour aller au départ du second carré : rep 5 [carré ; av 80 ; td 90 ; av 80 ; tg 90]

La procédure est donc :

```
pour frise_carrés
lc ; tg 90 ; av 285 ; td 90 ; re 40 ; bc
rep 2 [av 116 ; td 90 ; av 567 ; td 90]
av 58 ; td 45
rep 5 [carré ; av 80 ; td 90 ; av 80 ; tg 90]
fin
```

Les grandeurs *Révisions.*

RAPPELLE-TOI

▶ Les tableaux des unités de mesure

Longueurs	km	hm	dam	m	dm	cm	mm
Masses	kg	hg	dag	g	dg	cg	mg
Contenances		hL	daL	L	dL	cL	mL

Aires	km^2	hm^2	dam^2	m^2	dm^2	cm^2	mm^2

▶ Placer une mesure dans un tableau

Pour placer un nombre dans le tableau des unités de mesure,
je place en premier le chiffre de l'unité exprimée.
Ensuite je place les autres chiffres pour reformer le nombre.
Je ne place jamais de virgule dans le tableau.

▶ Comparer des mesures

Pour comparer des mesures placées dans le tableau, je compare leurs chiffres de l'unité la plus grande.
S'ils sont identiques, je compare ceux de l'unité inférieure.

▶ Écrire des mesures égales à une mesure donnée

Pour écrire des mesures égales à une mesure donnée, d'abord je place le nombre dans le tableau
Ensuite, je peux placer des 0 dans les colonnes qui ne sont pas occupées.
Je lis les mesures égales dans les unités que je choisis.

▶ Convertir une mesure

Pour convertir une mesure, je la place dans le tableau puis je la lis avec la nouvelle unité.

▶ Ranger des mesures

Pour ranger des mesures dans l'ordre croissant ou décroissant, j'effectue les conversions nécessaires pour exprimer toutes les mesures dans la même unité.

Page suivante...

ENTRAINE-TOI

1 Écris trois mesures égales à **12,82 dam**.

2 Écris trois mesures égales à **61 cg**.

3 Écris trois mesures égales à **5 100mL**.

4 Écris trois mesures égales à **0,92 dam^2**.

5 Place les mesures dans le tableau, puis complète par $<$, $>$ ou $=$.
a) **8,5 daL** ... **992 cL**
b) **0,108 kg** ... **10,8 dag**
c) **10 796 dm** ... **1 km**
d) **2 484 cm^2** ... **0,25 m^2**

6 Place les mesures dans le tableau puis complète les égalités.
a) **9 070 g =** ... **hg**
b) **14 900 cm^2 =** ... **m^2**
c) **5,4 cL =** ... **mL**
d) **32,19 km =** ... **m**

7 Range les mesures suivantes dans l'ordre croissant.
3,1 hg - 0,8 kg - 291,7 g - 31,1 dag - 2 935 cg

8 Range les mesures suivantes dans l'ordre décroissant.
1,19 dam^2 - 0,04 hm^2 - 12 m^2 - 3 700 m^2 - 120 dm^2

RÉSOLUTION DE PROBLÈMES

Les problèmes à une étape

Résoudre des problèmes d'addition et de soustraction.

MISE EN ROUTE

RETIENS

Avant de choisir l'opération, je dois me poser une question :

« Est-ce que je dois trouver un nombre plus grand ou un nombre plus petit ? »

Attention ! Certains mots des énoncés de problèmes sont des pièges !

Pour résoudre les problèmes d'addition et de soustraction

- J'utilise l'addition quand je dois trouver un nombre plus grand.
- J'utilise la soustraction quand je dois trouver un nombre plus petit.

EXEMPLE A Un garagiste a vendu 40 pneus depuis le début de la semaine. Maintenant, il lui en reste 100.
Combien avait-il de pneus au début de la semaine ?
Le garagiste avait plus de 100 pneus au début de la semaine, alors j'utilise l'addition.
Je fais 100 + 40 = 140. → Le garagiste avait 140 pneus au début de la semaine.

EXEMPLE B Un cuisinier avait 60 œufs. Il en a acheté. Maintenant, il en a 100.
Combien a-t-il acheté d'œufs ?
Le cuisinier a acheté moins de 100 œufs, alors j'utilise la soustraction.
Je fais 100 – 60 = 40. → Le cuisinier a acheté 40 œufs.

EXEMPLE C Une boulangère prépare 100 baguettes, soit 10 baguettes de plus qu'hier.
Combien avait-elle préparé de baguettes hier ?
La boulangère avait préparé moins de 100 baguettes hier, alors j'utilise la soustraction.
Je fais 100 – 10 = 90. → Hier, la boulangère a préparé 90 baguettes.

ENTRAINE-TOI

Résous les problèmes suivants en utilisant l'addition ou la soustraction.

1. Une nouvelle résidence a été construite dans notre ville. 250 personnes sont venues y habiter et notre ville compte maintenant 2 350 habitants.
Quel était le nombre d'habitants dans notre ville avant la construction de la nouvelle résidence ?

2. La population d'une ville a diminué de 1 700 habitants depuis 1962. Maintenant, elle a 14 500 habitants.
Combien cette ville avait-elle habitants en 1962 ?

3. Catastrophe ! Un camion qui transportait 2 500 verres s'est renversé sur la route. Il ne reste que 1 400 verres intacts.
Combien de verres ont été cassés ?

4. Lors de la finale de la coupe de France de football, on a dénombré 63 00 spectateurs au total. Parmi eux, 11 000 ont bénéficié d'une entrée gratuite.
Combien de spectateurs ont payé leur entrée ?

5. 350 spectateurs sont sortis de la salle pendant l'entracte du concert de Jeannette. Il reste 7 300 spectateurs dans la salle.
Combien y avait-il de spectateurs avant l'entracte ?

VA PLUS LOIN

6 Grocetaite est un brillant candidat au jeu télévisé « Avez-vous de la mémoire ? ».
Ce soir, il a empoché 500 € de plus et ses gains représentent maintenant un total de 15 700 €.
Quel était le montant de ses gains avant l'émission de ce soir ?

7 Le chanteur Labellevoi n'est pas satisfait.
Il a vendu 53 000 exemplaires de son nouvel album. Mais c'est 3 000 de moins que l'album précédent.
Combien Labellevoi avait-il vendu d'exemplaires de son album précédent ?

8 23 000 personnes avaient visité une exposition de peinture l'an dernier. Cette année, ce sont 35 000 visiteurs qui ont vu cette même exposition.
Combien y a-t-il eu de visiteurs de plus cette année ?

9 Mattéo a dépensé 750 € pour effectuer des travaux. Maintenant, il lui reste 850 €.
Combien Mattéo avait-il d'argent avant de faire les travaux ?

10 Léonard de Vinci est mort en 1519, à l'âge de 67 ans.
En quelle année est-il né ?

Les problèmes à une étape

Résoudre des problèmes de multiplication et de division.

MISE EN ROUTE

RETIENS

▶ **Lorsqu'une collection ou une mesure est répétée, j'utilise la multiplication ou la division**

▶ **Avant de choisir entre multiplication et division, je dois me poser une question :**

« Est-ce que je dois trouver un nombre plus grand ou un nombre plus petit ? »

- J'utilise la multiplication quand je dois trouver un nombre plus grand et que ce sont plusieurs quantités ou mesures identiques.
- J'utilise la division quand je dois trouver un nombre plus petit et que ce sont plusieurs quantités ou mesures identiques.

EXEMPLE A Une fleuriste a 72 roses. Elle en fait 4 bouquets.
Combien met-elle de fleurs dans chaque bouquet ?
Les 4 bouquets sont identiques et il y a moins de 72 fleurs dans chaque bouquet, alors j'utilise la division.
Je fais 72 : 4 = 18. → Elle met 18 roses par bouquet.

EXEMPLE B Un fleuriste a 45 roses. Il en fait des bouquets de 5 roses.
Combien fait-il de bouquets ?
Les bouquets sont tous identiques et il y a moins de 45 bouquets, alors j'utilise la division.
Je fais 45 : 5 = 9. → Il fait 9 bouquets.

EXEMPLE C Avec ses fleurs, un fleuriste fait 36 bouquets de 4 roses.
Combien a-t-il de roses ?
Tous les bouquets sont identiques et il y a plus de 36 roses, alors j'utilise la multiplication.
Je fais 4 × 36 = 144. → Il a 144 roses au total.

Page suivante...

ENTRAINE-TOI

Résous les problèmes suivants en utilisant la multiplication ou la division.

1. 4 pains au chocolat pèsent 240 grammes.
Combien pèse un pain au chocolat ?

2. Marie a compté les poireaux que son papy a plantés dans son jardin. Il y a 4 rangées de 45 poireaux.
Combien y a-t-il de poireaux dans le jardin du papy de Marie ?

3. Le cantinier prépare les tables pour le déjeuner. Il sait que 60 élèves vont venir déjeuner au restaurant scolaire. Il doit préparer des tables de 4.
Combien de tables doit-il préparer ?

4. La maitresse a demandé à Lucile de distribuer 4 jetons à chacun de 24 élèves de la classe.
Combien faut-il de jetons au total ?

5. Le maitre a demandé à ses élèves de tracer un carré de 56 cm de *périmètre**.
Combien doit mesurer chaque côté de ce carré ?

* *Le périmètre, c'est la longueur du tour de ce carré.*

VA PLUS LOIN

6. La maitresse a donné à Lucas une bande de tissu de 92 cm de longueur. Il doit maintenant la découper en morceaux de 4 cm.
Combien aura-t-il de morceaux quand il aura découpé toute la bande ?

7. Une pièce de théâtre a été jouée 4 fois dans la salle des fêtes de la commune et à chaque fois, la salle était pleine. Au total, 1 000 spectateurs ont vu la pièce de théâtre.
Combien y a-t-il eu de spectateurs chaque jour ?

8. *Si un morceau de sucre pèse 4 grammes, combien pèse une boite de 250 morceaux ?*

9. Pour commencer la nouvelle année scolaire, la directrice de l'école partage 340 cahiers entre les 4 classes de son école.
Combien chaque classe reçoit-elle de cahiers ?

Les problèmes à une étape

Résoudre des problèmes relevant des quatre opérations.

MISE EN ROUTE

RETIENS

▶ Les problèmes d'addition

J'utilise l'addition quand je dois trouver un nombre plus grand.

▶ Les problèmes de soustraction

J'utilise la soustraction quand je dois trouver un nombre plus petit.

▶ Les problèmes de multiplication

J'utilise la multiplication quand je dois trouver un nombre plus grand et que ce sont plusieurs quantités ou mesures identiques.

▶ Les problèmes de division

J'utilise la division quand je dois trouver un nombre plus petit et que ce sont plusieurs quantités ou mesures identiques.

ENTRAINE-TOI

Résous les problèmes suivants en utilisant la bonne opération.

1 La natation

Un nageur s'entraine au rythme de 5 km par jour.

Combien lui faut-il de jours pour nager 100 km ?

2 Le tir à l'arc

8 archers participent au championnat de tir à l'arc. Chaque archer tire 144 flèches.

Combien de flèches sont tirées en tout ?

3 La course à pied

Ce matin à l'entrainement, Max a parcouru 12 000 m en courant. C'est 4 500 m de moins que sa coéquipière Tina.

Quelle distance Tina a-t-elle parcourue ?

4 Le football

Les 21 200 supporteurs du club de Marmolande voudraient avoir un billet pour assister à un match de football au stade de France. Mais leur club n'a reçu que 12 400 billets.

Combien de billets leur manque-t-il ?

5 Le cyclisme

Lors du championnat, les coureurs ont effectué 5 fois le tour d'un circuit. En tout, ils ont parcouru 125 km.

Combien mesurait un tour du circuit ?

6 Le rugby

Une équipe de rugby se compose de 15 joueurs. Lors du tournoi de Brive, 40 équipes se sont engagées.

Combien de joueurs participent au tournoi de Brive ?

7 Le volleyball

L'entraineur de l'équipe de volleyball porte 4 ballons. Ensemble, les 4 ballons pèsent 1 kg*.

Combien pèse un ballon ?

* Rappel : 1 kilogramme, c'est 1 000 grammes.

8 Le handball

En 2009, il y avait 360 000 joueurs de handball en France, dont 130 000 enfants.

Combien y avait-il de joueurs adultes ?

9 La danse

Pendant le mois de juin, les danseurs de l'opéra de Paris ont dansé tous les jours pendant 2 h.

Pendant combien d'heures les danseurs de l'Opéra de Paris ont-ils dansé durant le mois de juin ?

10 Le basket

Un match de basket est programmé samedi soir au palais des sports. 7 800 billets ont déjà été achetés et il reste 7 200 billets à vendre.

Combien y a-t-il de places dans le palais des sports ?

11 Le tir

Lors de la compétition de tir, Loulou a marqué 1 371 points, soit 456 points de moins que son adversaire Bibi.

Combien Bibi a-t-il marqué de points ?

12 Le judo

En 2010, 583 500 personnes ont acheté une licence pour pratiquer le judo en France. En 2011, elles n'étaient plus que 494 000.

Combien le judo a-t-il perdu de licenciés en un an ?

Les problèmes à plusieurs étapes

Résoudre des problèmes dont les questions intermédiaires sont écrites dans l'énoncé.

MISE EN ROUTE

RETIENS

Pour résoudre un problème à étapes

Je réponds aux questions dans l'ordre.

Chaque réponse est une nouvelle information que je peux utiliser pour les questions suivantes.

Pour présenter la solution dans mon cahier :

- j'écris le numéro, le calcul en ligne et la phrase réponse de chaque question ;
- je saute une ligne entre deux réponses.

FAISONS ENSEMBLE

Un transporteur quitte un dépôt après avoir chargé 1 800 bouteilles d'eau minérale dans son camion et 800 dans sa remorque. Il dépose 1 400 bouteilles chez le premier client et le reste est partagé équitablement entre 2 magasins.

a) *Combien transporte-t-il de bouteilles quand il quitte le dépôt ?*

b) *Combien lui reste-t-il de bouteilles après livraison du premier client ?*

c) *Combien dépose-t-il de bouteilles dans chaque magasin ?*

ENTRAINE-TOI

Résous les problèmes suivants.

1 Florie la fleuriste a 180 tulipes.
Elle fait un bouquet de 20 tulipes qu'elle place dans la vitrine de sa boutique. Avec les autres tulipes, elle va préparer des bouquets composés de 8 fleurs. Puis elle vendra chaque bouquet 10 €.

a) *Combien lui reste-t-il de tulipes pour faire les bouquets ?*

b) *Combien de bouquets Florie va-t-elle pouvoir préparer ?*

c) *Combien pourra-t-elle gagner d'argent en vendant tous ses bouquets ?*

2 Lucie économise 100 € par mois pour s'acheter un téléviseur grand écran à 900 € et un VTT à 700 €. Au bout d'un an, elle achète le téléviseur.

a) *Combien a-t-elle économisé en un an ?*

b) *Combien lui reste-t-il après l'achat du téléviseur ?*

c) *Combien lui manque-t-il pour acheter le VTT ?*

d) *Si elle continue ainsi, pendant combien de mois devra-t-elle encore économiser pour s'acheter le VTT ?*

VA PLUS LOIN

3 À l'arborétum, les prix d'entrée sont les suivants : 8 € par adulte et 4 € par enfant. Ce mercredi, 120 adultes ont payé leur entrée. Il y a eu 90 enfants de plus que d'adultes.

a) *Combien d'enfants sont venus à l'arborétum ce mercredi ?*

b) *Quelle a été le montant de la recette* pour les enfants ?*

c) *Quelle a été le montant de la recette* pour les adultes ?*

d) *Quelle a été le montant total de la recette* de la journée ?*

* La recette, c'est la somme totale des entrées.

Les problèmes à plusieurs étapes

Résoudre des problèmes dont les questions intermédiaires sont écrites dans l'énoncé.

MISE EN ROUTE

RAPPELLE-TOI

Relis la partie RETIENS de la semaine 4, page 162.

FAISONS ENSEMBLE

Lors de la kermesse d'une école, 4 stands ont été organisés. **Les recettes*** y ont été les suivantes : stand 1 → 280 € ; stand 2 → 270 € ; stand 3 → 350 € ; stand 4 → 300 €.

De plus, 150 billets de tombola ont été vendus à 2 € le billet.
Il a fallu effectuer diverses dépenses pour un montant de 900 € pour organiser la kermesse.
Les bénéfices** de la kermesse ont été partagés équitablement entre les 3 classes.

a) *Quelle a été la recette* de la tombola ?*
b) *Quelle a été la recette totale ?*
c) *Quel a été le bénéfice** total de la kermesse ?*
d) *Quelle somme a été versée à chacune des trois classes ?*

* **La recette**, c'est la somme qui se trouvait dans la caisse a la fin de la kermesse.
** **Le bénéfice**, c'est la somme qui est restée quand toutes les dépenses ont été payées.

ENTRAINE-TOI

Résous les problèmes suivants.

1 Résous le problème suivant.
Le cinéma Lepalace se compose d'une grande salle qui comporte 23 rangées de 20 fauteuils. Le tarif y est de 10 € la place. Chaque jour de la semaine dernière, pour le film *Bienvenue chez les Vigs*, il y a eu trois séances qui ont fait salle comble. Ce film est un grand succès et il a fait salle comble pendant 5 semaines.
a) *Combien de spectateurs la salle du cinéma Lepalace peut-elle accueillir ?*
b) *Combien de personnes ont vu le film chaque jour ?*
c) *Combien y a-t-il eu de spectateurs au total sur la semaine ?*
d) *Combien de spectateurs ont assisté à la projection de ce film en 5 semaines ?*
e) *Quelle somme le film a-t-il rapportée ?*

2 Invente et rédige un problème à deux étapes.
Ce problème devra avoir les caractéristiques suivantes :
- pour répondre à la question a), il faut faire une division ;
- pour répondre à la question b), il faut faire une soustraction en utilisant la réponse de la question a).

3 Résous le problème que tu as inventé.

Les problèmes à plusieurs étapes

Résoudre des problèmes dont les questions intermédiaires sont écrites dans l'énoncé.

MISE EN ROUTE

RAPPELLE-TOI

Relis la partie RETIENS de la semaine 4, page 162.

FAISONS ENSEMBLE

La chaine de télévision « Regarde-moi » propose deux formules d'abonnement :
- formule A : 33 € à payer chaque mois ;
- formule B : 96 € à payer tous les 3 mois.

Lilou s'est abonnée pour un an avec la formule B. Lilas s'abonne à son tour pour un an, mais elle choisit la formule A.

a) *À combien revient l'abonnement de Lilas pour un an ?*
b) *À combien revient celui de Lilou pour la même durée ?*
c) *Quelle économie Lilou réalise-t-elle par rapport à Lilas ?*

ENTRAINE-TOI

1 Résous le problème suivant.

Une compagnie aérienne propose 3 tarifs différents pour le vol Paris-New York :
- 825 € par personne en classe affaires ;
- 536 € par personne en première classe ;
- 386 € par personne en classe économique.

Lors du vol de ce matin, l'avion n'est pas complet.
En classe affaires, il y a 12 sièges, mais seulement 5 sièges sont occupés.
En première classe, il y a 60 sièges et la moitié des sièges sont occupés.
En classe économique, il y a 64 sièges et il reste 14 sièges libres.

a) *Quelle est la recette sur ce vol pour la classe affaires ?*
b) *Combien de sièges sont occupés en première classe ?*
c) *Quelle est la recette sur ce vol pour la première classe ?*
d) *Combien de sièges sont occupés en classe économique ?*
e) *Quelle est la recette sur ce vol pour la classe économique ?*
f) *Quelle est la recette totale de ce vol ?*

2 Invente et rédige un problème à 2 étapes.

Ce problème devra avoir les caractéristiques suivantes :
- pour répondre à la question a), il faut faire une multiplication ;
- pour répondre à la question b), il faut faire une addition en utilisant la réponse de la question a).

3 Résous le problème que tu as inventé.

Les durées

Résoudre des problèmes portant sur les durées.

MISE EN ROUTE

RETIENS

Dans les problèmes de durée

- Je dois parfois écrire une conversion avant de calculer.
- Je dois aussi écrire une conversion si le nombre des minutes du résultat atteint ou dépasse 60.

EXEMPLE Le film dure 2 h. Il a commencé depuis 50 min.
Combien de temps reste-t-il ?
2 h, c'est 120 min.
120 − 50 = 70
70 min, c'est 1 h 10 min. → Il reste 1 h 10 min.

Pour calculer une durée avec une heure de début et une heure de fin

Je dois écrire les étapes intermédiaires puis la somme des résultats intermédiaires.

EXEMPLE Le concert commence à 20 h 45. Il se termine à 22 h 35.
Combien de temps dure-t-il ?
- De 20 h 45 à 21 h, il y a 15 min.
- De 21 h à 22 h 35, il y a 1 h 35 min.

15 min + 1 h 35 min = 1 h 50 min → Le concert dure 1 h 50 min.

ENTRAINE-TOI

Résous les problèmes suivants.

1 Romain fait du judo. Chaque semaine, il participe à 3 entrainements de 1 h 20 min chacun.
Combien de temps Romain s'entraine-t-il chaque semaine ?

2 Ce matin, Louka est entré dans l'école à 8 h 45. Lorsqu'il en est sorti après la classe, il était 15 h 30.
Combien de temps Louka a-t-il passé à l'école aujourd'hui ?

3 Lina a une pause de 1 h 40 min le midi entre les cours du matin et ceux de l'après-midi. D'abord, elle déjeune en 45 min. Ensuite, elle va au cours de théâtre.
Combien de temps dure le cours de théâtre ?

4 Max a un rendez-vous à Paris à 9 h pour son travail. Il part de chez lui à 4 h 15 pour effectuer les 500 km du trajet en voiture.
De combien de temps dispose-t-il pour effectuer le trajet et arriver à l'heure ?

5 Maxime déménage ce matin. Il utilise sa voiture et il sait qu'il va devoir effectuer 3 voyages. Il est 8 h 30 quand il commence. Chaque voyage durera 1 h 30 min.
a) *Combien de temps met-il pour faire les trois voyages ?*
b) *À quelle heure Maxime pense-t-il terminer son déménagement ?*

Page suivante...

VA PLUS LOIN

6 Hier soir, Léa a éteint la lumière à 21 h 15. Elle s'est endormie immédiatement. Ce matin, il était 7 h quand elle s'est réveillée. Léa sait qu'elle doit dormir 10 heures par nuit pour être en forme.

a) *Pendant combien de temps Léa a-t-elle dormi ?*

b) *Combien de temps lui manque-t-il pour dormir 10 heures ?*

7 La semaine dernière, Anelise s'est rendue à Paris pour visiter une exposition au musée du Louvre. Elle a voyagé en train, en partant de la gare d'Uzerche. À l'aller, le train est parti à 5 h 26 et est arrivé à Paris à 9 h 07. Au retour, le train a quitté la gare de Paris-Austerlitz à 18 h 12 et est arrivé à Uzerche à 22 h 16.

a) *Combien de temps a duré le trajet aller ?*

b) *Combien de temps a duré le trajet retour ?*

c) *Le trajet aller a duré moins longtemps que le trajet retour. Combien de minutes le train a-t-il mises de moins à l'aller ?*

Les problèmes particuliers

Résoudre des problèmes présentés avec un histogramme

MISE EN ROUTE

EXEMPLE

Au théâtre de la Ville

En 2020, le théâtre de la Ville a proposé la représentation de plusieurs pièces de théâtre.
Voici le bilan annuel des entrées réalisées :

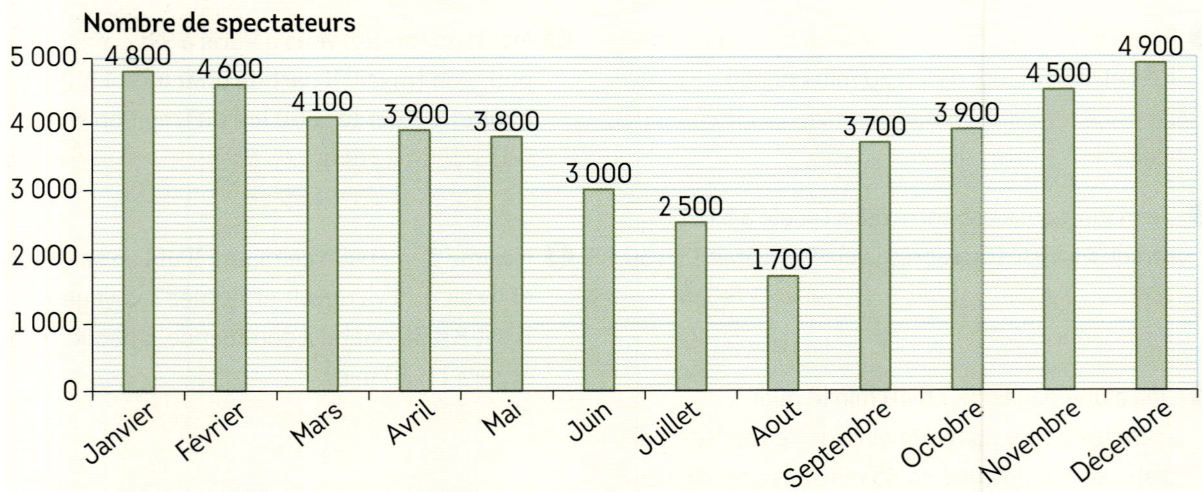

a) Il y a quatre trimestres dans une année. Le premier est composé des mois de janvier, février et mars, le deuxième des mois d'avril, mai et juin, etc.
Combien y a-t-il eu de spectateurs au quatrième trimestre ?

b) Au quatrième trimestre 2019, il y avait eu 12 000 entrées en tout.
De combien ce nombre d'entrées a-t-il augmenté ou diminué en 2020 ?

c) Le prix d'une place en 2020 était de 12 €.
Quelle a été la recette du mois de juin ?

ENTRAINE-TOI

Résous les problèmes suivants.

❶ Les effectifs de l'école de Platoche

a) *En 2015, combien y avait-il de filles de moins que de garçons ?*

b) *Combien y avait-il d'élèves en tout en 2015 ?*

c) *Combien y avait-il d'élèves en tout en 2022 ?*

d) *De combien d'élèves les effectifs de cette école ont-ils augmenté de 2015 à 2022 ?*

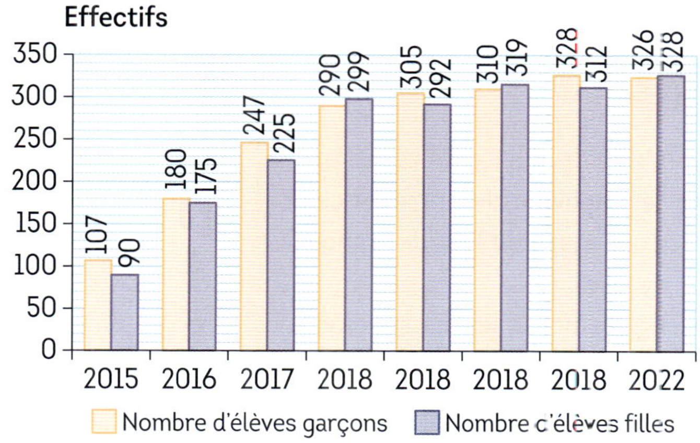

❷ et ❸ → *Cahier d'exercices, page 70.*

VA PLUS LOIN

❹ Les précipitations à Marseille

Dans l'histogramme, les quantités de pluie sont données en millimètres.

a) Les mois de juin et juillet sont les mois les moins pluvieux de l'année.
Quelle quantité de pluie tombe-t-il au total pendant ces deux mois ?

b) Le mois d'octobre est le mois le plus pluvieux de l'année.
Combien de millimètres de pluie tombe-t-il de plus en octobre qu'en juillet ?

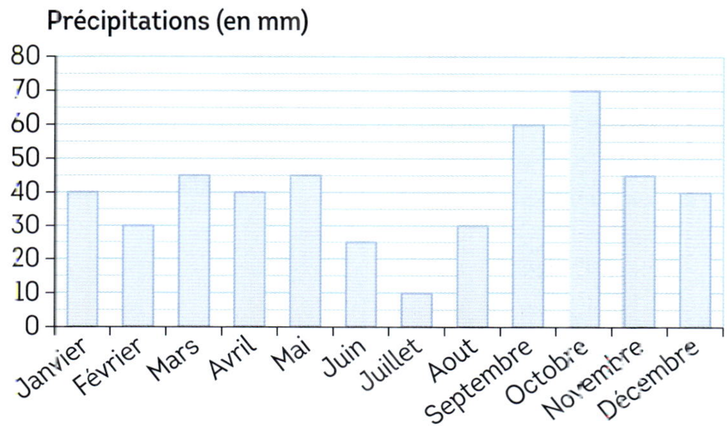

Les problèmes particuliers

Résoudre des problèmes présentés avec un graphique.

MISE EN ROUTE

EXEMPLE

L'étape du Tour de France

Le graphique ci-contre est celui d'une étape du Tour de France cycliste.
Il informe sur les distances et le relief du parcours emprunté par les coureurs le 26 juillet 2019.

a) *Quelle distance sépare Bonneval-sur-Arc et Lanslebourg-Mont-Cenis ?*

b) *Quelle différence d'altitude y a-t-il entre ces deux villes ?*

c) *De combien de mètres les coureurs montent-ils à partir de Tignes les Brévières jusqu'à l'arrivée à Tignes ?*

d) *Combien de km dure cette montée ?*

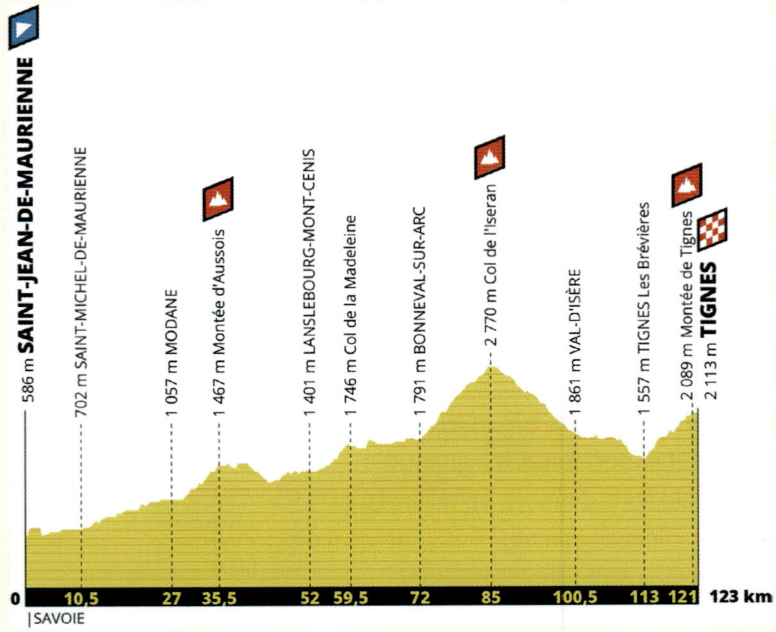

ENTRAINE-TOI

1 Les notes de Sofia

Sofia a relevé toutes ses notes du mois de novembre.
Elle a fait un graphique sur son cahier.

Réponds à ces questions de lecture.

a) À quelle date Sofia a-t-elle eu un 6 ?

b) Combien de fois a-t-elle eu 8 ?

c) Quelle a été sa note la plus faible ?

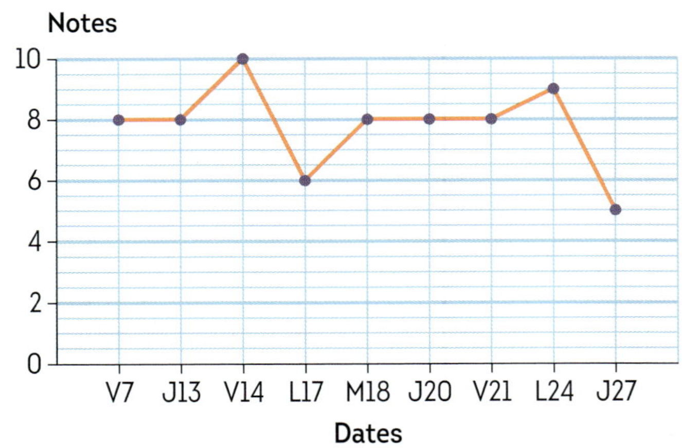

2 Les notes de Rémi

Dans le tableau ci-contre, on a recopié les notes de Rémi.

V7	J13	V14	L17	M18	J20	V21	L24	J27
7	8	4	9	2	10	7	9	3

Sur ton cahier, fais un graphique au crayon avec les notes de Rémi sur le modèle de celui de Sofia.

a) Trace les axes *Notes* et *Dates*.

b) Sur l'axe *Notes*, place les nombres de 0 à 10 en comptant *la moitié d'un carreau pour 1 point*.

c) Sur l'axe *Dates*, place les dates sous chaque ligne verticale du cahier.

d) Place au crayon les points correspondant aux notes de Rémi.

e) Relie les points.

3 La citerne

Grégoire utilise une citerne de récupération de l'eau de pluie pour arroser son jardin. Le tableau ci-contre présente le relevé du volume d'eau restant dans la citerne.

Jours	0	1	2	3	4	5	6	7
Volumes d'eau en litres	300	200	150	150	100	100	50	0

Sur ton cahier, fais un graphique représentant le volume d'eau restant dans cette citerne.

a) Trace les axes *Quantité d'eau* et *Jours* comme ci-dessous.

b) Sur l'axe *Quantité d'eau*, écris les nombres en comptant *1 carreau pour 50 litres*.

c) Sur l'axe *Jours*, écris les nombres en comptant *2 carreaux pour 1 jour*.

d) Place les points du graphique en utilisant les informations du tableau.

e) Relie ces points entre eux à la règle.

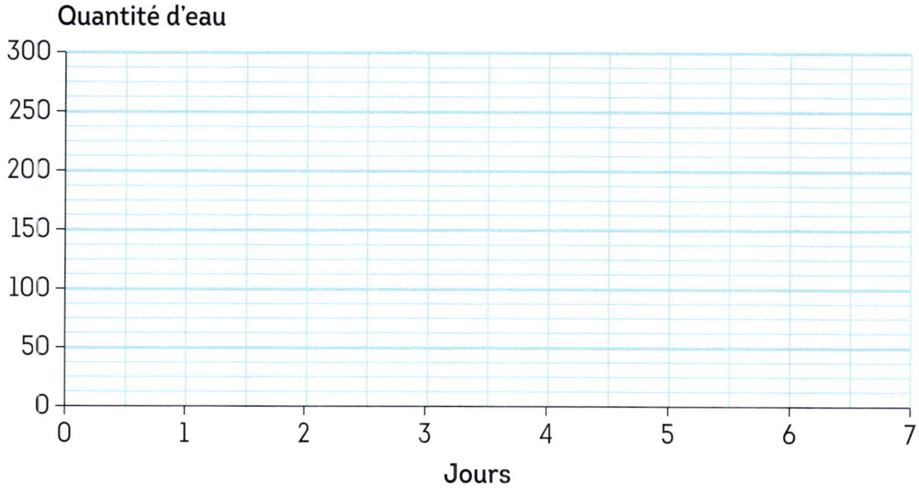

VA PLUS LOIN **4** → *Cahier d'exercices, page 71.*

Semaine 10

Les problèmes à plusieurs étapes

Résoudre des problèmes à plusieurs étapes dont il faut trouver les questions intermédiaires.

MISE EN ROUTE

FAISONS ENSEMBLE

C'est la fête à l'ile d'Oléron

Pour la dégustation qu'ils organisent sur le port, les **ostréiculteurs*** ont apporté 80 **bourriches**** d'huitres. Dans chaque bourriche, il y a 5 douzaines d'huitres.
Les organisateurs ont prévu de servir 6 huitres par personne.

a) .... ?

b) .... ?

c) *Combien de personnes pourront-ils servir ?*

* Un ostréiculteur est un éleveur d'huitres.

** Une bourriche est un panier pour transporter les huitres.

Page suivante...

RETIENS

▶ **Pour trouver les questions intermédiaires d'un problème à plusieurs étapes**

- Je cherche quelles informations manquent pour répondre à la question posée.
- Ou je cherche quelles nouvelles informations on peut calculer avec ce qui est dans le texte.

ENTRAINE-TOI

Pour chaque problème, trouve et rédige la (ou les) question(s) intermédiaire(s) sur ton cahier. Ensuite, résous le problème.

1 Pour la fête de l'école, 18 rangées de 20 chaises ont été installées dans la salle polyvalente. Pendant le spectacle, Madame Daubi compte les chaises qui sont restées libres. Il y en a 43.

a) .... ?

b) *Combien de chaises sont occupées pendant le spectacle ?*

2 500 supporteurs d'une équipe de basket veulent se rendre au prochain match de leur équipe favorite. Certains prendront le car et les autres effectueront le déplacement en train. 6 cars de 55 places sont disponibles.

a) .... ?

b) *Combien de supporteurs prendront le train ?*

3 Un héritage est partagé entre 3 personnes. La première reçoit 4 100 €. La seconde reçoit 350 € de plus que la première. La troisième reçoit deux fois plus que la seconde.

a) .... ?

b) .... ?

c) *Quel est le montant total de cet héritage ?*

4 Le centre de loisirs de Sanper organise une sortie au parc ornithologique. Les 132 enfants seront accompagnés de 14 adultes. La directrice a réservé plusieurs cars. Chaque car peut transporter 50 personnes et sa location coute 230 €.

a) .... ?

b) ....

c) *Combien coutera la location des cars en tout ?*

VA PLUS LOIN

5 Pour faire une cabane à ses enfants, Max achète une boite de clous à 13 € et 8 planches de bois. Pour payer, il donne un billet de 100 € et le caissier lui rend 15 €.

a) .... ?

b) .... ?

c) *Quel est le prix d'une planche ?*

Les problèmes à plusieurs étapes

Résoudre des problèmes à plusieurs étapes dont il faut trouver les questions intermédiaires.

MISE EN ROUTE

RAPPELLE-TOI

Relis la partie *RETIENS* de la semaine 10, page 170.

FAISONS ENSEMBLE

Weekend en Espagne

Stéphanie et Souad sont allées passer un weekend en Espagne.
Stéphanie a payé les billets d'avion qui ont couté 184 € ensemble.
Souad a dépensé moins d'argent. Elle a payé la location de l'appartement qui a couté 126 €.
Maintenant Souad doit donner de l'argent à Stéphanie pour que toutes les deux aient dépensé la même somme.

a) .... ?
b) .... ?
c) *Combien Souad doit-elle donner à Stéphanie ?*

ENTRAINE-TOI

Pour chaque problème, trouve et rédige la (ou les) question(s) intermédiaire(s) sur ton cahier. Ensuite, résous le problème.

1 Monsieur Beauboeuf a un troupeau de 40 vaches laitières. Chaque vache produit environ 25 litres de lait par jour. Le lait est transformé en beurre et il faut 5 litres de lait pour obtenir une plaquette de beurre.

a) .... ?
b) *Combien de plaquettes de beurre Monsieur Beauboeuf peut-il obtenir chaque jour ?*

2 Luis a récolté 180 kg de prunes. Il en a utilisé la moitié pour faire de la confiture. Il a rangé les autres prunes dans des caisses de 5 kg. Ensuite, il a vendu toutes les caisses 8 € chacune.

a) .... ?
b) .... ?
c) *Combien lui a rapporté la vente de toutes les caisses ?*

3 Le gérant du cinéma Royal Ciné a compté la recette de la séance de 17 h.
Au cinéma Royal Ciné, un adulte paie 12 € et un enfant paie mi-tarif.
Lors de la séance de 17 h, il y avait 60 adultes et 75 enfants.

a) .... ?
b) .... ?
c) .... ?
d) *Quelle a été la recette de la séance ?*

VA PLUS LOIN

4 Lisa a commencé le roman de 256 pages que son maitre lui a demandé de lire. Elle en a déjà lu 46 pages. Elle décide de lire la suite et la fin du roman en lisant le même nombre de pages chaque jour pendant 5 jours.

a) .... ?
b) *Combien de pages va-t-elle lire chaque jour ?*

Les problèmes à plusieurs étapes

Résoudre des problèmes à plusieurs étapes dont il faut trouver les questions intermédiaires.

MISE EN ROUTE

RAPPELLE-TOI

Relis la partie *RETIENS* de la semaine 10, page 170.

FAISONS ENSEMBLE

Au théâtre

La directrice du théâtre compte la recette de ce soir : elle compte 6 300 €.

- Le prix d'une place de théâtre est de 20 € pour un adulte. Les enfants paient mi-tarif.
- Ce soir, il y avait 280 adultes dans la salle. Mais la directrice ne sait pas combien il y avait d'enfants.

a) .... ?
b) .... ?
c) .... ?
d) *Combien y avait-il d'enfants ?*

ENTRAINE-TOI

Pour chaque problème, trouve et rédige les questions intermédiaires sur ton cahier. Ensuite, résous le problème.

1 Le directeur du centre de loisirs a prévu une somme de 1 000 € pour acheter des jeux. Il achète 4 vélos qui coutent 175 € chacun et un toboggan à 276 €. Avec le reste, il veut acheter des DVD à 8 € pièce.

a) .... ?
b) .... ?
c) .... ?
d) *Combien peut-il acheter de DVD ?*

2 Manon veut s'acheter un ordinateur à 530 € et une sacoche qui coute 30 €. Pour cela, elle a économisé 40 € par mois depuis un an. Ce matin, elle a fait ses calculs et elle a constaté qu'il lui manque encore de l'argent. Elle va donc continuer à économiser de la même façon.

a) .... ?
b) .... ?
c) .... ?
d) *Pendant combien de mois devra-t-elle encore économiser ?*

VA PLUS LOIN

3 Un train part de Paris avec 481 voyageurs à bord. Il effectue un premier arrêt à Vierzon où 30 voyageurs descendent et 20 montent dans le train. Il effectue un second arrêt à Châteauroux où 190 voyageurs descendent et 90 montent dans le train. Il effectue un troisième arrêt à Limoges où 270 voyageurs descendent et 80 montent dans le train. Enfin, il arrive à Brive-la-Gaillarde... Tous les voyageurs descendent du train.

a) .... ?
b) .... ?
c) .... ?
d) *Combien y a-t-il de voyageurs dans le train quand il arrive à Brive-la-Gaillarde ?*

Les problèmes de recherche Faire des essais.

MISE EN ROUTE

EXEMPLE

Ce problème est un problème de recherche. Résous-le en faisant des essais.

Les opérations en chaine

À partir du nombre 100, on utilise une seule fois dans une chaine de calculs chacune des quatre opérations suivantes : additionner 8 ; soustraire 12 ; multiplier par 3 ; diviser par 4.

EXEMPLE Si on commence par diviser par 4, ensuite additionner 8, puis multiplier par 3 et, pour terminer, soustraire 12, on obtient 87 au bout de la chaine.

100 → : 4 → 25 → + 8 → 33 → × 3 → 99 → - 12 → 87

Il est possible de trouver un nombre plus petit que 87.

Dans quel ordre faut-il effectuer ces quatre opérations pour obtenir le plus petit nombre possible au bout de la chaine ?

Guide de présentation de ton travail

- Organise tes essais du haut vers le bas de ta feuille.
- N'efface pas tes essais, mais barre tes erreurs de calcul.
- Écris la réponse à la question en bas de ton travail et souligne-la.

ENTRAINE-TOI

Ce problème est un problème de recherche. Résous-le.

1 Les égalités du nombre 9

Voici trois égalités incomplètes :

a) 9 ... 9 ... 9 ... 9 = 810

b) 9 ... 9 ... 9 ... 9 = 81

c) 9 ... 9 ... 9 ... 9 = 6 561

Complète ces égalités avec les signes +, −, × et des parenthèses pour les rendre justes.

Trouve et rédige les questions intermédiaires des problèmes 2 et 3, puis résous-les.

2 À la scierie, Monsieur Dubois a découpé 175 planches ce matin. Cet après-midi, il doit en découper 3 fois plus.

a) .... ?

b) *Combien de planches Monsieur Dubois aura-t-il découpées en tout aujourd'hui ?*

3 Les joueurs du club de handball ont organisé une tombola. Ils ont vendu 794 billets à 3 €. Mais ils ont dépensé 755 € pour l'achat des lots.

a) .... ?

b) *Quel a été le bénéfice* de la tombola ?*

* Le bénéfice, c'est la somme qui reste après avoir payé les lots.

Les problèmes de recherche Organiser sa recherche.

MISE EN ROUTE

EXEMPLE

Les cordes de Michel

Michel plante des clous. Il réalise successivement un triangle, un carré, un pentagone et un hexagone. Puis, il joint les clous deux à deux par des ficelles. Voici les résultats qu'il a obtenus :

Avec 3 clous	Avec 4 clous	Avec 5 clous	Avec 6 clous
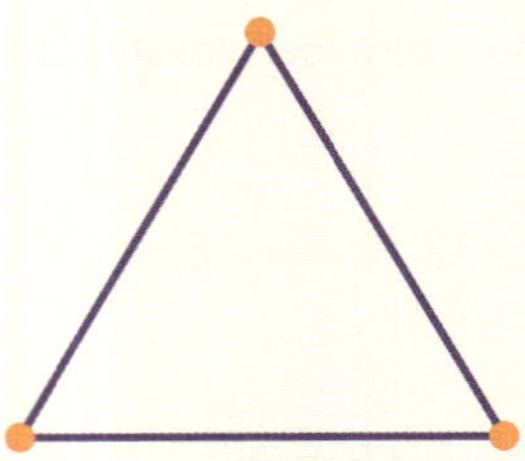	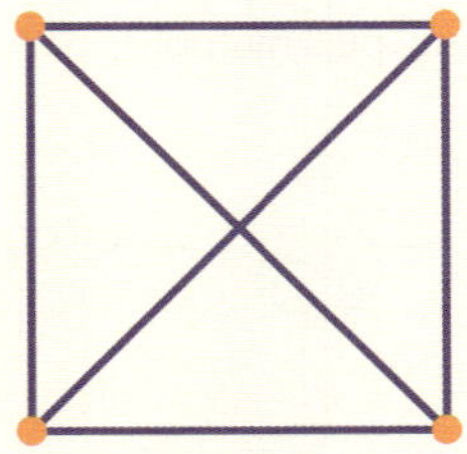	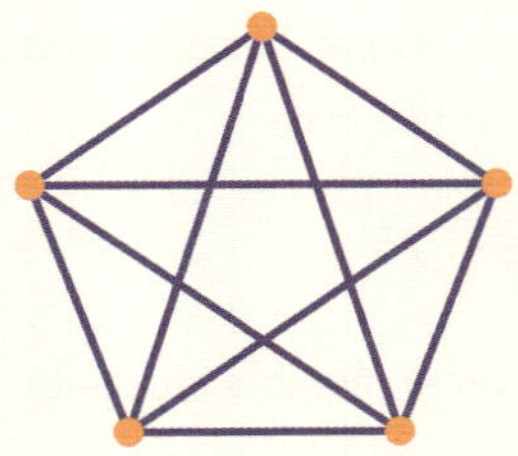	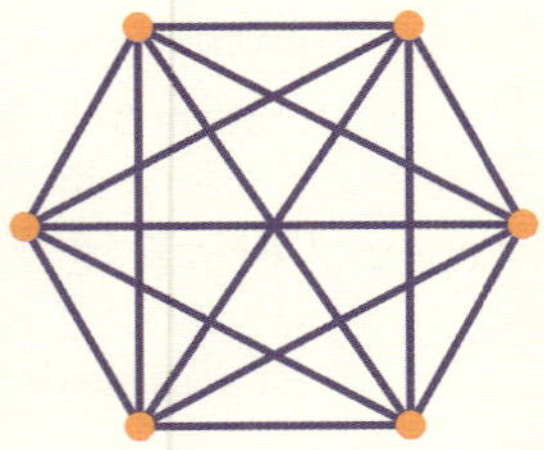
il faut 3 ficelles.	**il faut 6 ficelles.**	**il faut 10 ficelles.**	**il faut 15 ficelles.**

Maintenant, Michel plante 10 clous disposés de façon circulaire.
Il joint aussi les clous deux à deux par des ficelles.
Trouve le nombre de ficelles nécessaires.

Guide de présentation de ton travail

- Observe bien les exemples avant de commencer ta recherche.
- Si tu fais un dessin, organise-le bien de façon à pouvoir compter les ficelles sans te tromper et utilise des crayons de couleurs.

ENTRAINE-TOI

Ce problème est un problème de recherche. Résous-le.

1 Les cordes de Michel (2)

Maintenant Michel plante 12 clous disposés de façon circulaire.
Il joint aussi les clous deux à deux par des ficelles.
Trouve le nombre de ficelles nécessaires dans ce cas.

Trouve et rédige les questions intermédiaires des problèmes 2 et 3, puis résous-les.

2 Dans une ruche, la reine pond 2 œufs par minute. Le rythme est infernal mais obligatoire car la reine est la seule pondeuse de la colonie.

a) .... ?

b) *Combien pond-elle d'œufs par jour ?*

3 Un avion de 240 places décolle de Paris pour Dublin, avec une escale à Manchester.
Au départ de Paris, la moitié des places sont libres.
À l'escale de Manchester, des passagers montent dans l'avion et viennent occuper la moitié des places libres.

a) .... ?

b) .... ?

c) *Combien de passagers y a-t-il dans l'avion quand il décolle de Manchester pour Dublin ?*

Les problèmes de recherche Tracés géométriques.

MISE EN ROUTE

EXEMPLE

Ce problème est un problème de recherche. Résous-le.
Pour répondre à la question, tu as de droit d'effectuer plusieurs tracés. Il y a beaucoup de façons possibles de répondre à la consigne.

Les points d'intersection

Sur une feuille, on dessine :
- deux cercles de rayons différents,
- trois droites dont deux sont parallèles.

On compte les points d'intersection.
Quel est le plus grand nombre de points d'intersection qu'on peut obtenir en exécutant cette consigne ?

Guide de présentataion de ton travail

- Soigne les tracés des cercles et des droites parallèles.
- Nomme chacun des points que tu devras compter par une lettre ou un numéro.

ENTRAINE-TOI

Ce problème est un problème de recherche. Résous-le.

1 Les 10 triangles
En traçant 5 droites, on peut obtenir 10 triangles.
Comment faire ?
(On comptera tous les triangles visibles.)

Trouve et rédige les questions intermédiaires des problèmes 2 et 3, puis résous-les.

2 Ce midi, 165 élèves déjeuneront à la cantine de l'école. Les cantiniers ont mis le couvert et chaque table a été préparée pour 5 élèves. Il reste à mettre 2 carafes sur chaque table.
a) .... ?
b) *Combien faut-il de carafes ?*

3 Blandine voudrait s'offrir un abonnement d'un an qui coute 52 € à la revue *Vivelire*. Quand elle ouvre sa tirelire, elle compte 13 pièces de 2 €, 4 pièces de 1 €, 16 pièces de 50 centimes et 10 pièces de 20 centimes. Blandine constate qu'elle n'a pas assez d'argent, alors son frère lui prête la somme qui lui manque. Blandine remboursera 2 € chaque mois à son frère
a) .... ?
b) .... ?
c) *Pendant combien de mois Blandine remboursera-t-elle son frère ?*

Les problèmes de recherche Organiser sa recherche.

MISE EN ROUTE

EXEMPLE

Ce problème est un problème de recherche. Résous-le.

Les tulipes

Hier, Léa a cueilli 62 tulipes et elle veut les vendre au marché.
Alors, ce matin, avec ses fleurs, elle va préparer des bouquets de 10 tulipes et des bouquets de 6 tulipes. Mais elle ne sait pas combien elle pourra faire de bouquets de chaque sorte.
Par exemple, si Léa décide de faire 3 bouquets de 10 tulipes, elle pourra aussi faire 5 bouquets de 6 tulipes. En tout, elle aura utilisé 60 tulipes et il lui en restera 2.

a) *Trouve toutes les façons possibles pour Léa de préparer ses bouquets.*
Pour cela, construis un tableau comme ci-dessous en ajoutant autant de lignes qu'il te faut.

Nombre de fleurs	Nombre de bouquets de 10 tulipes	Nombre de bouquets de 6 tulipes	Reste
10 + 10 + 10 + 6 + 6 + 6 + 6 + 6 = 60	3	5	2 tulipes

b) Léa sait qu'elle vendra ses bouquets :
- 8 € le bouquet de 10 tulipes,
- 5 € le bouquet de 6 tulipes.

Pour que Léa puisse gagner le plus possible d'argent, combien va-t-elle décider de faire de bouquets de 10 tulipes et de bouquets de 6 tulipes ?

ENTRAINE-TOI

Ce problème est un problème de recherche. Résous-le.

1 Frères et sœurs

Jojo a deux frères de plus que de sœurs.
Sa sœur, Nini, a trois fois plus de frères que de sœurs.
Combien y a-t-il de frères et de sœurs dans cette famille ?

Trouve et rédige les questions intermédiaires, puis résous le problème.

2 Monsieur Lemaitre est le maitre de la classe de CM2. Au début de l'année scolaire, il donne 8 cahiers à chacun de ses 30 élèves. Pour cela, il commande des paquets de 20 cahiers. Chaque paquet coute 12 €. Il a calculé qu'il restera de l'argent après la commande des cahiers puisqu'il dispose d'un budget total de 200 €.

a) .... ?
b) .... ?
c) .... ?
d) *Combien lui reste-t-il après la commande ?*

Les problèmes particuliers *Les fractions.*

MISE EN ROUTE

RETIENS

Pour savoir à quelle quantité ou quelle mesure correspond une fraction, on peut passer par la fraction dont le numérateur est 1

EXEMPLE A Il y avait 18 carreaux de chocolat dans la tablette. J'en ai mangé les $\frac{2}{3}$.

Combien ai-je mangé de carreaux ?

On va calculer combien fait $\frac{1}{3}$ de la tablette, puis combien font les $\frac{2}{3}$ de la tablette.

$18 = 3 \times 6 + 0$ → 6 carreaux

$6 \times 2 = 12$ → 12 carreaux

EXEMPLE B J'avais économisé 45 €, mais j'en ai dépensé les $\frac{3}{5}$.

Combien ai-je dépensé ?

On va calculer combien fait $\frac{1}{5}$ de 45 €, puis combien font les $\frac{3}{5}$ de 45 €.

$\frac{1}{5}$ de 45 € → $45 = 5 \times 9 + 0$ → 9 €

$\frac{3}{5}$ de 45 € → $9 \times 3 = 27$ → 27 €

FAISONS ENSEMBLE

Effectue les calculs ci-dessous.

a) Combien font $\frac{2}{5}$ de 40 kg ?

b) Combien font $\frac{3}{4}$ de 60 km ?

ENTRAINE-TOI

Résous les problèmes ci-dessous.

1 Le chantier d'un tunnel long de 12 km touche à sa fin. Le tunnelier a déjà percé les $\frac{3}{4}$ de la longueur totale.

a) *Quelle longueur le tunnelier a-t-il déjà percée ?*

b) *Quelle longueur lui reste-t-il à percer ?*

2 À la fin de son hibernation, un hérisson qui pesait 600 g a perdu $\frac{1}{4}$ de son poids.

a) *Quelle masse a-t-il perdue ?*

b) *Combien pèse-t-il à la sortie de son hibernation ?*

3 Un Bédouin décide de partager ses 18 chameaux entre ses trois fils en adoptant la répartition suivante : $\frac{1}{2}$ pour l'ainé, $\frac{1}{3}$ pour le second et $\frac{1}{6}$ pour le benjamin. Il va voir ses trois fils et fait ses calculs en chemin.

Combien chacun des trois fils aura-t-il de chameaux ?

4 La maitresse a donné une heure aux élèves pour faire les exercices du contrôle de maths. Au bout d'un moment, elle leur dit : « Vous avez utilisé les $\frac{2}{3}$ de votre temps. »

a) *Depuis combien de temps les élèves travaillent-ils ?*

b) *Combien de temps leur reste-t-il pour finir les exercices ?*

5 Stéphane et Sandrine participent à une course de 30 km à pied. Au bout d'une heure, Stéphane a effectué $\frac{2}{5}$ du parcours. Au même moment, Sandrine, elle, en a effectué $\frac{1}{3}$.

a) *Quelle distance Stéphane a-t-il parcourue ?*

b) *Quelle distance Sandrine a-t-elle parcourue ?*

Page suivante...

VA PLUS LOIN

6 Candy a préparé un cocktail pour son anniversaire. Elle a mis :

- $\frac{1}{2}$ litre de jus de fraise ;
- $\frac{1}{4}$ de litre de jus de cassis ;
- $\frac{1}{10}$ de litre de jus de groseille ;
- $\frac{2}{10}$ de litre de sirop de sucre de canne.

Combien de centilitres de cocktail a-t-elle préparés ?

Les problèmes particuliers *Les fractions.*

MISE EN ROUTE

RAPPELLE-TOI

▶ **Pour savoir à quelle quantité ou quelle mesure correspond une fraction, on peut passer par la fraction dont le numérateur est 1**

Relis la partie *RETIENS* de la semaine 17, page 177.

EXEMPLE

Au village, pour fêter l'arrivée de l'automne, on organise la fête de la pomme.
Cette année, pour l'occasion, par tirage au sort, on a partagé un panier de pommes entre trois personnes.
Léo a eu 18 pommes, soit $\frac{1}{2}$ du panier. Ludivine a gagné $\frac{1}{3}$ du panier. Alice a gagné $\frac{1}{6}$ du panier.

a) *Combien y avait-il de pommes dans le panier ?*
b) *Combien Ludivine a-t-elle eu de pommes ?*
c) *Combien Alice a-t-elle eu de pommes ?*

ENTRAINE-TOI

Résous les problèmes suivants.

1 Un fleuriste a acheté 1 000 roses. $\frac{3}{4}$ des 1 000 roses sont rouges.

Il les vend en bouquets.
Les autres roses sont jaunes. Il les garde pour faire une gerbe.

a) *Combien y a-t-il de roses rouges ?*
b) *Combien le fleuriste a-t-il de roses jaunes pour faire la gerbe ?*

❷ Voici le plan d'un parterre de fleurs.
Sur le plan, ce parterre a une aire de 72 carreaux et il a été partagé en 7 morceaux numérotés de 1 à 7 dans lesquels il faut placer 7 sortes de fleurs.

- Les **géraniums** (G) doivent occuper $\frac{1}{4}$ du parterre.
- Les **marguerites** (M) doivent occuper $\frac{1}{6}$ du parterre.
- Les **pétunias** (P) doivent occuper $\frac{1}{8}$ du parterre.
- Les **narcisses** (N) doivent occuper $\frac{1}{9}$ du parterre.
- Les **dahlias** (D) doivent occuper $\frac{1}{12}$ du parterre.
- Les **roses** doivent occuper $\frac{1}{24}$ du parterre.
- Les **lys** (L) occuperont la place restante.

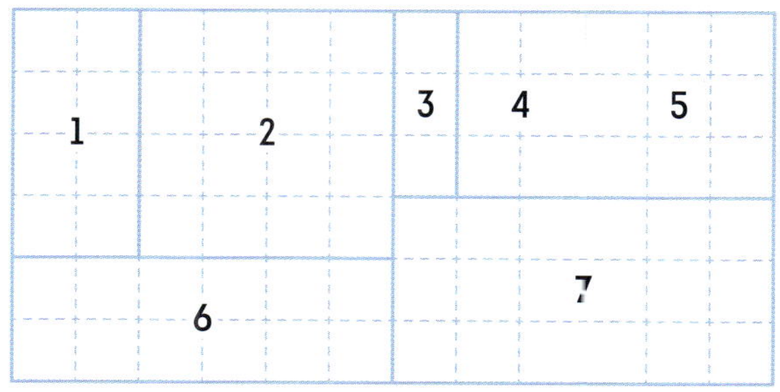

a) *Combien de carreaux occuperont les géraniums ?*
Quel est le numéro du morceau dans lequel on placera les géraniums ?
b) *Fais le même travail pour les marguerites, les pétunias, les narcisses, les dahlias et les roses.*
c) *Combien de carreaux occuperont les lys sur le plan ?*

Les problèmes de proportionnalité

Les tableaux de linéarité (présentation horizontale).

MISE EN ROUTE

EXEMPLE

Pour résoudre ce problème, reproduis et complète le tableau. Réponds aux questions sur ton cahier.
Au parc de Santo, on loue des gites pour les touristes.
Chaque gite peut recevoir 5 personnes et sa location coute 40 € pour le weekend.
Un groupe de 65 personnes arrive.

a) *Combien faudra-t-il de gites pour loger tout le groupe ?*
b) *Combien paiera le groupe pour un weekend ?*

Nombre de personnes							
Nombre de gites							
Prix à payer, en €							

LIS

La situation du problème exemple est une situation de proportionnalité.
Pour effectuer les calculs, on utilise un tableau de proportionnalité.

ENTRAINE-TOI ❶ à ❺ → *Cahier d'exercices, page 72.*

VA PLUS LOIN ❻ et ❼ → *Cahier d'exercices, page 73.*

Semaine **20**

Les problèmes de proportionnalité

Les tableaux de linéarité (présentation verticale).

MISE EN ROUTE

EXEMPLE

Pour résoudre ce problème, reproduis et complète le tableau. Réponds aux questions sur ton cahier.
Lina est fleuriste. Elle a 100 tulipes.
Avec ces fleurs, elle prépare des bouquets de 8 tulipes qu'elle vendra au prix de 5 € le bouquet.

a) *Combien va-t-elle avoir de bouquets ?*

b) *Quelle somme pourra-t-elle gagner en vendant tous ses bouquets ?*

....	....	....

LIS

La situation du problème exemple est une situation de proportionnalité.
Pour effectuer les calculs, on utilise un tableau de proportionnalité.

ENTRAINE-TOI

❶ à ❺ → *Cahier d'exercices, pages 74 et 75.*

VA PLUS LOIN

❻ → *Cahier d'exercices, page 75.*

Semaine **21**

Les problèmes de proportionnalité *Le passage par l'unité.*

MISE EN ROUTE

RETIENS

▶ **Pour résoudre un problème de proportionnalité, il est parfois plus facile de passer par l'unité.**

EXEMPLE La fleuriste prépare des bouquets tous identiques. Elle a utilisé 48 fleurs pour faire 6 bouquets.
Combien de fleurs utilisera-t-elle pour faire 15 bouquets ?

- Pour 6 bouquets			→ 48 fleurs
- Pour 1 bouquet	→ 48 : 6	→ $48 = 6 \times 8 + 0$	→ 8 fleurs
- Donc pour 15 bouquets		→ $15 \times 8 = 120$	→ 120 fleurs

Il faut 120 fleurs pour faire 15 bouquets.

RAPPELLE-TOI

Pour résoudre un problème de proportionnalité, on peut aussi utiliser un tableau de proportionnalité.

EXEMPLE La fleuriste prépare des bouquets tous identiques. Elle a utilisé 48 fleurs pour faire 6 bouquets.

Combien de fleurs utilisera-t-elle pour faire 15 bouquets ?

On peut aussi utiliser un tableau de proportionnalité pour résoudre ce problème.

Bouquets	6	12	3	15
Fleurs	48	96	24	120

Il faut 120 fleurs pour faire 15 bouquets.

ENTRAINE-TOI

Résous les problèmes 1 à 4 en passant par l'unité.

1. En 2 heures, Lisa a parcouru 160 km en voiture.
Si elle roule toujours à la même vitesse, combien de km parcourra-t-elle en 5 heures ?

2. Dans sa recette pour faire des cookies, Norbert lit : « Il faut 160 g de farine pour faire 8 cookies. »
Quelle quantité de farine lui faut-il pour préparer 25 cookies ?

3. Une recette de gratin précise qu'il faut 800 g de pommes de terre pour 4 personnes.
Quelle masse de pommes de terre faudra-t-il pour 7 personnes ?

4. En 5 heures de travail, Karl gagne 90 €.
Quelle somme gagne-t-il en 17 heures de travail ?

Résous les problèmes suivants par la méthode qui convient, en passant par l'unité ou en faisant un tableau.

5. Marie range ses photos dans un album. Pour ranger 20 photos, elle a utilisé 3 pages.
Si elle continue ainsi, combien de pages lui faudra-t-il pour ranger 100 photos ?

6. Pour faire un gâteau roulé au chocolat pour 5 enfants, il faut 100 g de chocolat.
Quelle quantité de chocolat faut-il pour 60 enfants ?

7. Pour faire un gâteau roulé à la fraise pour 8 enfants, il faut 150 g de confiture.
Quelle quantité de confiture de fraise faut-il pour 40 enfants ?

8. Au supermarché, le maïs est vendu 2 € les 3 boites. Monsieur Lecuisinier veut acheter 60 boites.
Combien va-t-il dépenser ?

9. Un robinet est mal fermé. Il laisse écouler 2 cL d'eau toutes les 5 minutes.
Si cela continue à ce rythme, combien de centilitres d'eau vont s'écouler en 1 heure ?

Longueurs, masses et contenances

Problèmes avec des conversions.

MISE EN ROUTE

RETIENS

▶ **Avec des mesures de longueur, de durée, de masse, de contenance et avec la monnaie, il faut parfois faire une conversion pour calculer ou pour rédiger la réponse**

ENTRAINE-TOI

Résous les problèmes suivants.

1 Lucie a mesuré la longueur de la cour en comptant ses pas. Elle a compté 87 pas de 50 cm.
Quelle est en mètres la longueur de la cour ?

2 Un chat pèse en moyenne 4 kg. Une souris grise pèse en moyenne 20 g.
Combien faudrait-il de souris grises pour obtenir la masse d'un chat ?

3 Camille a un sachet de gâteaux sur lequel elle lit la composition suivante :

Protéines : 45 dg	Glucides : 25,5 g	Lipides : 15,5 g	Fibres : 25 dg	Autres : 2 g

Combien pèse le contenu du sachet ?

4 Le lièvre et la tortue ont fait une course sur un parcours de 1 km et la tortue est partie avant le lièvre. Quand le lièvre s'est élancé, la tortue avait déjà parcouru 978,25 m.
Quelle distance restait-il à parcourir à la tortue quand le lièvre s'est élancé ?

Résous les problèmes suivants. Attention ! Il faut en rédiger les questions intermédiaires.

5 Pour préparer une boisson au jus d'orange, Lise a utilisé 75 cL de jus d'orange et deux fois plus de limonade que de jus d'orange.
a) .... ?
b) *Quelle quantité de boisson a-t-elle obtenue ?*

6 Pour entretenir l'eau de la piscine, on y met du sel. Pour 1 000 L d'eau, il faut 5 kg de sel. La piscine de la famille Roleka contient 12 000 L d'eau. Le sel est vendu par sacs de 20 kg.
a) .... ?
b) *Combien faut-il de sacs de sel ?*

7 Aujourd'hui, les cheveux de Lisa mesurent 10 cm de longueur. Lisa voudrait avoir les cheveux plus longs, alors elle décide de les laisser pousser pendant un an sans les couper. Elle sait que ses cheveux poussent de 0,3 mm par jour.
a) .... ?
b) *Quelle sera la longueur des cheveux de Lisa dans un an ?*

VA PLUS LOIN

8 On veut installer une plinthe dans une salle de forme rectangulaire et qui mesure 9,50 m de long sur 4,50 m de large. Cette pièce comporte une porte de 0,75 m de large et une porte-fenêtre de 1,25 m de large.
a) .... ?
b) .... ?
c) *Quelle longueur de plinthe faut-il acheter ?*

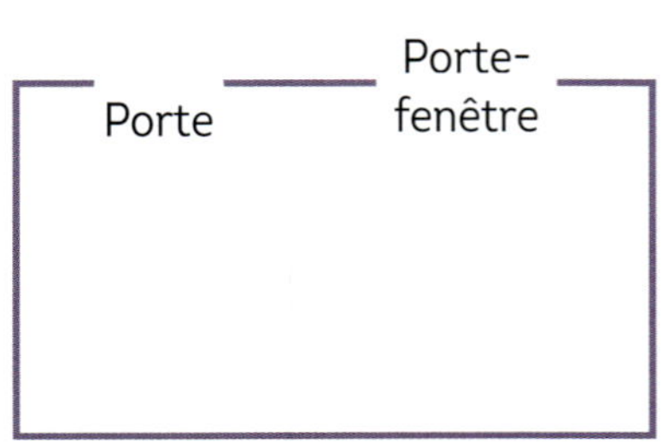

Les aires

Utiliser les unités usuelles pour calculer des aires.

MISE EN ROUTE

RETIENS

	Carré de côté C	Rectangle de longueur L et de largeur l
Calcul de l'aire	C x C	L x l
Exemple	Quelle est l'aire d'un carré de 8 cm de côté ? $8 \times 8 = 64$ L'aire de ce carré est de 64 cm^2.	Quelle est l'aire d'un rectangle de 8 cm de longueur et 5 cm de largeur ? $8 \times 5 = 40$ L'aire de ce rectangle est de 40 cm^2.

EXEMPLE

Le terrain ABCD représenté ci-dessous mesure 75 m de longueur sur 36 m de largeur.
Il a été partagé en 5. Le terrain 1 a une aire de 540 m^2.
Les terrains 2, 3, 4 et 5 sont identiques.

a) ....

b) ....

c) *Quelle est l'aire du terrain 2 ?*

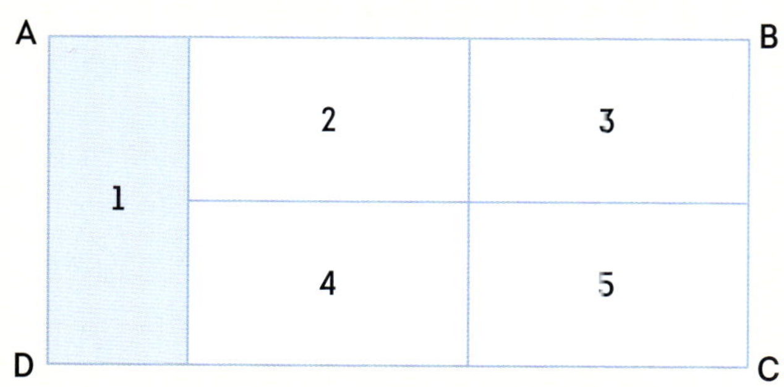

ENTRAINE-TOI

Résous les problèmes suivants.

❶ Une feuille de papier rectangulaire mesure 21 cm de largeur sur 29,7 cm de longueur.
Quelle est l'aire de cette feuille ?

❷ Un parterre de fleurs est de forme carrée. Ses côtés mesurent 4,5 m de longueur.
Quelle est l'aire de ce parterre ?

❸ La maison de Tom est constituée des pièces A, B et C.
Il veut en calculer l'aire. La pièce A est un carré de 4 m de côté.
La pièce B a une aire double de celle de la piece A.
Les pièces B et C sont identiques.

a) *Quelle est l'aire de la pièce A ?*

b) *Quelle est l'aire de la pièce B ?*

c) *Quelle est l'aire totale de la maison ?*

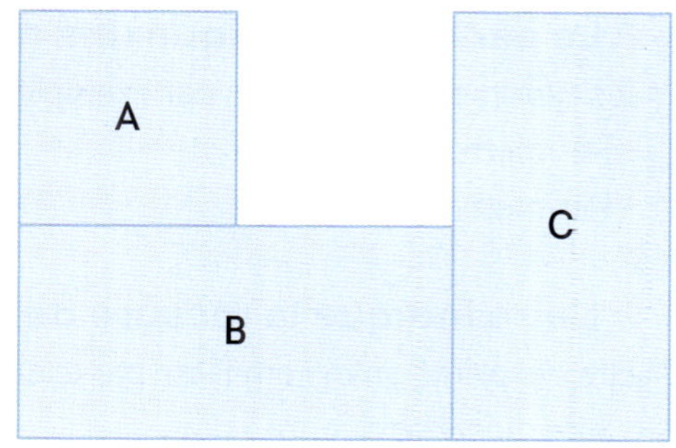

Page suivante...

ENTRAINE-TOI (SUITE)

Rédige les questions intermédiaires et résous les problèmes suivants.

❹ La figure bleue ci-contre est composée de 5 carrés identiques.
Le carré 1 fait 12 cm de côté.

a) .... ?
b) *Quelle est l'aire de la figure grisée ?*

❺ Voici le plan du terrain de Marco.
Le terrain est un carré de 24 m de côté.
La maison est un rectangle de 16 m sur 8 m.

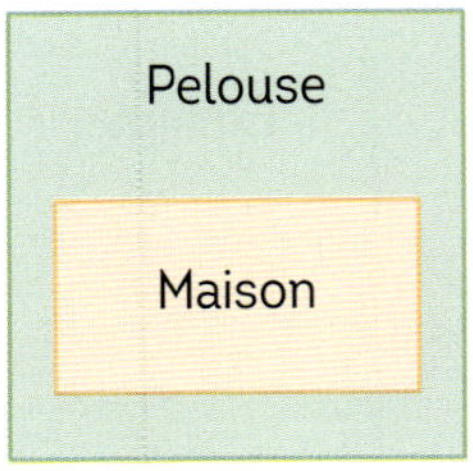

a) .... ?
b) .... ?
c) *Quelle est l'aire occupée par la pelouse ?*

❻ Lili a découpé un carré ABCD de 12 cm de côté dans une feuille de papier. À chaque coin, elle a découpé un petit carré de 2 cm de côté, comme sur le dessin ci-contre.

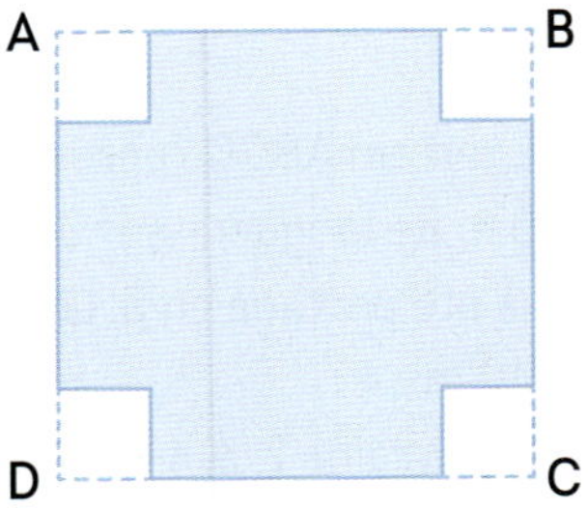

a) .... ?
b) .... ?
c) .... ?
d) *Quelle est l'aire de la figure bleue ?*

Aires et périmètres

Utiliser les unités usuelles pour calculer des périmètres et des aires.

MISE EN ROUTE

RAPPELLE-TOI

► **Le périmètre indique une mesure de longueur**

Il s'exprime en m, cm, km par exemple.

- Périmètre du carré → côté × 4
- Périmètre du rectangle → (L + l) × 2

► **L'aire indique la mesure de la surface occupée**

Elle s'exprime en m², cm², km² par exemple.

- Aire du carré → côté × côté
- Aire du rectangle → L × l

ENTRAINE-TOI

Résous les problèmes ci-dessous.

1 Une salle de séjour de forme carrée a une aire de 64 m^2.
Quelle est la mesure de son côté ?

2 Un terrain carré a un périmètre de 120 m.
a) *Quelle est la mesure du côté du terrain ?*
b) *Quelle est l'aire du terrain ?*

3 Sur la figure ci-contre, I, II et III sont des carrés.
Le périmètre du carré I mesure 16 m. Celui du carré II mesure 36 m.
a) *Quelle est la mesure du côté du carré I ?*
b) *Quelle est la mesure du côté du carré II ?*
c) *Quelle est la mesure du côté du carré III ?*
d) *Quel est le périmètre du carré III ?*
e) *Quelle est l'aire du carré III ?*

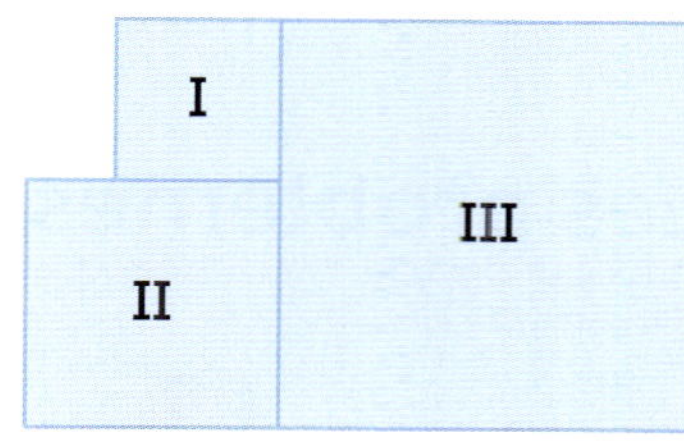

4 La famille Dupanlou possède un terrain de forme rectangulaire, de 40 m de long sur 20 m de large. La maison est rectangulaire et mesure 20 m de long sur 8 m de large. Les Dupanlou veulent entourer leur terrain de grillage en laissant la place pour poser un portail de 4,50 m de large. Ils veulent ensuite semer de la pelouse sur tout le terrain disponible.
a) *Quel est le périmètre du terrain*
b) *Quelle longueur de grillage doivent-ils acheter ?*
c) *Quelle est l'aire du terrain ?*
d) *Quelle est l'aire de la maison ?*
e) *Quelle sera l'aire occupée par la pelouse ?*

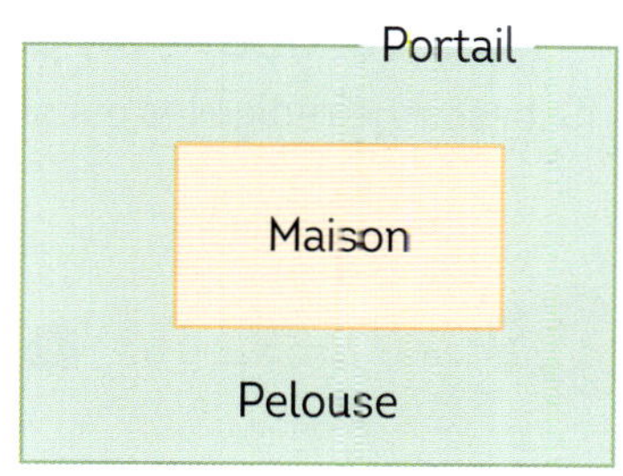

VA PLUS LOIN

5 Concours de boules
Dans la cour d'école dont le plan est représenté ci-contre, 11 terrains de mêmes dimensions ont été aménagés pour organiser un concours de boules.
Le rectangle bleu ABCD sera réservé aux spectateurs.
a) *Quelle est la longueur d'un terrain de boules ?*
b) *Quelle est la largeur d'un terrain de boules ?*
c) *Quelle est l'aire d'un terrain de boules ?*
d) *Quelle est la mesure du côté AB du rectangle ABCD ?*
e) *Quelle sera l'aire réservée aux spectateurs ?*

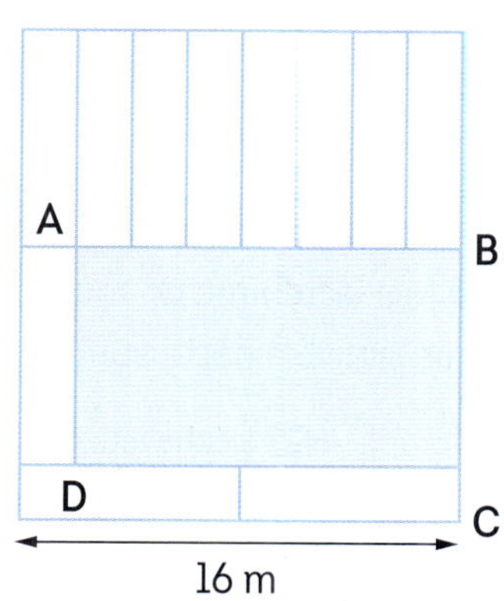

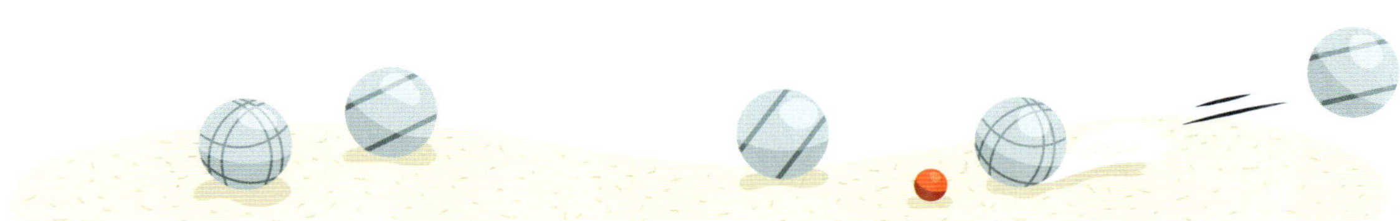

Les problèmes particuliers Un problème long.

MISE EN ROUTE

RETIENS

Pour résoudre un problème long, je dois organiser ma démarche

Pour cela, je peux utiliser des tableaux pour présenter certaines réponses.

ENTRAINE-TOI ❶ à ❸ → *Cahier d'exercices, pages 76 et 77.*

Les problèmes particuliers

Résoudre des problèmes de proportionnalité en utilisant un tableau de linéarité (présentation verticale).

MISE EN ROUTE

RETIENS

Pour résoudre un problème long, je dois organiser ma démarche

Si besoin, je rédige les questions intermédiaires et j'y réponds.

ENTRAINE-TOI ❶ et ❷ → *Cahier d'exercices, pages 78 et 79.*

Les problèmes particuliers Les moyennes.

MISE EN ROUTE

RETIENS

Pour calculer une note moyenne

Je fais la somme de toutes les notes.
Puis je divise cette somme par le nombre de notes.

EXEMPLE Huit journalistes sportifs ont noté le match qui vient de se terminer.
Leurs notes sont écrites ci-dessous. *Quelle a été la note moyenne ?*

6	4	7	5	7	6	7	6

$6 + 4 + 7 + 5 + 7 + 6 + 7 + 6 = 48$

$48 : 8 = 6$

La note moyenne du match a été 6.

RETIENS (SUITE)

Pour calculer une vitesse moyenne

Je divise la distance par le temps mis pour effectuer la distance.

La vitesse moyenne est souvent exprimée en km par heure (km/h).

EXEMPLE Jean a effectué 20 km à pied en 4 heures. Quelle a été sa vitesse moyenne ?

20 : 4 = 5 **Sa vitesse moyenne a été de 5 km/h.**

Je peux calculer la consommation moyenne d'une voiture en utilisant la proportionnalité

On exprime généralement la consommation moyenne en nombre de litres pour 100 km.

EXEMPLE Une voiture a consommé 30 L d'essence en 500 km. Quelle a été sa consommation moyenne ?

(Quelle quantité d'essence a-t-elle consommée en moyenne pour effectuer 100 km ?)

En 500 km → 30 L En 100 km → 30 : 5 = 6

Sa consommation moyenne a été de 6 litres aux 100 km.

ENTRAINE-TOI

Effectue les calculs demandés.

❶ Voici les notes obtenues par Lucie au cours d'une compétition de patinage artistique.

7	9	7	10	6	10	7

Quelle a été la note moyenne de Lucie ?

❷ Dans sa classe de 6e, Augustin a eu des notes sur 20 en mathématiques au cours de la période 1. Voici ses notes :

18	17	14	8	15	18

Quelle a été la note moyenne d'Augustin ?

Résous les problèmes suivants.

❸ Sur l'autoroute, un automobiliste a effectué 610 km en 5 heures. *Quelle a été sa vitesse moyenne en km par heure ?*

❹ Les coureurs cyclistes du Tour de France ont effectué les 164 km de la 12e étape en 4 heures. *Quelle a été leur vitesse moyenne en km par heure ?*

❺ Lors d'une épreuve de course à pied de 36 km, le vainqueur a effectué le parcours en 2 heures. Lors de la même épreuve, Jean a mis une heure de plus que le vainqueur.

a) *Quelle a été la vitesse moyenne du vainqueur ?*

b) *Quelle a été la vitesse moyenne de Jean ?*

❻ Sur l'autoroute, une voiture a consommé 20 L d'essence en 400 km. Dans les embouteillages de la ville, la même voiture a consommé 16 L en 200 km.

a) *Quelle a été sa consommation moyenne sur l'autoroute ?* (Quelle quantité d'essence a-t-elle consommée en moyenne pour effectuer 100 km ?)

b) *Quelle a été sa consommation moyenne en ville ?* (Quelle quantité d'essence a-t-elle consommée en moyenne pour effectuer 100 km ?)

VA PLUS LOIN

❼ En vol, l'Airbus A380 consomme en moyenne 1 500 L de carburant en 6 minutes.

Quelle est la consommation moyenne en litres par heure de l'Airbus A380, en vol ?

❽ Il reste 26 L d'essence dans le réservoir d'une voiture qui consomme en moyenne 6,5 L aux 100 km.

Quelle distance pourra effectuer cette voiture avec les 26 L d'essence ?

Les problèmes de proportionnalité

Les pourcentages : de la valeur au pourcentage.

MISE EN ROUTE

RETIENS

Calculer 80 % d'une valeur, c'est la multiplier par 0,8.
Calculer 20 % d'une valeur, c'est la multiplier par 0,2.
Calculer 12 % d'une valeur, c'est la multiplier par 0,12.

EXEMPLES

Calcule 80 % de 84 €.
$84 \times 0{,}8 = 67{,}2$
80 % de 84 €, c'est 67,20 €.

Calcule 20 % de 50 €.
$50 \times 0{,}2 = 10$
20 % de 50 €, c'est 10 €.

ENTRAINE-TOI

1 Calcule.
a) 30 % de 200 €.
b) 50 % de 92 €.
c) 60 % de 300 billes.
d) 20 % de 250 personnes.

Résous les problèmes suivants.

2 20 % des 450 habitants du village de Granspor ont assisté au match de rugby qui s'est déroulé dimanche.
Combien de personnes ont assisté à ce match ?

3 Lulu avait 224 € d'économies. Elle a dépensé 40 % de ses économies pendant ses vacances.
Combien a-t-elle dépensé ?

4 Au collège, 320 élèves ont voté à l'élection du représentant des élèves. Nina a obtenu 60 % des voix. Nino a eu le reste des voix, c'est-à-dire 40 %.
a) *Combien Nina a-t-elle obtenu de voix ?*
b) *Combien Nino a-t-il obtenu de voix ?*

5 Au moment des soldes, Lou choisit d'acheter un vêtement portant une étiquette sur laquelle il est écrit : « 84 €. Baisse de 20 % à calculer à la caisse. »
a) *De combien d'euros le prix de ce vêtement va-t-il baisser ?*
b) *Combien Loulou va-t-il payer ce vêtement ?*

6 Au magasin Soldetou, on baisse tous les prix de 20 % au moment des soldes. Monsieur Raymond prépare un tableau pour calculer les nouveaux prix qu'il va afficher.
a) *Recopie sur ton cahier le tableau ci-dessous.* Prévois 2 carreaux de ton cahier pour chaque ligne du tableau. Prévois 4 carreaux pour la première colonne et 3 carreaux pour chacune des autres colonnes.
b) *Complète-le.*

articles	anciens prix	réduction	nouveaux prix
une veste	140 €		
un pantalon	85 €		
un costume	160 €		
une ceinture	25 €		

VA PLUS LOIN

7 Lili travaille chaque année pendant le mois de juillet. L'an dernier, elle avait gagné 1 240 €. Cette année, elle va gagner 20 % de plus.
a) *Combien va-t-elle gagner de plus cette année ?*
b) *Combien va-t-elle gagner pendant le mois de juillet ?*

Les problèmes de proportionnalité

Les pourcentages : du pourcentage à la valeur.

MISE EN ROUTE

RETIENS

Je peux calculer le pourcentage de baisse avec l'ancien prix et la valeur de la baisse

EXEMPLE Un vêtement coutait 40 €. Son prix baisse de 10 €. Quel est le pourcentage de la baisse ?
10 : 40 = 0,25 → 25 %
Le pourcentage de la baisse est 25 %.

Je peux aussi calculer d'autres types de pourcentages

Un pourcentage d'augmentation, un pourcentage de réussite, un pourcentage de votants...

EXEMPLE Il y avait 20 mots à écrire. Lucas en a écrit 18 correctement. Quel est son pourcentage de réussite ?
18 : 20 = 0,9 → 90 %
Son pourcentage de réussite est 90 %.

ENTRAINE-TOI

Résous les problèmes suivants.

1. Dans une classe de CM2 de 20 élèves, 16 ont lu au moins une histoire d'Harry Potter.
Quel est le pourcentage d'élèves du CM2 qui ont lu au moins une histoire d'Harry Potter ?

2. Lors des évaluations effectuées en classe, Lilou a réussi 6 exercices sur les 8 qu'elle devait effectuer.
Quel est son pourcentage de réussite ?

3. Lors de la rencontre Défi maths, Lili devait résoudre 20 problèmes. Elle en a résolu 15.
Quel est le pourcentage de problèmes résolus par Lili ?

4. Un lecteur DVD coutait 200 €. Son prix a baissé de 40 € pendant les soldes.
Quel a été le pourcentage de cette baisse ?

5. Un abonnement aux matchs de football coutait 80 €. Il a augmenté de 24 €.
a) *Quel est le pourcentage d'augmentation ?*
b) *Quel est le nouveau prix de l'abonnement ?*

6. Aux évaluations, Rose a réussi 34 exercices sur 40 en maths et 45 exercices sur 60 en français.
a) *Quel a été son pourcentage de réussite en maths ?*
b) *Quel a été son pourcentage de réussite en français ?*

7. Aux mêmes évaluations, Lilas a réussi 24 exercices sur 40 en maths et 30 exercices sur 60 en français.
a) *Quel a été son pourcentage de réussite en maths ?*
b) *Quel a été son pourcentage de réussite en français ?*

VA PLUS LOIN

8. Au grand concours de chant de la chaine de télévision Laivoidore, il y avait 2 finalistes : Lulu et Lolo. Les 500 personnes présentes dans le public ont voté. Lulu a obtenu 200 votes, Lolo a eu le reste des votes.
a) *Combien Lolo a-t-il eu de votes en sa faveur ?*
b) *Quel pourcentage de votes Lolo a-t-il obtenu ?*
c) *Quel pourcentage de votes Lulu a-t-elle obtenu ?*

Les problèmes de proportionnalité Les échelles.

MISE EN ROUTE

RETIENS

► L'échelle 1/20 signifie que 1 cm sur le plan équivaut à 20 cm dans la réalité

EXEMPLE $5 \times 20 = 100$

Une longueur de **5 cm sur la carte** représente **100 cm dans la réalité**.

Pour passer de la carte (« la mesure la plus petite ») à la réalité (« la mesure la plus grande »), je dois multiplier.

► L'échelle 1/50 signifie que 50 cm en réalité deviendront 1 cm sur un plan

EXEMPLE $100 : 50 = 2$

Une longueur de **100 cm dans la réalité** devient **2 cm sur le plan**.

Pour passer de la réalité (« la mesure la plus grande ») au plan (« la mesure la plus petite »), je dois diviser.

ENTRAINE-TOI

1 Calcule rapidement les distances réelles :

a) Longueur sur la carte : 6 cm / échelle : 1/2 500.

b) Longueur sur la carte : 8 cm / échelle : 1/5 000.

c) Longueur sur la carte : 2 cm / échelle : 1/500 000.

Résous les problèmes suivants.

2 Pierre regarde le plan de sa maison. Ce plan est réalisé à l'échelle 1/50 et sur ce plan, la maison mesure 25 cm de long.

Quelle est la longueur réelle de cette maison ?

3 Le plan de l'école a été réalisé à l'échelle 1/200. Sur ce plan, le préau est représenté par un rectangle gris dont la longueur mesure 8 cm et la largeur 4 cm.

a) *Combien mesure en réalité la longueur de ce préau ?*

b) *Combien mesure en réalité la largeur de ce préau ?*

4 Recopie, puis complète le tableau ci-dessous.

Sur la carte (en cm)	1	4	6
En réalité (en cm)	2 500		

VA PLUS LOIN

5 Calcule rapidement les longueurs sur les plans :

a) Distance réelle : 250 cm ; échelle : 1/50

b) Distance réelle : 850 cm ; échelle : 1/50

c) Distance réelle : 1 250 cm ; échelle : 1/50

Résous les problèmes suivants.

6 Deux arbres sont distants de 9 m.

Quelle distance en cm sépare ces deux arbres sur un plan à l'échelle 1/50 ?

7 Une classe rectangulaire mesure 8 m de longueur et 6 m de largeur.
Le maitre demande à ses élèves de la dessiner à l'échelle 1/50.

a) *Quelle sera la longueur de la classe sur le dessin ?*

b) *Quelle sera la largeur de la classe sur le dessin ?*

c) *Dessine la classe en laissant sur une des longueurs une ouverture de 5 mm pour représenter la porte.*

8 Léa a dessiné un plan au 1/50 d'un bateau qui mesure en réalité 12 m de long.

Quelle est en cm la longueur du bateau sur le plan ?

CALCUL MENTAL
ToTeM

Les trios de nombres

7 / 2 / 5 2 + 5 = 7 5 + 2 = 7 7 - 2 = 5 7 - 5 = 2	**8 / 2 / 6** 2 + 6 = 8 6 + 2 = 8 8 - 2 = 6 8 - 6 = 2	**9 / 2 / 7** 2 + 7 = 9 7 + 2 = 9 9 - 2 = 7 9 - 7 = 2	**10 / 2 / 8** 2 + 8 = 10 8 + 2 = 10 10 - 2 = 8 10 - 8 = 2	**11 / 2 / 9** 2 + 9 = 11 9 + 2 = 11 11 - 2 = 9 11 - 9 = 2	**12 / 3 / 9** 3 + 9 = 12 9 + 3 = 12 12 - 3 = 9 12 - 9 = 3
7 / 3 / 4 3 + 4 = 7 4 + 3 = 7 7 - 3 = 4 7 - 4 = 3	**8 / 3 / 5** 3 + 5 = 8 5 + 3 = 8 8 - 3 = 5 8 - 5 = 3	**9 / 3 / 6** 3 + 6 = 9 6 + 3 = 9 9 - 3 = 6 9 - 6 = 3	**10 / 3 / 7** 3 + 7 = 10 7 + 3 = 10 10 - 3 = 7 10 - 7 = 3	**11 / 3 / 8** 3 + 8 = 11 8 + 3 = 11 11 - 3 = 8 11 - 8 = 3	**12 / 4 / 8** 4 + 8 = 12 8 + 4 = 12 12 - 4 = 8 12 - 8 = 4
	8 / 4 / 4 4 + 4 = 8 8 - 4 = 4	**9 / 4 / 5** 4 + 5 = 9 5 + 4 = 9 9 - 4 = 5 9 - 5 = 4	**10 / 4 / 6** 4 + 6 = 10 6 + 4 = 10 10 - 4 = 6 10 - 6 = 4	**11 / 4 / 7** 4 + 7 = 11 7 + 4 = 11 11 - 4 = 7 11 - 7 = 4	**12 / 5 / 7** 5 + 7 = 12 7 + 5 = 12 12 - 5 = 7 12 - 7 = 5
			10 / 5 / 5 5 + 5 = 10 10 - 5 = 5	**11 / 5 / 6** 5 + 6 = 11 6 + 5 = 11 11 - 5 = 6 11 - 6 = 5	**12 / 6 / 6** 6 + 6 = 12 12 - 6 = 6

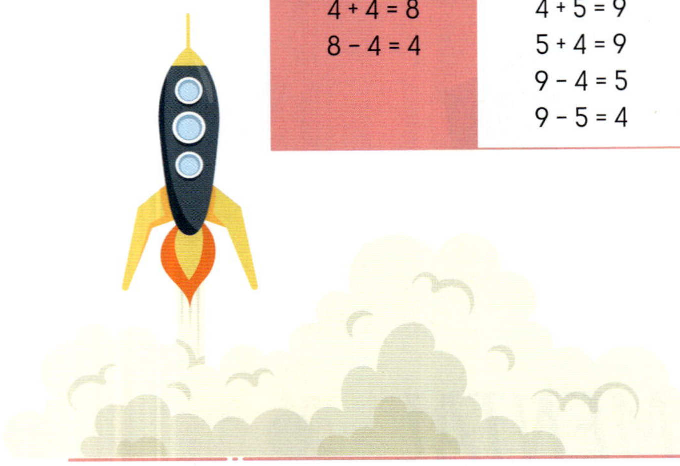

Les tables de multiplication

TABLE × 2	TABLE × 3	TABLE × 4	TABLE × 5
0 × 2 = **0**	0 × 3 = **0**	0 × 4 = **0**	0 × 5 = **0**
1 × 2 = **2**	1 × 3 = **3**	1 × 4 = **4**	1 × 5 = **5**
2 × 2 = **4**	2 × 3 = **6**	2 × 4 = **8**	2 × 5 = **10**
3 × 2 = **6**	3 × 3 = **9**	3 × 4 = **12**	3 × 5 = **15**
4 × 2 = **8**	4 × 3 = **12**	4 × 4 = **16**	4 × 5 = **20**
5 × 2 = **10**	5 × 3 = **15**	5 × 4 = **20**	5 × 5 = **25**
6 × 2 = **12**	6 × 3 = **18**	6 × 4 = **24**	6 × 5 = **30**
7 × 2 = **14**	7 × 3 = **21**	7 × 4 = **28**	7 × 5 = **35**
8 × 2 = **16**	8 × 3 = **24**	8 × 4 = **32**	8 × 5 = **40**
9 × 2 = **18**	9 × 3 = **27**	9 × 4 = **36**	9 × 5 = **45**

13 / 4 / 9 4 + 9 = 13 9 + 4 = 13 13 – 4 = 9 13 – 9 = 4	**14 / 5 / 9** 5 + 9 = 14 9 + 5 = 14 14 – 5 = 9 14 – 9 = 5	**15 / 6 / 9** 6 + 9 = 15 9 + 6 = 15 15 – 6 = 9 15 – 9 = 6	**16 / 7 / 9** 7 + 9 = 16 9 + 7 = 16 16 – 7 = 9 16 – 9 = 7	**17 / 8 / 9** 8 + 9 = 17 9 + 8 = 17 17 – 8 = 9 17 – 9 = 8
13 / 5 / 8 5 + 8 = 13 8 + 5 = 13 13 – 5 = 8 13 – 8 = 5	**14 / 6 / 8** 6 + 8 = 14 8 + 6 = 14 14 – 6 = 8 14 – 8 = 6	**15 / 7 / 8** 7 + 8 = 15 8 + 7 = 15 15 – 7 = 8 15 – 8 = 7	**16 / 8 / 8** 8 + 8 = 16 16 – 8 = 8	**18 / 9 / 9** 9 + 9 = 18 18 – 9 = 9
13 / 6 / 7 6 + 7 = 13 7 + 6 = 13 13 – 6 = 7 13 – 7 = 6	**14 / 7 / 7** 7 + 7 = 14 14 – 7 = 7			

TABLE × 6	TABLE × 7	TABLE × 8	TABLE × 9
0 × 6 = **0**	0 × 7 = **0**	0 × 8 = **0**	0 × 9 = **0**
1 × 6 = **6**	1 × 7 = **7**	1 × 8 = **8**	1 × 9 = **9**
2 × 6 = **12**	2 × 7 = **14**	2 × 8 = **16**	2 × 9 = **18**
3 × 6 = **18**	3 × 7 = **21**	3 × 8 = **24**	3 × 9 = **27**
4 × 6 = **24**	4 × 7 = **28**	4 × 8 = **32**	4 × 9 = **36**
5 × 6 = **30**	5 × 7 = **35**	5 × 8 = **40**	5 × 9 = **45**
6 × 6 = **36**	6 × 7 = **42**	6 × 8 = **48**	6 × 9 = **54**
7 × 6 = **42**	7 × 7 = **49**	7 × 8 = **56**	7 × 9 = **63**
8 × 6 = **48**	8 × 7 = **56**	8 × 8 = **64**	8 × 9 = **72**
9 × 6 = **54**	9 × 7 = **63**	9 × 8 = **72**	9 × 9 = **81**

Les tables de multiplication présentées dans un ordre aléatoire

TABLE × 3	TABLE × 5	TABLE × 4	TABLE × 2
0 × 3 = **0**	9 × 5 = **45**	8 × 4 = **32**	9 × 2 = **18**
6 × 3 = **18**	1 × 5 = **5**	3 × 4 = **12**	1 × 2 = **2**
2 × 3 = **6**	8 × 5 = **40**	5 × 4 = **20**	7 × 2 = **14**
7 × 3 = **21**	3 × 5 = **15**	1 × 4 = **4**	3 × 2 = **6**
9 × 3 = **27**	7 × 5 = **35**	4 × 4 = **16**	6 × 2 = **12**
5 × 3 = **15**	5 × 5 = **25**	7 × 4 = **28**	5 × 2 = **10**
1 × 3 = **3**	0 × 5 = **0**	6 × 4 = **24**	2 × 2 = **4**
3 × 3 = **9**	6 × 5 = **30**	9 × 4 = **36**	4 × 2 = **8**
8 × 3 = **24**	4 × 5 = **20**	0 × 4 = **0**	8 × 2 = **16**
4 × 3 = **12**	2 × 5 = **10**	2 × 4 = **8**	0 × 2 = **0**

TABLE × 6	TABLE × 7	TABLE × 8	TABLE × 9
8 × 6 = **48**	7 × 7 = **49**	9 × 8 = **72**	5 × 9 = **45**
1 × 6 = **6**	9 × 7 = **63**	1 × 8 = **8**	1 × 9 = **9**
9 × 6 = **54**	4 × 7 = **28**	7 × 8 = **56**	8 × 9 = **72**
7 × 6 = **42**	3 × 7 = **21**	5 × 8 = **40**	3 × 9 = **27**
6 × 6 = **36**	8 × 7 = **56**	4 × 8 = **32**	9 × 9 = **81**
2 × 6 = **12**	5 × 7 = **35**	3 × 8 = **24**	2 × 9 = **18**
4 × 6 = **24**	6 × 7 = **42**	6 × 8 = **48**	6 × 9 = **54**
3 × 6 = **18**	0 × 7 = **0**	2 × 8 = **16**	4 × 9 = **36**
0 × 6 = **0**	2 × 7 = **14**	8 × 8 = **64**	7 × 9 = **63**
5 × 6 = **30**	1 × 7 = **7**	0 × 8 = **0**	0 × 9 = **0**

Les sommes égales à 100

LES SOMMES ÉGALES À 100	
75 + 25	25 + 75
90 + 10	10 + 90
80 + 20	20 + 80
70 + 30	30 + 70
60 + 40	40 + 60
50 + 50	

Les moitiés

La moitié de 2	c'est 1	La moitié de 20	c'est 10
La moitié de **4**	c'est 2	La moitié de **30**	c'est 15
La moitié de 6	c'est 3	La moitié de 40	c'est 20
La moitié de **8**	c'est 4	La moitié de **50**	c'est 25
La moitié de 10	c'est 5	La moitié de 60	c'est 30
La moitié de **12**	c'est 6	La moitié de **70**	c'est 35
La moitié de 14	c'est 7	La moitié de 80	c'est 40
La moitié de **16**	c'est 8	La moitié de **90**	c'est 45
La moitié de 18	c'est 9	La moitié de 100	c'est 50

Addition de deux nombres entiers

RETIENS

Pour additionner un nombre à trois chiffres à un nombre à deux chiffres

Procédure 1

1 J'ajoute les dizaines.
2 J'ajoute les unités.

EXEMPLE 156 + 27 = 156 + 20 + 7
= 176 + 7
= 183

Procédure 2

1 Je décompose le deuxième nombre.
2 J'ajoute les dizaines du deuxième nombre.
3 J'ajoute les unités du deuxième nombre.

EXEMPLE 156 + 37 = 156 + 30 + 4 + 3
= 186 + 4 + 3
= 190 + 3
= 193

Procédure 3

1 Je modifie l'écriture de la somme.
2 J'ajoute les dizaines.
3 J'enlève les unités ajoutées en trop.

EXEMPLE 124 + 58 = 124 + 60 - 2
= 184 - 2
= 182

Procédure 4

1 J'ajoute des unités au premier terme et j'enlève le même nombre d'unités au second terme.
2 J'ajoute les dizaines, puis les unités.

EXEMPLE 137 + 55 = (137 + 3) + (55 - 3)
= 140 + 52
= 192

Soustraction de deux nombres entiers

RETIENS

Pour soustraire un nombre à deux chiffres à un nombre à trois chiffres

Procédure 1

1. J'enlève les dizaines.
2. J'enlève les unités.

EXEMPLE 153 - 37 = 153 - 30 - 7
= 123 - 7
= 116

Procédure 2

1. Je décompose le deuxième nombre.
2. J'enlève les dizaines du deuxième nombre.
3. J'enlève les unités du deuxième nombre.

EXEMPLE 152 - 37 = 152 - 30 - 2 - 5
= 122 - 2 - 5
= 120 - 5
= 115

Procédure 3

1. Je modifie l'écriture de la différence.
2. J'enlève les dizaines.
3. J'ajoute les unités enlevées en trop.

EXEMPLE 75 - 28 = 75 - 30 + 2
= 45 + 2
= 47

Procédure 4

1. J'ajoute le même nombre aux deux termes.
2. J'enlève les dizaines.

EXEMPLE 167 - 49 = (167 + 1) - (49 + 1)
= 168 - 50
= 118

Division d'un nombre à deux chiffres par un nombre inférieur à 10

RETIENS

Pour calculer une division

1. Je cherche dans le répertoire le résultat le plus près et inférieur au nombre cible pour trouver le quotient.
2. Je calcule le reste.

EXEMPLE 31 : 5
→ 31 = (5 × ...) + ...
→ 5 × 6 = 30
31 = (5 × 6) + 1

Pour calculer une division dont le quotient est supérieur à 10

1. Je décompose le nombre.
2. Je fais apparaitre les produits.

EXEMPLE 80 : 5 ou 80 = (5 × ...) + ...
→ 80 = 50 + 30
= (5 × 10) + (5 × 6)
= 5 × 16
→ Le quotient est 16. Le reste est 0.

Multiplication d'un nombre à deux chiffres par un nombre inférieur à 10

RETIENS

Pour multiplier un nombre par...

1 Je décompose la multiplication.
2 Je fais séparément les deux multiplications.
3 Je fais la somme des deux résultats.

EXEMPLE $26 \times 6 = (20 \times 6) + (6 \times 6)$
$= 120 + 36$
$= 156$

Procédures

Autres procédures

RETIENS

Pour calculer le complément à 100 d'un nombre

1 Je cherche le complément à 10 pour trouver le chiffre des unités.
2 Je cherche le complément à 9 pour trouver le chiffre des dizaines.

EXEMPLE *Quel est le complément à 100 de 38 ?*
$8 + 2 = 10$
$3 + 6 = 9$
Le complément à 100 de 38 est 62.

Pour calculer le complément à 60 d'un nombre

1 Je cherche le complément à 10 pour trouver le chiffre des unités.
2 Je cherche le complément à 5 pour trouver le chiffre des dizaines.

EXEMPLE *Quel est le complément à 60 de 45 ?*
$5 + 5 = 10$
$4 + 1 = 5$
Le complément à 60 de 45 est 15

Pour calculer la moitié d'un nombre

1 Je décompose le nombre.
2 Je cherche la moitié de chacun des deux nombres.
3 J'additionne les deux nombres trouvés.

EXEMPLE *Quel est la moitié de 190 ? (190 : 2)*
$190 = 100 + 90$
$190 : 2 = 50 + 45$
$= 95$
La moitié de 190 est 95.

Pour calculer la moitié d'un nombre impair

1 Je le décompose pour faire apparaitre un nombre pair et le nombre 1.
2 Je cherche la moitié du nombre pair.
3 J'additionne la moitié du nombre pair et 0,5.

EXEMPLE *Quel est la moitié de 37 ? (37 : 2)*
$37 = 36 + 1$
$= 18 + 0{,}5$
$= 18{,}5$
La moitié de 37 est 18,5.

PÉRIODE 1

	Semaine 1	Semaine 2	Semaine 3
NUMÉRATION			
Séance A (45 min)	**Les fractions** - Utiliser les termes fraction, numérateur, dénominateur, demi, tiers, sixième - Représenter une quantité, donnée sous forme de fraction - Comparer des fractions à l'unité (fractions inférieures, supérieures ou égales à 1)	**Les fractions** - Représenter une quantité, donnée sous forme de fraction - Coder une quantité par une fraction et la lire - Comparer des fractions à l'unité	**Les fractions** - Repérer et écrire des fractions égales à des entiers - Repérer et écrire des fractions égales
Séance B (20 min)	**Les nombres entiers (→ 999)** - Compter de 1 en 1 (ordre croissant) - Lire - Écrire (nombres sans 0 intercalé)	**Les nombres entiers (→ 999)** - Compter de 1 en 1 (ordre décroissant) - Lire - Écrire (nombres avec des 0 intercalés)	**Les nombres entiers (→ 999)** - Compter de 1 en 1 - Décomposer
CALCUL POSÉ			
Séance A (45 min)	**Multiplier** un nombre à trois chiffres par 4 **Additionner** deux nombres à trois chiffres	**Diviser** un nombre à quatre chiffres par 4 **Révision** (multiplier)	**Multiplier** un nombre à trois chiffres par un multiple de 10 ou de 100 **Révision** (diviser)
Séance B (20 min)	**Soustraire** un nombre à deux ou trois chiffres à un nombre à trois ou quatre chiffres (le sens de lecture)	**Additionner** trois nombres	**Soustraire** un nombre à deux ou trois chiffres à un nombre à trois ou quatre chiffres (les retenues liées)
ESPACE ET GÉOMÉTRIE			
Séance (45 min)	**Pour réussir en géométrie (1)** - Instruments : règle - Actions : tracer, mesurer, prolonger, placer le milieu d'un segment - Vocabulaire : point, droite, milieu, alignement, équidistant, segment	**Pour réussir en géométrie (2)** - Instruments : équerre - Actions : tracer des droites perpendiculaires, exécuter un programme de construction - Vocabulaire : angle, angle droit, angle aigu, angle obtus, perpendiculaire	**Pour réussir en géométrie (3)** - Instruments : compas - Actions : prendre la longueur à reporter, reporter une longueur
RÉSOLUTION DE PROBLÈMES			
Séance (45 min)	**Les problèmes à une étape (1)** Résoudre des problèmes d'addition et de soustraction	**Les problèmes à une étape (2)** Résoudre des problèmes de multiplication et de division	**Les problèmes à une étape (3)** Résoudre des problèmes relevant des quatre opérations

CALCUL MENTAL

Séance (15 min)	S1 A	S1 B	S1 C	S1 D	S2 A	S2 B	S2 C	S2 D	S3 A	S3 B	S3 C	S3 D
	Répertoires Sommes et différences associées : sommes égales à…				**Répertoires** Tables de multiplication par :				**Répertoires** Sommes et différences associées : sommes égales à…			
	13	9 et 13	6, 9 et 13		6	6	3	3 et 6	11	8 et 11	7, 8 et 11	
	Calcul automatisé **a + b** (avec a > 100 et b < 10)		**Calcul automatisé** **a − b** (avec a > 100 et b < 10)		**Calcul automatisé** **a × b** (avec a × b < 100 et b < 10)				**Calcul automatisé** **a + b** (Procédure 1, avec a > 100 et 10 < b < 100)			

PÉRIODE 1

Semaine 4	Semaine 5	Semaine 6
NUMÉRATION		
Les fractions – Placer exactement des fractions sur des droites numériques graduées – Coder une position par une fraction – Repérer et compléter des égalités	**Les fractions** – Additionner des fractions de même dénominateur – Décomposer une fraction pour faire apparaitre partie entière et partie fractionnaire	**Les fractions décimales (→ centièmes)** – Apprendre les termes spécifiques (fractions décimales) – Placer exactement des fractions décimales sur des droites numériques graduées de 0 à 2 (papier millimétré) – Écrire des fractions égales à des entiers ou à d'autres fractions
Les nombres entiers (→ 999) – Compter de 2 en 2 (ordre croissant) – Décomposer – Différencier chiffre et nombre	**Les nombres entiers (→ 999)** – Compter de 2 en 2 (ordre décroissant) – Comparer / ranger	**Les nombres entiers (→ 999)** – Compter de 2 en 2 – Comparer / ranger – Décomposer
CALCUL POSÉ		
Diviser un nombre à quatre chiffres par un nombre à un chiffre **Révision** (multiplier / additionner)	**Multiplier** un nombre à trois chiffres par 36 Révision (diviser)	**Diviser** un nombre à quatre chiffres par un nombre à un chiffre (quotient terminé par 0) **Révision** (multiplier)
Soustraire un nombre à deux ou trois chiffres à un nombre à trois ou quatre chiffres (le 0 dans la soustraction)	**Additionner** plus de trois nombres	**Soustraire** un nombre à deux ou trois chiffres à un nombre à trois ou quatre chiffres (entrainement)
GRANDEURS ET MESURE		
Durées (1) – Lire l'heure (12 positions) – Calculer avec des durées (sommes et produits) – Calculer une durée à partir des heures de début et de fin	**Durées (2)** – Lire l'heure (heure approchée) – Calculer avec des durées (différences) – Calculer une durée à partir des heures de début et de fin	**Durées (3)** – Lire l'heure (équivalences heures lues et écrites) – Calculer avec des durées (quotients) – Calculer une durée à partir des heures de début et de fin
RÉSOLUTION DE PROBLÈMES		
Les problèmes à plusieurs étapes (1) Résoudre des problèmes dont les questions intermédiaires sont dans l'énoncé	**Les problèmes à plusieurs étapes (2)** Résoudre des problèmes dont les questions intermédiaires sont dans l'énoncé	**Les problèmes à plusieurs étapes (3)** Résoudre des problèmes dont les questions intermédiaires sont dans l'énoncé
CALCUL MENTAL		
A | B | C | D	A | B | C | D	A | B | C | D
Répertoires Tables de multiplication par : A : 7 | B : 7 | C : 5 | D : 7 et 5	**Répertoires** Sommes et différences associées : sommes égales à 6, 7, 8, 9 11 et 13 (consolidation)	**Répertoires** Tables de multiplication (consolidation de résultats ciblés)
Pratique de calcul Calculs en chaine (additions et soustractions)	**Pratique de calcul** Calculs en chaine (avec les quatre opérations)	**Pratique de calcul** Calculs en chaine (avec les quatre opérations)
Calcul automatisé a : 5 (quotient < 10, puis < 20, reste = 0)	**Calcul automatisé** a – b (Procédure 1, a > 100 et 10 < b < 100)	**Mémoriser puis calculer** A : a + b | B : a – b | C : a × b | D : a : b

PÉRIODE 2

	Semaine 7	Semaine 8	Semaine 9
NUMÉRATION			
Séance A (45 min)	**Les fractions décimales (→ dixièmes)** - Placer exactement ou approximativement des fractions décimales sur des droites graduées (dont papier millimétré) - Décomposer des fractions décimales en partie entière et partie fractionnaire - Écrire des fractions égales à des entiers ou à d'autres fractions	**Les fractions décimales (→ centièmes)** - Placer exactement ou approximativement des fractions décimales sur des droites graduées (dont papier millimétré) - Décomposer des fractions décimales en partie entière et partie fractionnaire - Écrire des fractions égales à des entiers ou à d'autres fractions	**Les nombres décimaux (→ centièmes)** - Passer de l'écriture fractionnaire à l'écriture à virgule - Lire et écrire des nombres décimaux (sans zéro intercalé)
Séance B (20 min)	**Les nombres entiers (→ 999)** - Compter de 10 en 10 (ordre croissant) - Encadrer un nombre à l'unité - Placer des nombres sur une droite numérique graduée	**Les nombres entiers (→ 999)** - Compter de 10 en 10 (ordre décroissant) - Encadrer un nombre à la dizaine - Placer des nombres sur une droite numérique graduée	**Les nombres entiers (→ 999)** - Compter de 10 en 10 - Encadrer un nombre à la centaine - Placer des nombres sur une droite numérique graduée
CALCUL POSÉ			
Séance A (45 min)	**Diviser** un nombre entier par un nombre à un chiffre (avec 0 intercalé au quotient) **Révision** (additionner / soustraire)	**Multiplier** un nombre à trois chiffres par un nombre à trois chiffres **Révision** (additionner / soustraire)	
Séance B (20 min)	**Révision** (multiplier un nombre à trois chiffres par un nombre à deux chiffres)	**Diviser** un nombre entier par un nombre à un chiffre (avec plusieurs 0 au quotient)	**Révision** (diviser un nombre entier par un nombre à un chiffre)
ESPACE ET GÉOMÉTRIE			
Séance A (45 min)	**Pour réussir en géométrie (4)** - Analyser une figure pour en repérer les propriétés - Utiliser un codage, reproduire une figure	**Pour réussir en géométrie (5)** - Analyser une figure pour en repérer les propriétés - Utiliser un codage, reproduire une figure	**Le cercle** - Vocabulaire : cercle, centre du cercle, rayon, diamètre, arc de cercle - Actions : tracer un cercle
Séance B (45 min)			**Les droites parallèles** - Vocabulaire : droites parallèles - Actions : tracer une droite parallèle à une autre droite, vérifier qu'une droite est parallèle à une autre droite
RÉSOLUTION DE PROBLÈMES			
Séance (45 min)	**Les durées** - Résoudre des problèmes nécessitant une conversion - Calculer une durée à partir d'horaires de début et de fin	**Les problèmes particuliers (1)** Résoudre des problèmes dont les énoncés sont présentés avec un histogramme	**Les problèmes particuliers (2)** Résoudre des problèmes dont les énoncés sont présentés avec un graphique

CALCUL MENTAL — Séance (15 min)

	Semaine 7 A	Semaine 7 B	Semaine 7 C	Semaine 7 D	Semaine 8 A	Semaine 8 B	Semaine 8 C	Semaine 8 D	Semaine 9 A	Semaine 9 B	Semaine 9 C	Semaine 9 D
Répertoires	Sommes et différences associées, sommes égales à…				Tables de multiplication par :				Sommes et différences associées, sommes égales à…			
	12	12 et 15	12, 15, 17 et 18		8	8	4	8 et 4	10	14	10, 14 et 16	
Pratique de calcul	Calculs en chaine (+ 1, − 1, + 2, − 2)				Calculs en chaine (avec multiples de 10)				Calculs en chaine (avec les quatre opérations)			
Calcul automatisé	$a + b$ (Procédure 2, avec $a < 1\,000$ et $10 < b < 100$)		$a - b$ (Procédure 2, avec $a < 1\,000$ et $10 < b < 100$)		$a \times b$ (avec $a \times b > 100$ et $b < 10$)				$a + b$ (Procédure 3, avec $a < 1\,000$ et $10 < b < 100$)			

PÉRIODE 2

Semaine 10	Semaine 11	Semaine 12
NUMÉRATION		
Les nombres décimaux (→ centièmes) - Lire et écrire des nombres décimaux (avec des 0 intercalés) - Passer de l'écriture fractionnaire à l'écriture à virgule - Donner différentes écritures en chiffres d'un nombre décimal (« 0 inutiles »)	**Les nombres décimaux (→ dixièmes)** - Passer de l'écriture à virgule à l'écriture fractionnaire - Placer exactement ou approximativement des nombres décimaux sur des droites numériques graduées - Lire et écrire des nombres décimaux	**Les nombres décimaux (→ centièmes)** - Passer de l'écriture à virgule à l'écriture fractionnaire - Placer exactement ou approximativement des nombres décimaux sur des droites numériques graduées - Lire et écrire des nombres décimaux
Les nombres entiers (→ 999 999) - Compter de 1 en 1 (ordre croissant) - Lire - Écrire (nombres sans 0 intercalé)	**Les nombres entiers (→ 999 999)** - Compter de 1 en 1 (ordre décroissant) - Lire - Écrire (nombres avec des 0 intercalés)	**Les nombres entiers (→ 999 999)** - Compter de 1 en 1 - Décomposer / recomposer par classe
CALCUL POSÉ		
Soustraire un nombre décimal à un nombre entier (ajout de 0 au 1er terme) **Révision** (diviser)	**Additionner** deux nombres dont un au moins est un nombre décimal **Révision** (soustraire / diviser)	
Révision (multiplier un nombre à trois chiffres par un nombre à trois chiffres)	**Multiplier** un nombre à trois chiffres par un nombre à trois chiffres (avec 0 intercalé au multiplicateur)	**Soustraire** un nombre entier à un nombre décimal
GRANDEURS ET MESURE		
Longueurs, masses et contenances (1) - Connaitre les unités de mesure - Placer une mesure dans un tableau - Comparer des mesures en utilisant le tableau	**Longueurs, masses et contenances (2)** - Lire une mesure placée dans le tableau - Écrire des mesures égales à une mesure donnée	**Longueurs, masses et contenances (3)** - Convertir une mesure - Ranger des mesures
		Longueurs, masses et contenances (4) - Calculer avec des mesures - Choisir une unité
RÉSOLUTION DE PROBLÈMES		
Les problèmes à plusieurs étapes (4) Résoudre des problèmes dont il faut trouver les questions intermédiaires	**Les problèmes à plusieurs étapes (5)** Résoudre des problèmes dont il faut trouver les questions intermédiaires	**Les problèmes à plusieurs étapes (6)** Résoudre des problèmes dont il faut trouver les questions intermédiaires
CALCUL MENTAL		
A / B / C / D	A / B / C / D	A / B / C / D
Répertoires Tables de multiplication par : A : 9 — B : 9 — C : 2 — D : 9 et 2	**Répertoires** Sommes et différences associées, sommes égales à 10, 12, 14, 15, 16, 17 et 18 (consolidation)	**Répertoires** Tables de multiplication (consolidation de résultats ciblés)
Pratique de calcul Calculer en associant les nombres amis (multiples de 25)	**Pratique de calcul** Calculer en associant les nombres amis (multiples de 10 dont la somme est 100)	**Pratique de calcul** Calculer en associant les nombres amis (nombres dont la somme est un multiple de 10)
Calcul automatisé a : b (quotient < 20, reste = 0 et b = 3, 4 ou 5)	**Calcul automatisé** a – b (Procédure 3, a < 1 000 et 10 < b < 100)	**Mémoriser puis calculer** A : a + b — B : a – b — C : a × b — D : a : b

PÉRIODE 3

		Semaine 13	Semaine 14	Semaine 15
NUMÉRATION				
	Séance A (45 min)	**Les nombres décimaux (→ dixièmes)** - Compter de 0,1 en 0,1 (ordre croissant) - Décomposer un nombre à virgule (avec des supports)	**Les nombres décimaux (→ centièmes)** - Compter de 0,1 en 0,1 (ordre décroissant) - Décomposer un nombre à virgule (avec des supports)	**Les nombres décimaux (→ centièmes)** - Compter de 0,1 en 0,1 - Encadrer un nombre à l'unité - Intercaler un nombre entre 2 entiers consécutifs
	Séance B (20 min)	**Les nombres entiers (→ millions)** - Compter de 1 en 1 (ordre croissant) - Lire - Écrire (nombres sans et avec 0 intercalés)	**Les nombres entiers (→ milliards)** - Compter de 1 en 1 (ordre décroissant) - Lire - Écrire (nombres sans et avec 0 intercalés)	**Les nombres entiers (→ milliards)** - Compter de 1 en 1 - Lire / écrire
CALCUL POSÉ				
	Séance A (45 min)	**Diviser** un nombre décimal par un nombre entier à un chiffre **Révision** (additionner / soustraire)	**Soustraire** un nombre décimal à un nombre décimal **Révision** (multiplier)	
	Séance B (20 min)	**Multiplier** un nombre entier par un nombre entier à trois chiffres	**Révision** (diviser un nombre décimal par un nombre entier à un chiffre)	**Révision** (soustraire un nombre décimal à un nombre décimal ou un nombre décimal à un nombre entier)
ESPACE ET GÉOMÉTRIE				
	Séance A (45 min)	**Triangles (1)** - Vocabulaire : les différents types de triangles - Actions : tracer un triangle dont on connait les longueurs des côtés - Exécuter un programme de construction : tracé à main levée	**Triangles (2)** - Vocabulaire : les hauteurs d'un triangle - Actions : tracer les hauteurs d'un triangle	**Carré et rectangle** - Vocabulaire : le rectangle et le carré - Actions : tracer un carré ou un rectangle en utilisant la règle et l'équerre
	Séance B (45 min)			**Carré, rectangle et losange (1)** - Vocabulaire : le losange - Actions : tracer un losange, un rectangle ou un carré en utilisant la règle et le compas
RÉSOLUTION DE PROBLÈMES				
	Séance (45 min)	**Les problèmes de recherche (1)** Résoudre des problèmes à essais	**Les problèmes de recherche (2)** Résoudre des problèmes à essais	**Les problèmes de recherche (3)** Résoudre des problèmes à essais
CALCUL MENTAL				
	Séance (15 min)	A – B : **Répertoires** Sommes égales à… et différences associées (entretien) C – D : **Répertoires** Tables de multiplication (entretien)	A – B – C – D :	A – B : **Répertoires** Sommes égales à… et différences associées (entretien) C – D : **Répertoires** Tables de multiplication (entretien)
		Pratique de calcul Calculer avec des parenthèses	**Calcul réfléchi** Les premiers comptes sont bons	**Pratique de calcul** Calculer avec des parenthèses
		Calcul automatisé a + b (Procédure 4, a < 1 000 et 10 < b < 100)	**Calcul automatisé** a × b (avec a × b > 100 et b multiple de 10)	**Calcul automatisé** a – b (Procédure 4, a < 1 000 et 10 < b < 100)

PÉRIODE 3

Semaine 16	Semaine 17	Semaine 18
NUMÉRATION		
Les nombres décimaux (→ centièmes) – Compter de 0,01 en 0,01 (ordre croissant) – Encadrer un nombre au dixième – Intercaler un nombre entre deux nombres décimaux consécutifs ayant un chiffre après la virgule	**Les nombres décimaux (→ dixièmes)** – Compter de 0,01 en 0,01 (ordre décroissant) – Comparer et ranger	**Les nombres décimaux (→ centièmes)** – Compter de 0,01 en 0,01 – Comparer et ranger
Les nombres entiers (→ milliards) Décomposer / recomposer par classe	**Les nombres entiers (→ milliards)** Différencier chiffre et nombre	**Les nombres entiers (→ milliards)** – Décomposer / recomposer par classe – Différencier chiffre et nombre
CALCUL POSÉ		
Diviser par un nombre à deux chiffres (avec quotient < 10) **Révision** (additionner)	**Diviser** par un nombre à deux chiffres (avec quotient < 10) **Révision** (additionner / soustraire)	
Multiplier un nombre entier par un nombre décimal	**Multiplier** un nombre décimal par un nombre décimal	**Révision** (diviser par un nombre entier à deux chiffres, avec quotient < 10)
GRANDEURS ET MESURE		
Aires (1) – Définition – Les unités légales et leurs relations – Placer une mesure dans le tableau (nombres entiers)	**Aires (2)** Comparer des mesures avec le tableau ; écrire des mesures égales à une mesure donnée (nombres entiers)	**Longueurs, masses et contenances avec des décimaux (1)** Placer un décimal dans le tableau ; comparer des mesures ; écrire des mesures égales à une mesure donnée
		Longueurs, masses et contenances avec des décimaux (2) – Écrire des mesures égales à une mesure donnée – Convertir une mesure
RÉSOLUTION DE PROBLÈMES		
Les problèmes de recherche (4) Résoudre des problèmes à essais	**Les problèmes particuliers (3)** Résoudre des problèmes en utilisant les fractions	**Les problèmes particuliers (4)** Résoudre des problèmes en utilisant les fractions
CALCUL MENTAL		
A – B – C – D	A – B – C – D	A – B – C – D
	A–B : **Répertoires** Sommes égales à… et différences associées (entretien) C–D : **Répertoires** Tables de multiplication (entretien)	
Calcul réfléchi Le compte est bon avec 10 et 25	**Pratique de calcul** Calculer avec des parenthèses	**Calcul réfléchi** Le compte est bon par plusieurs chemins
Calcul automatisé a : b (quotient < 20, reste = 0 et b = 3, 4 ou 5)	A–B : **Calcul automatisé** Les compléments à 100 et à 60 C–D : **Calcul automatisé** a + b et a − b (Procédures 1 et 3)	**Mémoriser puis calculer** A : a + b B : a − b C : a × b D : a : b

PÉRIODE 4

	Semaine 19	Semaine 20	Semaine 21
NUMÉRATION			
Séance A (45 min)	**Les fractions décimales (→ millièmes)** - Coder et représenter des fractions décimales (quantité) - Placer des fractions décimales sur des droites numériques graduées / partie entière et fractionnaire - Écrire des fractions égales à des entiers ou à d'autres fractions	**Les nombres décimaux (en millièmes)** - Passer de l'écriture fractionnaire à l'écriture à virgule - Lire et écrire des nombres décimaux (sans et avec 0 intercalés)	**Les nombres décimaux (en millièmes)** - Passer de l'écriture à virgule à l'écriture fractionnaire - Placer des nombres décimaux en millièmes sur des droites numériques graduées - Écrire des nombres décimaux
Séance B (20 min)	**Les nombres entiers (→ milliards)** - Écrire - Comparer	**Les nombres entiers (→ milliards)** - Écrire - Ranger	**Les nombres entiers (→ 999 999)** - Écrire - Encadrer un nombre à l'unité de mille
CALCUL POSÉ			
Séance A (45 min)	**Diviser** un nombre entier par un nombre à deux chiffres ($10 < \text{quotient} < 100$) **Révision** (additionner)	**Révision collective** (soustraire) **Entrainement individuel** (les pyramides de calcul portant sur les quatre opérations)	
Séance B (20 min)	**Analyser** un calcul avant de l'effectuer : le contrôle du résultat d'une multiplication	**Révision** (diviser un nombre entier par un nombre à deux chiffres, $10 < \text{quotient} < 100$)	**Diviser** un nombre entier par un nombre à deux chiffres ($\text{quotient} > 100$)
ESPACE ET GÉOMÉTRIE			
Séance A (45 min)	**Agrandissement d'une figure (1)** Construire un agrandissement d'une figure	**Agrandissement d'une figure (2)** Construire un agrandissement d'une figure	**Agrandissement d'une figure (3)** Construire un agrandissement d'une figure en utilisant la proportionnalité **Rédaction d'un programme de construction**
Séance B (45 min)			**Agrandissement d'une figure (4)** Construire un agrandissement d'une figure en utilisant la proportionnalité **Rédaction d'un programme de construction**
RÉSOLUTION DE PROBLÈMES			
Séance (45 min)	**Les problèmes de proportionnalité (1)** Résoudre des problèmes en utilisant un tableau de linéarité (horizontal)	**Les problèmes de proportionnalité (2)** Résoudre des problèmes en utilisant un tableau de linéarité (vertical)	**Les problèmes de proportionnalité (3)** Résoudre des problèmes en passant par l'unité

CALCUL MENTAL

	Semaine 19 A B	Semaine 19 C D	Semaine 20 A B	Semaine 20 C D	Semaine 21 A B	Semaine 21 C D
Séance (15 min)	**Répertoires** Sommes égales à 1 et différences associées	**Répertoires** Les moitiés des nombres < 20 et des multiples de $10 < 100$	**Calcul réfléchi** Le compte est bon à plusieurs cibles		**Répertoires** Sommes égales à… et différences associées (entretien)	**Répertoires** Tables de multiplication (entretien)
	Calcul automatisé **$a + b$** (somme des parties décimales $= 1$, $b < 1$)	**Calcul automatisé** **$a + b$** (a décimal et b entier, avec $a + b < 100$)	**Calcul automatisé** **Moitié de a** (a multiple de 10 > 100)	**Calcul automatisé** **Moitié de a** (a impair < 100)	**Calcul automatisé** **$a - b$** (a entier et $b < 1$)	**Calcul automatisé** **$a - b$** (a décimal et b entier)

PÉRIODE 4

Semaine 22	Semaine 23	Semaine 24
NUMÉRATION		
Les nombres décimaux (→ millièmes) - Compter de 0,001 en 0,001 (ordre croissant) - Encadrer (à l'unité, au dixième, au centième et au millième)	**Les nombres décimaux (→ millièmes)** - Compter de 0,001 en 0,001 (ordre croissant) - Intercaler	**Les nombres décimaux (→ millièmes)** - Compter de 0,001 en 0,001 (ordre croissant) - Comparer / ranger - Écrire des nombres décimaux
Les nombres entiers (→ millions) Encadrer un nombre à l'unité de million	**Les nombres entiers (→ 999 999)** Arrondir un nombre à l'unité de mille près	**Les nombres entiers (→ millions)** Arrondir un nombre à l'unité de million près
CALCUL POSÉ		
Diviser un nombre décimal par un nombre entier à deux chiffres (quotient exact) **Révision** (multiplier)	**Révision collective** (additionner) **Entrainement individuel** (les pyramides de calcul portant sur les quatre opérations)	
Analyser un calcul avant de l'effectuer : le contrôle du résultat d'une division	**Révision** (diviser un nombre décimal par un nombre entier à deux chiffres, quotient exact)	**Révision** (multiplier)
GRANDEURS ET MESURE		
Aires (3) Placer un décimal dans le tableau ; comparer des mesures ; écrire des mesures égales à une mesure donnée	**Aires (4)** - Mesures exprimées par un entier ou un décimal - Convertir une mesure d'aire - Connaitre et utiliser les formules de calcul de l'aire du rectangle et du carré	**Aires et périmètres** Établir la fiche d'identité d'une figure : - Mesure des côtés - Périmètre - Aire
		GÉOMÉTRIE - Carré, rectangle et losange (2) - Vocabulaire : diagonale - Actions : tracer un losange, un rectangle ou un carré à partir des mesures des diagonales
RÉSOLUTION DE PROBLÈMES		
Longueurs, masses et contenances Résoudre des problèmes nécessitant une conversion	**Les aires** Résoudre des problèmes de mesure d'aires en utilisant les unités usuelles	**Aires et périmètres** Résoudre des problèmes de mesure d'aires et de périmètres en utilisant les unités usuelles

CALCUL MENTAL

A	B	C	D	A	B	C	D	A	B	C	D
Calcul réfléchi Le compte est bon avec un seul nombre				**Répertoires** Sommes égales à… et différences associées (entretien)		**Répertoires** Tables de multiplication (entretien)		**Calcul réfléchi** Le compte est bon avec le moins de nombres possibles			
Calcul automatisé a × b sous la forme (a × 10) : 2		**Calcul automatisé** a × b avec b < 1		**Calcul automatisé** Calculer avec les multiples de 10				**Mémoriser puis calculer** a + b	a - b	a × b	a : b

PÉRIODE 5

	Semaine 25	Semaine 26	Semaine 27
NUMÉRATION			
Séance A (45 min)	**Les fractions** Représenter des fractions quantité en les transformant **Les nombres entiers et décimaux (→ 1 000)** - Placer exactement ou approximativement des entiers et des décimaux sur des droites numériques graduées	**Les fractions** - Placer des fractions en les transformant - Réaliser des droites pour placer des fractions **Les nombres entiers et décimaux (→ 10 000)** - Placer exactement ou approximativement des entiers et des décimaux sur des droites numériques graduées	**Les fractions décimales / les nombres décimaux** - Passer d'une écriture fractionnaire à une écriture à virgule et inversement (nombres > 100) - Écrire une fraction dictée sous la forme d'un nombre à virgule **Les nombres entiers et décimaux (→ 10 000)** Placer exactement ou approximativement des entiers et des décimaux sur des droites graduées
Séance B (20 min)	**Les nombres décimaux (→ centièmes)** Décomposer un nombre à virgule ayant deux chiffres après la virgule (sans support)	**Les nombres décimaux (→ millièmes)** Décomposer un nombre à virgule ayant trois chiffres après la virgule (sans support)	**Les nombres décimaux (→ millièmes)** - Décomposer un nombre à virgule (sans support) - Recomposer
CALCUL POSÉ			
Séance A (45 min)	**Diviser** un nombre entier par un nombre entier à un chiffre (avec quotient décimal en dixièmes) **Révision** (soustraire)	**Révision collective** (soustraire) **Entrainement individuel** (les pyramides de calcul portant sur les quatre opérations)	
Séance B (20 min)	**Analyser** un calcul avant de l'effectuer : le contrôle du résultat d'une multiplication	**Diviser** un nombre entier par un nombre entier à un chiffre (avec quotient décimal en centièmes)	**Diviser** un nombre entier par un nombre entier à un chiffre (avec quotient < 1 au centième près)
ESPACE ET GÉOMÉTRIE			
Séance A (45 min)	**Les solides (1)** - Vocabulaire : solide, faces, arêtes, patron, sommets, polyèdre et non polyèdre - Connaitre quelques solides : pavé droit, cube, pyramide, prisme droit - Actions : reproduire un cube en perspective cavalière (faces visibles)	**Les solides (2)** - Vocabulaire : cylindre, cône, boule - Actions : reproduire un cube en perspective cavalière (les six faces)	**Symétrie par rapport à un axe (1)** - Placer le point symétrique d'un autre point par rapport à un axe - Tracer une figure symétrique à une autre par rapport à un axe
Séance B (45 min)			**Symétrie par rapport à un axe (2)** - Placer le point symétrique d'un autre point par rapport à un axe - Tracer une figure symétrique à une autre par rapport à un axe - Reproduction d'une frise géométrique
RÉSOLUTION DE PROBLÈMES			
Séance (45 min)	**Les problèmes particuliers (5)** Résoudre un problème long	**Les problèmes particuliers (6)** Résoudre un problème long	**Les problèmes particuliers (7)** Résoudre des problèmes portant sur les moyennes

CALCUL MENTAL

Séance (15 min)	Semaine 25 A – B	Semaine 25 C – D	Semaine 26 A – B	Semaine 26 C – D	Semaine 27 A – B	Semaine 27 C – D
	Répertoires Sommes égales à... et différences associées (entretien)	**Répertoires** Tables de multiplication (entretien)			**Répertoires** Sommes égales à... et différences associées (entretien)	**Répertoires** Tables de multiplication (entretien)
	Pratique de calcul Déterminer des valeurs approchées, les utiliser pour calculer		**Calcul réfléchi** Le compte est bon en trois étapes		**Pratique de calcul** Déterminer des valeurs approchées, les utiliser pour calculer	
	Calcul automatisé a + b (avec a et b entiers)	**Calcul automatisé** a + b (avec a et b décimaux)	**Calcul automatisé** a × b (avec a et b entiers)	**Calcul automatisé** a × b (avec a et b décimaux)	**Calcul automatisé** a – b (avec a et b entiers)	**Calcul automatisé** a – b (avec a et b décimaux)

PÉRIODE 5

Semaine 28	Semaine 29	Semaine 30
NUMÉRATION		
Les nombres entiers et décimaux (révisions) - Compter - Lire et écrire - Placer	**Les nombres entiers et décimaux (révisions)** - Compter - Encadrer - Intercaler	**Les nombres entiers et décimaux (révisions)** - Compter - Différencier chiffre et nombre - Comparer / ranger
Les nombres entiers et décimaux (révisions) Décomposer	**Les nombres entiers et décimaux (révisions)** - Recomposer - Reconnaitre des écritures égales	**Les nombres entiers et décimaux (révisions)** - Décomposer - Recomposer - Reconnaitre des écritures
CALCUL POSÉ		
Diviser un nombre entier par un nombre entier à deux chiffres (avec quotient décimal en dixièmes) **Révision** (multiplier)	**Révision collective** (additionner) **Entrainement individuel** (les pyramides de calcul portant sur les quatre opérations)	
Analyser un calcul avant de l'effectuer : le contrôle du résultat d'une division	**Diviser** un nombre entier par un nombre entier à deux chiffres (avec quotient décimal en centièmes)	**Révision** (multiplier)
INFORMATIQUE*/GRANDEURS ET MESURE		
Initiation à la programmation avec Géotortue (1) Ouvrir le logiciel, ouvrir un fichier, déplacer la tortue	**Initiation à la programmation avec Géotortue (3)** Rédiger et enregistrer une procédure en utilisant la fonction rep	**Initiation à la programmation avec Géotortue (5)** 1re partie : rédiger une procédure dépendant d'une variable, concevoir une frise faite de polygones réguliers (dessiner) 2e partie : rédiger la procédure pour réaliser une frise, tester puis corriger la procédure
Initiation à la programmation avec Géotortue (2) Rédiger une procédure, l'enregistrer dans un dossier	**Initiation à la programmation avec Géotortue (4)** Rédiger une procédure intégrant une procédure existante	**Mesures (révision)** - Écrire des mesures égales à une mesure donnée - Comparer, ranger des mesures - Convertir une mesure
RÉSOLUTION DE PROBLÈMES		
Les problèmes de proportionnalité (4) Résoudre des problèmes de pourcentages (du pourcentage à la valeur)	**Les problèmes de proportionnalité (5)** Résoudre des problèmes de pourcentages (de la valeur au pourcentage)	**Les problèmes de proportionnalité (6)** Résoudre des problèmes d'échelles

CALCUL MENTAL

A	B	C	D	A	B	C	D	A	B	C	D
Calcul réfléchi Les défis collectifs du compte est bon				**Problèmes de calcul**				**Calcul réfléchi** Les défis individuels du compte est bon			
				Répertoires Sommes égales à... et différences associées (entretien)		**Répertoires** Tables de multiplication (entretien)		**Mémoriser puis calculer**			
Calcul automatisé a : b avec quotient entier		**Calcul automatisé** a : b avec quotient entier		**Calcul automatisé** Le quart de a, avec a pair		**Calcul automatisé** a × 25, sous la forme (a : 4) × 100		a + b	a - b	a × b	a : b

* 2 séances par semaine, une sur le volume horaire hebdomadaire des mathématiques, une sur le volume horaire hebdomadaire des sciences.

Direction éditoriale : Céline Lorcher
Édition : Anne-Sophie Perret
Corrections : Christel Desmaris, Bernard Rousselot
Création maquette : Pierre Léger
Mise en page : STDI

Dépôt légal en janvier 2020
Numéro de projet : 10248179
Achevé d'imprimer en février 2020 sur les presses de Macrolibros